E-Book inside

Mit dem Kauf dieses Buchs erhalten Sie das zugehörige E-Book gratis. Sie können dabei aus zwei Dateiformaten wählen: EPUB (gängiges Format für E-Reader und Tablets) und PDF (für PC und Laptop). So kommen Sie an Ihr kostenloses E-Book:

Rufen Sie im Internet diese Website auf:
↗ http://www.junfermann.de/ebook-inside

Geben Sie den unten stehenden Code in das dafür vorgesehene Feld ein und klicken Sie → Code einlösen. Nach Eingabe Ihrer E-Mail-Adresse und Auswahl des E-Book-Formats erhalten Sie sofort einen Download-Link für das gewünschte E-Book an Ihre E-Mail-Adresse.

Bitte beachten Sie, dass der Code für Sie personalisiert wird und nur einmal gültig ist. Die Datei müssen Sie zunächst auf Ihrem Computer speichern, bevor Sie sie auf ein mobiles Endgerät überspielen können.

BHKCZL9F

Christine Kempkes

Mit der Trauer leben lernen

Impulse für eine neue innere Balance

www.junfermann.de

planetpsy.de

blogweise.junfermann.de

www.facebook.com/junfermann

www.youtube.com/user/junfermann

www.instagram.com/junfermannverlag

CHRISTINE KEMPKES

MIT DER TRAUER LEBEN LERNEN

IMPULSE FÜR EINE NEUE INNERE BALANCE

Junfermann Verlag
Paderborn
2020

Coverfoto © 1stGallery (www.stock.adobe.com)

Covergestaltung / Reihenentwurf JUNFERMANN Druck & Service GmbH & Co. KG, Paderborn

Satz & Layout JUNFERMANN Druck & Service GmbH & Co. KG, Paderborn

Bibliografische Information der Deutschen Nationalbibliothek

Die Deutsche Nationalbibliothek verzeichnet diese Publikation in der Deutschen Nationalbibliografie; detaillierte bibliografische Daten sind im Internet über http://dnb.d-nb.de abrufbar.

ISBN 978-3-7495-0143-4
Dieses Buch erscheint parallel als E-Book.
ISBN 978-3-7495-0144-1 (EPUB), 978-3-7495-0146-5 (PDF).

FSC www.fsc.org MIX Papier | Fördert gute Waldnutzung FSC® C013205

Für Elisabeth und unsere Eltern

Inhalt

Geleitwort

In ihrem Vorwort fragt Christine Kempkes zaghaft, ob es ein weiteres Buch über Trauer geben dürfe. Das ist mehr als eine Bescheidenheitsgeste. Dass sie das Buch *Mit der Trauer leben lernen – Impulse für eine neue innere Balance* geschrieben hat, ist meines Erachtens folgerichtig. Ihr Weg führte die ehemalige Bankkauffrau über ihre ehrenamtliche Tätigkeit der Sterbebegleiterin gradewegs in ihre jetzige hauptberufliche Tätigkeit der Bestatterin und Trauerbegleiterin. Die Arbeitsaufnahme als Bestatterin war daher zweifelsohne konsequent: Hier kann sie, gestützt durch ihre Qualifikationen und Erfahrungen – die des systemischen Coaches und der Trauerbegleiterin –, Menschen, die einen Verlust erlebt haben, sicher den Weg durch die Anforderungen einer Bestattung weisen und stabilen Halt in ihrer Trauer geben.

In ihrem Buch lädt Christine Kempkes dazu ein, das Gefühl der Trauer ganzheitlich wahrzunehmen, zu leben und sich dadurch auch mit sich selbst auseinanderzusetzen.

Sie lässt dabei kein Themenfeld aus – weder die Themen, die gesellschaftlich akzeptiert sind, noch die, die die Gesellschaft nicht versteht. So beschreibt sie in ihrem Buch auch die unterschiedlichen Konfliktpotenziale, die von Trauer Betroffene erleben können. Manchmal ist es eben „nicht egal“, wie ein naher Angehöriger verstorben oder wie die Beziehung zu ihm gewesen ist.

Wie wichtig und unterschiedlich in den Familien der Bezug zu einem verstorbenen Familienmitglied gelebt wird, zeigt sich besonders in Kapitel 2, dem Punkt Geschwistertrauer. Der behutsame Blickwinkel, den die Autorin dort beschreibt, wird sofort bedeutsam.

Auch liebevoll, einfühlsam thematisiert sie die Trauer um *alle* Kinder: sowohl die Trauer der Eltern, deren Kinder mit einem Gewicht unter 500 Gramm verstorben sind und die aufgrund schwieriger Gesetze kein Recht auf eine angemessene Zeit des Begreifens bekommen, als auch die Trauer um Kinder, die still geboren wurden, und nicht zuletzt die Trauer der Eltern, deren Kinder als Erwachsene verstorben sind.

Selbst mit gefühlt schwierigen Themen wie Trauer um den Verlust eines Tieres und Suizid setzt sie sich sensibel auseinander.

Als ehemalige Küchenmeisterin hat mich ganz besonders der Passus über Ernährung in der Trauerkrise berührt. Bisher ist das Thema Ernährung und Trauer weder in der Fachwelt noch in der Gesellschaft angekommen. Christine Kempkes zeigt, welch große Chance sich hier für Familie und Freunde bietet, einen neuen Umgang mit der Traurigkeit und dem Verlust zu finden.

Das einzigartige Buch bietet auf verschiedenste Weise Hilfe zur Selbsthilfe. Es ist gefüllt mit praktischen Weisheiten und Inspirationen. Es ist eine Einladung an alle Menschen, das große Tabu Trauer zu brechen und Menschen in Trauer liebevoll zu begegnen. Es ist erfüllt von tiefem Verstehen, von gelebten Beispielen, praktischen Tipps – und es ist vielleicht das erste Buch mit einem nachvollziehbaren Überblick über die Vielfalt der Trauer. Es ist ein Buch, das sich an Menschen in Trauer richtet – aber auch an die Fachwelt. Es ist *das eine* Buch, das Sie Ihrer Familie, Freunden, Arbeitgebern und Kollegen geben sollten, wenn diese gerade einen Verlust erlebt haben und in Trauer sind.

Lassen Sie sich inspirieren. Ich wünsche Ihnen trotz des traurigen Themas viel Freude beim Lesen und Entdecken.

Eva Kersting-Rader

Vorstandsmitglied im Bundesverband Trauerbegleitung e. V.
geprüfte Bestatterin
Trauerbegleiterin für Erwachsene und Familien
zertifizierte Kunsttherapeutin
Lehrbeauftragte der Universität Bonn

Vorwort und Dank

Noch ein Buch über Trauer! Als ob das Thema nicht schon meterweise die Regale in Buchhandlungen füllen würde. Kann also dieses Buch überhaupt noch neue Erkenntnisse liefern?

Als ich 2014 als Personalentwicklerin eines großen Bankkonzerns meine Weiterbildung zum Systemischen Coach abschloss, ahnte ich noch nicht, dass zu mir beinahe ausschließlich Klient:innen mit einer Verlusterfahrung kommen würden. Manche hatten ihren Arbeitsplatz verloren, andere befanden sich in einem schmerzhaften Trennungsprozess oder hatten einen geliebten Menschen durch Tod verloren. Das motivierte mich, 2017 die Fortbildung zur Trauerbegleiterin anzuschließen. Seitdem unterstütze ich Menschen, die einen Verlust erlitten haben und dadurch in die meist schwerste Krise ihres Lebens geraten sind. Ich liebe es zu erleben, wie sie Schritt für Schritt aus sich selbst heraus den Weg zurück ins Leben finden. Wie sie sich einlassen auf meine Impulse und kreativen Methoden, um neue Perspektiven auf ihr Leben und auch auf ihre Trauer zu entdecken, und somit eine neue innere Balance herstellen können.

So verbindet dieses Buch meinen reichhaltigen Methodenschatz aus dem Coaching mit den Erfahrungen aus der Trauerbegleitung sowie meiner Arbeit als Bestatterin. Es ist thematisch breit angelegt, weil es die unterschiedlichsten Problemstellungen aufgreift, die Ihnen in Ihrer Trauer begegnen können. Zu jedem Thema finden Sie Einladungen zu Übungen sowie Impulse, mit deren Hilfe Sie Ihre eigene Situation reflektieren, einen neuen Blickwinkel entdecken oder wieder handlungsfähig werden können. Vielleicht wird Ihnen nicht jede Idee gleich sympathisch sein – ich lade Sie ein herauszufinden, welche neuen Wege durch Ihre Trauer für Sie passgenau sind. Begeben Sie sich ruhig auf eine Art Entdeckungsreise zu den bisher nicht gehobenen Schätzen Ihrer Persönlichkeit! Daher lautet der Titel dieses Buches bewusst „Mit der Trauer leben lernen" – denn wir lernen nie aus. Ein Leben lang können wir neue Seiten an uns entdecken und dazulernen.

Ergänzend finden Sie Verweise (🎧) zu thematisch passenden Episoden meines Podcasts „Liebevoll trauern", den Sie auf allen gängigen Podcast-Plattformen, unter ↗ https://liebevoll-trauern.podigee.io oder über meine Website (↗ https://www.christinekempkes.de) erreichen. Videos (🎞) zu einzelnen Themen, die Sie in der Mediathek zu diesem Buch unter ↗ https://www.junfermann.de/titel/mit-der-trauer-leben-lernen/1337 finden, runden das multimediale Angebot ab.

Mit diesem Buch möchte ich all diejenigen unterstützen, die einen nahestehenden Menschen verloren haben und auf der Suche nach neuen Perspektiven für ihr Leben sind. Es ist außerdem eine hilfreiche Lektüre für alle Menschen im unmittelbaren Umfeld Trauernder: für deren Freund:innen, Kolleg:innen oder Nachbar:innen. Und da der Tod zum Leben gehört und jeden von uns früher oder später selbst oder im Verwandtenkreis treffen wird, ist es auch für alle lesenswert, die sich frühzeitig mit der Thematik auseinandersetzen möchten.

Bei der Vielfalt der Themen in diesem Buch bleibt es nicht aus, dass ich manches nur anreißen und nicht vertiefen kann. Sie finden daher im Anhang Literaturhinweise für eine weiter gehende Lektüre. Mein Herzensanliegen ist es, die Themen Sterben, Tod und Trauer, die in unserer Gesellschaft als die sogenannten schweren Themen gelten, in die Mitte des Lebens zu holen und sie mit einer gewissen Leichtigkeit zu versehen.

Die einzelnen (Unter-)Kapitel sind so aufgebaut, dass Sie sie unabhängig voneinander lesen können. Das war mir wichtig, weil ich weiß, wie schwer es Trauernden fällt, sich auf 200 Seiten am Stück zu konzentrieren. Sie können also im Stichwortverzeichnis nach den Themen suchen, die für Sie in Ihrer heutigen Situation relevant sind, und finden dazu in kurzen, leicht lesbaren Kapiteln das Wichtigste dargestellt.

Kapitel 1 befasst sich mit der Frage, was Trauer überhaupt ist und ob Sie „richtig“ oder „falsch“ trauern können. In Kapitel 2 geht es um besondere Todesumstände, wie z. B. den plötzlichen Tod, Suizid oder den Tod eines Kindes. Kapitel 3 beschreibt ausführlich die unterschiedlichen Gefühle, die sich hinter der Trauer verstecken, wie z. B. Angst, Ohnmacht oder Schuld. Und es geht auch um die Lebensfreude, die Sie sich in Trauerzeiten ebenso zugestehen dürfen. Wie sich Trauer auf Ihr Leben auswirkt und wie ein Weiterleben möglich wird, erfahren Sie in vielen verschiedenen Facetten in Kapitel 4 und 5. Da Einsamkeit ein großes Thema für Trauernde ist, nicht nur, wenn sie ihren Partner oder ihre Partnerin verloren haben, sondern auch, weil sich Menschen im Umfeld mehr und mehr zurückziehen, habe ich ihr ein eigenes Kapitel 6 gewidmet. Kapitel 7 sollten Sie lesen, wenn Sie nach hilfreichen Ritualen für verschiedene Gedenktage, wie z. B. Weihnachten und den Jahreswechsel, oder für das erste Trauerjahr suchen. Ein Unterkapitel über den Urlaub – für viele Trauernde ein heikles Thema – finden Sie hier ebenfalls. Wer sich den großen Fragen des Lebens und dem, was danach kommen könnte, stellen möchte, ist in Kapitel 8 über Glaube und Spiritualität gut aufgehoben. Schließlich finden Sie in Kapitel 9 Informationen zur Sterbephase, in der das Trauern bereits beginnt. Dieses Kapitel ist auch interessant, wenn Sie sich mit Ihrer eigenen Sterblichkeit auseinandersetzen möchten.

Um Ihren Lesefluss möglichst wenig zu stören, habe ich mich gemeinsam mit meiner Lektorin für eine moderne Form des sogenannten Genderns entschieden, mit der ich alle Geschlechter berücksichtigen möchte. Weder finde ich es zeitgemäß, nur die männliche Form zu benennen mit einer Fußnote, dass sich die Frauen bitte auch angesprochen fühlen. Noch gefällt mir die Sternchenvariante (Leser*innen) oder das umständliche Ausschreiben (Leserinnen und Leser). Die gewählte Form mit Doppelpunkt (Leser:innen) unterstützt den Lesefluss am ehesten und ist zudem die Variante, die von Sprachcomputern am besten gelesen wird. Dies ist beispielsweise für Leser:innen mit einer Sehbehinderungen von Bedeutung.

DANKE

Durch dieses Buch zieht sich das Thema Dankbarkeit wie ein roter Faden, denn aus wissenschaftlichen Studien im Bereich der Positiven Psychologie wissen wir, dass sie ein zentraler Schlüssel für unsere emotionale Gesundheit ist. Auch im Trauerprozess geht es darum, in der vielleicht größten Krise unseres Lebens jeden noch so kleinen Moment zu entdecken, für den wir dankbar sein können. Jeden Tag aufs Neue haben wir die Wahl, kleine wie größere Begebenheiten und Augenblicke in unser Bewusstsein zu rücken, die uns guttun, anstatt uns auf die Dinge zu fokussieren, die uns traurig oder ärgerlich stimmen. Dankbarkeit können wir wie einen Muskel trainieren.

Aus diesem Grund möchte ich, anders als oft üblich, meinen Dank nicht hintenan, sondern vorneweg stellen. So ein Buch schreibt sich weder mal so eben noch ganz allein. Viele Menschen waren daran beteiligt, die ich gar nicht alle namentlich benennen kann. Immer wieder durchströmte mich in meinem Schreibprozess eine Welle voller Dankbarkeit angesichts der Unterstützung, die mir von verschiedenen Seiten und auf allen möglichen Kanälen zuteilwurde. Dies gab mir in den Momenten des Zweifelns und Haderns den nötigen Rückenwind, um weiterzuschreiben.

Beginnen möchte ich mit meiner Familie, meinen Kindern und meinem Mann, die mich viele Stunden, Tage und Wochen entbehren mussten – gerade auch während unserer Föhr-Aufenthalte – und mir geduldig den Rücken freigehalten haben. Zutiefst danken möchte ich meiner Mama, von der ich in intensiven Gesprächen über ihre Trauer unendlich viel lernen konnte. Ihre Zuversicht und ihr Humor waren und sind mir in den Krisen meines Lebens immer leuchtendes Vorbild. Und auch meinem 2015 verstorbenen Papa danke ich von ganzem Herzen. Er hat mir in so vielen Situationen meines Lebens, in denen ich mächtig Gegenwind bekommen habe, vermittelt, wie ich damit meine Segel füllen und weitersegeln kann.

Von ganzem Herzen danke ich meiner Freundin Petra Sutor für den fachlichen Austausch und vor allem für ihren seelischen Beistand. Sie war mir mit ihrem Buch *Trauer am Arbeitsplatz* (2020) ein halbes Jahr voraus, sodass ich von ihren Erfahrungen sehr viel lernen konnte. Danken möchte ich auch Juli Scheld für ihre Expertise und ihren wesentlichen Input zum Thema Gefühle in Kapitel 3 sowie für ihre Zeit und Hingabe, mit der sie die Entstehung des Kapitels begleitet hat, Patricia Schatzlmayr für ihren fachlichen Rat zum Thema Ernährung in Abschnitt 4.6, Walburga Schnock-Störmer für die Fülle an hilfreichen Anlaufstellen, die im Anhang aufgelistet sind, Angelika Bungert-Stüttgen, der „Freiraumfrau“, mit der ich in unserem inspirierenden „WhatsApp-Sprachnachrichten-Ping-Pong“ so manche Idee hin und her bewegen und dadurch Freiraum in meinem Kopf schaffen konnte. Mechthild Batzke verdanke ich, dass ich heute familienbiografische Themen in meiner Arbeit viel stärker berücksichtige und diese in Abschnitt 4.3 eingeflossen sind. Meiner Kollegin Eva Kersting-Rader bin ich von Herzen dankbar für ihre spontane Bereitschaft, ein Geleitwort zu schreiben – und dann noch eins mit so viel Herzenswärme und Bestärkung für mein Buch.

Ich danke meinen wundervollen Probeleserinnen Katrin Pieper, Birgit Pommerenke und Sonja Rode, denen ich einzelne Kapitel aufgrund ihrer eigenen Geschichte anvertrauen durfte, um sie einem „Praxistest“ zu unterziehen. Anne Schnetzer, die das gesamte Manuskript vor der ersten Abgabe einmal gegengelesen und mit ihrem wertvollen und liebevollen Feedback bereichert hat, gebührt mein ganz besonderer Dank.

Schließlich danke ich dem Team des Junfermann Verlags. Was für ein Geschenk, dass wir uns beim CoachCamp in Köln 2017 erstmals begegnet sind und seitdem die Idee für dieses Buch wachsen und reifen durfte. Ein dickes Dankeschön geht an meine Lektorin Katharina Arnold, die jederzeit ein offenes Ohr für meine Fragen und Zweifel als „Ersttäterin“ hatte und mit ihrer klaren Sicht von außen dem Buch den nötigen Feinschliff verpasst hat.

Natürlich wäre dieses Buch nicht möglich gewesen ohne meine Klient:innen, die Teilnehmerinnen meiner Trauergruppe „Trauernd weiterl(i)eben“ sowie die Mitglieder meiner Online-Trauergruppe „Was, wenn Trauer Heilung wäre?“. Vor ihnen ziehe ich den Hut, weil sie sich mutig, zweifelnd, liebend schrittweise ins Leben zurückkämpfen. Ich bin so dankbar für das Vertrauen, das sie mir schenken.

Ihnen, lieber Leser, liebe Leserin, danke ich, dass Sie mein Buch gekauft haben und ich Sie auf diese Art ein Stück Ihres Weges begleiten darf. Ich wünsche Ihnen viele wertvolle Anregungen sowie Mut, Zuversicht, Neugier und Experimentierfreude, um neue Pfade auf Ihrem ganz persönlichen Weg der Trauerbewältigung zu entdecken.

Ihre

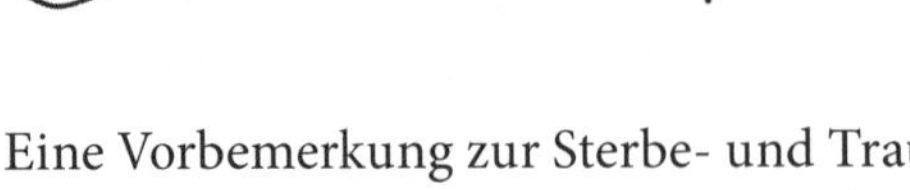

Eine Vorbemerkung zur Sterbe- und Trauerkultur in unserer Gesellschaft finden Sie in dem Video „Trauer gehört mitten ins Leben“.

1. Was ist Trauer eigentlich?

1.1 Was, wenn Trauer Heilung wäre?

Ja, Sie haben richtig gelesen! Ich starte mit einer auf den ersten Blick etwas provozierenden Frage in dieses Buch. Eine Frage, die Sie aufrütteln soll, gleich zu Beginn aus gewohnten Denkmustern auszubrechen. Die Sie einlädt, eine neue Perspektive auf Ihre Trauer einzunehmen. Die Sie neugierig macht auf ein Gedankenspiel.

Als Kind habe ich diese „Was-wäre-wenn-Spiele" geliebt. Was wäre, wenn ich fliegen könnte, was wäre, wenn ich mich mit meinem Hund auf eine einsame Insel beamen könnte, was wäre, wenn ich eine Zeitmaschine hätte? Ganz unbefangen und in meinen Denkstrukturen noch nicht begrenzt, fantasierte ich vor mich hin. Die Gedanken waren frei, in meinem Kopf entstand meine eigene kleine Parallelwelt. Was wäre, wenn? So im Konjunktiv gefragt, ist es gleich viel leichter, auch Verrücktes, scheinbar Unvorstellbares zu denken.

Und genau das möchte ich Ihnen hier ermöglichen. Was, wenn Trauer Heilung wäre? Wagen Sie sich gemeinsam mit mir auf ungewohntes Terrain und entdecken Sie eine neue Perspektive, aus der Sie auf Ihre Trauer schauen können.

Trauer – ein ungeliebtes Gefühl

In unserer Gesellschaft gehört die Trauer zu den Gefühlen, die wir am liebsten aus unserem Leben ausklammern. Positive Gefühle wie Freude, Glück oder Zuneigung sind immer herzlich willkommen, sie bringen Glanz in unser Leben und scheinen die wesentliche Zutat für ein gutes Leben zu sein. Meterweise Ratgeberliteratur in den Buchhandlungen suggeriert uns, dass es jederzeit möglich ist, sorgenfrei und wie „aus dem Ei gepellt" zu leben. In dieser strahlenden Welt haben (vermeintlich) negative Gefühle wie Angst, Wut oder eben Trauer keinen Platz. Sie gilt es, nach allen Regeln der Kunst aus dem Alltag zu verbannen. Bestenfalls bekommt der Leser ein paar Übungen an die Hand, wie das funktionieren kann.

Dabei ist Ihre Trauer gar nicht das Problem, sondern die Lösung! Trauer ist eine natürliche, (über-)lebensnotwendige und gesunde Reaktion auf einen Verlust. Das kann der Tod eines geliebten Menschen genauso sein wie der Verlust einer Partnerschaft, von Heimat (wie es z. B. Flüchtlinge erleben), von Fähigkeiten nach einer Erkrankung oder das Ende einer Lebensphase (beispielsweise wenn Kinder erwachsen werden und aus dem Haus gehen) oder auch der Eintritt ins Rentenalter und damit die Beendigung des Berufslebens. Diese Verluste gehören für jede:n von uns zum Leben dazu, und zwar von klein auf. Da stirbt das geliebte Haustier, wir verlieben und trennen uns, wir verlassen die Schule, beenden eine Ausbildung oder das Studium und so zieht es sich durch das ganze Leben. Und irgendwann, früher oder später, sterben Menschen aus unserem nächsten Umfeld. In allen diesen Verlustsituationen wirkt Trauer wie eine Salbe für die entstandenen Wunden. Indem Sie sich aktiv auf den Schmerz einlassen, ihn zulassen, statt vor ihm wegzulaufen, gehen Sie Schritt für Schritt einen Weg, der Sie schließlich in die Heilung führt.

Dieser Weg führt mitten durch den Schmerz hindurch, nicht an ihm vorbei. Das ist meist der Satz, den meine Klient:innen nicht gerne hören! Natürlich würde ich auch Ihnen als Leser:in gern Schmerz und Leid ersparen, aber zunächst braucht es eben ein Abtauchen und Eintauchen in den Schmerz. Dieses intensive Spüren der Trauer in ihrer ganzen Wucht ist ein zwingend notwendiger Teil des Verarbeitungsprozesses und hat sogar seine positiven Seiten, wie Sie in Abschnitt 4.1 ausführlicher nachlesen können. Ich bin überzeugt davon, dass Sie auch die positiven Gefühle in ihrer vollen Intensität nur spüren können, wenn Sie am anderen Ende der Gefühlsbandbreite die schmerzhaften Gefühle ebenso tief durchleben. Kapseln Sie sich von diesen ab, so beschneiden Sie gleichermaßen Ihre Lebensfreude. Gefühle wollen eben gefühlt werden – und zwar alle!

Wenn Trauer nicht gelebt wird

Was wäre denn die Alternative zur Trauer? Nicht trauern, weglaufen, sich in Aktivitäten stürzen, den Schmerz betäuben. Das mag für eine kurze Zeit gehen und durchaus eine attraktive Lösung sein. Die Trauer vorübergehend zur Seite zu schieben hilft auch, manche Situation im Alltag zu überstehen. Doch Trauer ist schlau! Wird sie dauerhaft nicht beachtet, kehrt sie in neuem Gewand zurück, meist durch die Hintertür, verkleidet z. B. als Migräne, Rückenschmerz, Angstzustand, Panikattacke oder Depression. Trauer selbst ist keine Krankheit, aber nicht gelebte Trauer kann krank machen. Ist es erst einmal so weit gekommen, fällt es Ärzten und Therapeuten oft schwer, den Verlust und die nicht gelebte Trauer als Ursache auszumachen. Nicht selten kommt es dann zu langwierigen Therapieverläufen, die sich wie ein „Stochern im Nebel“ anfühlen. Sollten Sie gerade an diesem Punkt stehen und sich fragen, ob Ihre körperlichen und/oder psychischen Symptome auf einen nicht verarbeiteten Verlust zurückzuführen sind, dann empfehle ich Ihnen, sich entweder eine gute Trauerbegleitung zu suchen oder einen Therapeuten mit Erfahrung im Bereich Trauer. Hinweise dazu finden Sie im Anhang.

Aktiv zu trauern bedeutet also, sich auf einen heilsamen Weg zu machen. Wie dieser Weg für Sie persönlich aussieht und in welchem Tempo Sie ihn gehen, das bestimmen Sie ganz allein. Sie werden auf steinige Passagen, Weggabelungen, Steigungen, Gefälle und Serpentinen treffen, aber es ist wie beim Bergsteigen: Die Mühen des Aufstiegs werden durch eine wunderschöne Aussicht, den weiten Blick und das Gefühl, etwas geschafft zu haben, belohnt. So werden Sie eines Tages auf Ihren Weg der Heilung zurückblicken und sagen können: Ja, es war ein verdammt harter Weg, den ich mir gern erspart hätte, aber ich weiß auch zu schätzen, was ich dadurch gewonnen habe.

Vielleicht erscheint Ihnen das aus heutiger Sicht noch unvorstellbar. Vielleicht regt sich in Ihnen gerade auch Widerstand, weil Sie doch eigentlich nur den alten Zustand wiederherstellen möchten, statt ohne den geliebten Menschen weiterleben zu müssen. Daher gehören eine Portion Vertrauen und Mut in Ihr Handgepäck. Vertrauen darauf, dass Sie alles in sich tragen, was Sie für Ihren Weg benötigen. Vertrauen auch darauf, dass Sie zur rechten Zeit wissen werden, was zu tun ist. Martin Walser beschreibt dieses Vertrauen mit dem Satz „Dem Gehenden schiebt sich der Weg unter die Füße“. Mut können Sie gut gebrauchen, um ausgetretene Pfade zu verlassen und neue Wege auszuprobieren.

Gedankenspiel

Ich lade Sie ein, Ihre Trauer zu personalisieren und sich ihr mit diesen Fragen auf andere Art zu nähern:

- Wenn Trauer ein Tier wäre, welches wäre es für Sie und warum? Welche Eigenschaften hat dieses Tier? Welche seiner Eigenschaften könnten Ihnen auf Ihrem Weg behilflich sein?
- Wenn Trauer eine Person wäre, welchen Namen würden Sie ihr geben? Was würden Sie sie als Erstes fragen? Was würde sie antworten? Vielleicht kommen Sie nun miteinander ins Gespräch.

Diese Art der personalisierten Trauer kann Sie unterstützen, einen leichteren Zugang zu ihr zu entwickeln. Manche Trauernde geben bewusst einen Namen mit Augenzwinkern, z. B. „Miss Daisy“ oder „Agathe“ – das schafft bei allem Schmerz auch eine gewisse Leichtigkeit. Manche verabreden sich mit ihrer Trauer auf dem Sofa bei Kerzenschein und Wein, um Dinge auszusprechen, die ihr Herz beschweren, oder auch, um mal so richtig loszuschimpfen. Auch wenn es für Sie gerade etwas spooky klingt, es tut gut, auf die Antworten zu hören. Denn wie wir alle, möchte auch Ihre Trauer gesehen und gehört werden!

Wenn Sie weitere Impulse zu diesen Themen wünschen, hören Sie auch gerne die Podcastepisode 28 „Trauer und Mut“ unter ↗ https://liebevoll-trauern.podigee.io.

1.2 Die sechs Notwendigkeiten der Trauer nach Alan D. Wolfelt

Es gibt verschiedene Modelle, die helfen, das Phänomen Trauer besser zu verstehen. Die wohl bekanntesten sind sogenannte Trauerphasenmodelle, z. B. des amerikanischen Psychologieprofessors J. William Worden oder der Psychologin und Psychotherapeutin Prof. Dr. Verena Kast. Demnach verläuft Trauer in verschiedenen Phasen, die in individuell unterschiedlicher Intensität und Länge durchlaufen werden.

Ich persönlich arbeite nicht gern mit solchen Phasenmodellen, weil sie suggerieren, Trauer lasse sich in Abschnitte einteilen, die in einer bestimmten Reihenfolge durchlaufen werden. Zudem lässt der Begriff „Phase" darauf schließen, dass es einen definierten Anfang und ein Ende jedes Abschnitts gibt, bevor die nächste Phase beginnt. Dies führt meiner Erfahrung nach dazu, dass Trauernde sich „falsch" fühlen, wenn sie in einer Phase feststecken und damit der Weg in die nächste Phase verschlossen bleibt. Oder wenn sie zwischen zwei Phasen hin und her springen, weil manche Themen immer mal wieder neu angeschaut werden wollen.

Umso glücklicher war ich, in meiner Ausbildung zur Trauerbegleiterin das Modell der „sechs Notwendigkeiten der Trauer" nach Alan D. Wolfelt kennenzulernen. Diese sechs Notwendigkeiten können Sie sich wie Aufgaben vorstellen, die das Leben Ihnen in Zeiten der Trauer stellt. Es gibt dabei keine vorgegebene Reihenfolge, die Sie einhalten sollten, und vor allem können Sie auch mehrere Aufgaben parallel „bearbeiten". Das passiert oft ganz automatisch, weil beispielsweise manche Rituale sich auf mehr als eine Notwendigkeit beziehen. Zudem können Sie einzelne Notwendigkeiten ruhen lassen, wenn Sie vorerst das Gefühl haben, nicht weiterzukommen. Manchmal ist die Zeit einfach noch nicht reif für bestimmte Verarbeitungsprozesse. Dann macht es Sinn, die Aufgabe beiseitezulegen in dem Vertrauen, dass der passende Zeitpunkt kommen wird.

Auch ist es nach diesem Modell möglich, zwischen Aufgaben zu springen und dennoch das Gefühl zu haben, dass es vorwärtsgeht. In meiner Arbeit mit Trauernden erlebe ich immer wieder, dass sie sich gut in die verschiedenen Aufgaben hineinversetzen und mit ihnen ihren persönlichen Trauerprozess gestalten können.

Die im Folgenden genannte Reihenfolge ist daher keine Vorgabe für Ihre Trauer. Vielleicht stellen Sie fest, dass Sie zu allen Notwendigkeiten bereits Teilaufgaben erledigt haben. Sie ganz allein sind die Expertin oder der Experte Ihrer Trauer und entscheiden, welche Themen Sie wann angehen möchten.

1. Notwendigkeit: die Realität des Todes anerkennen

Es geht darum anzuerkennen, dass der geliebte Mensch wirklich tot ist. Er wird nicht, wie gewohnt, heute Abend zur Tür hereinkommen oder Ihnen ein fröhliches „Hallo“ entgegenrufen. Gerade bei sehr plötzlichen Todesfällen, z. B. durch Unfall oder Suizid, ist dies eine echte Herausforderung. Viele Trauernde haben auch Wochen oder Monate nach dem Tod noch das Gefühl, der Verstorbene sei nur vorübergehend verschwunden. Alles sei nur ein schlimmer Albtraum, aus dem sie bald erwachen würden.

Aus diesen Gründen ist es so wichtig, sich vom Toten zu verabschieden. Viele Angehörige, die im Rahmen der Bestattungsplanung bei mir sitzen, möchten sich nicht mehr am offenen Sarg verabschieden. „Wir möchten ihn oder sie so wie im Leben in Erinnerung behalten“ ist das Argument, das ich dann meistens höre. Doch mit Blick auf diese erste Notwendigkeit der Trauer ist genau das heilsam: zu sehen, dass der Mensch wirklich tot ist, dass er sich kalt anfühlt und dabei ganz friedlich aussieht. Wohltuend ist auch, persönliche Gegenstände wie Fotos, Schmuck oder andere Erinnerungsstücke in den Sarg zu legen und diesen mit dem Bestatter gemeinsam zu schließen. So wird die Realität des Todes im wahrsten Wortsinn be-„greif-“bar.

Natürlich wirkt auch die Beerdigung darauf hin, die Realität anzuerkennen. Je aktiver Sie diese selbst gestalten, indem Sie beispielsweise die Musik aussuchen oder persönliche Gestaltungselemente einbauen, desto besser.

Schließlich gibt es viele kleine und größere Zeichen, die Ihnen die Realität ohne Ihren geliebten Menschen vor Augen führen: das Bett, das Abend für Abend leer bleibt, der Besuch auf dem Friedhof oder die Pflege des Grabes.

2. Notwendigkeit: den Schmerz annehmen

Viele Trauernde möchten vor dem Schmerz am liebsten weglaufen. Der Tränensee staut sich, bis er überläuft – doch genau dann tritt endlich Erleichterung ein. Es gehört also zu den heilsamen Traueraufgaben, sich dem Schmerz zu stellen und ihn in seiner ganzen Intensität zu spüren und zu durchlaufen (siehe auch Abschnitt 1.2). Wundern Sie sich nicht, wenn Sie in den ersten Monaten das Gefühl haben, dass der Schmerz immer schlimmer statt besser wird. Das ist ein Schutz Ihrer Psyche, Bedrohliches nur Stück für Stück an Sie heranzulassen. Und zwar in dem Maße, wie Sie die Bedrohung vertragen können.

Augen auf und durch

Auch wenn Sie gern eine andere Botschaft hören würden: Es gibt nur diesen einen Weg durch den Schmerz hindurch, nicht an ihm vorbei. Ich empfehle Ihnen, eben nicht die Augen und Ihr Herz zu verschließen, sondern ganz bewusst mit offenen Augen und weit geöffnetem Herzen diesen schmerzvollen Weg zu gehen.

Manche meiner Klient:innen berichten mir nach der ersten Sitzung erleichtert, dass sie erstmals richtig weinen konnten. Allzu oft diktiert uns das Leben, für andere funktionieren zu müssen. Allzu oft meinen wir, stark sein zu müssen, und werten Tränen als Zeichen von Schwäche. Was halten Sie von folgendem Perspektivwechsel: Was, wenn Tränen ein Zeichen von Stärke wären? Weil sie Sie in Kontakt zu sich selbst bringen und Sie sich selbst damit wichtig nehmen? Tränen sind ein klares Statement: ein JA zu sich selbst! Mehr zum Thema Weinen finden Sie in Abschnitt 5.4.

Je mehr Sie versuchen, gegen den Schmerz, gegen die Tränen anzukämpfen, desto mehr Kräfte verschenken Sie, die Sie eigentlich zum Trauern benötigen. Vielleicht hilft Ihnen das Bild der Hängematte, in die Sie sich hineinfallen lassen. Genau so können Sie sich auch in Ihren Schmerz hineinbegeben. Je mehr Raum und Daseinsberechtigung Sie ihm geben, desto leichter wird es, mit ihm umzugehen. So, wie eben das Schaukeln in der Hängematte Leichtigkeit schenkt.

3. Notwendigkeit der Trauer: dankbare Erinnerung

Erinnerungen sind die Schätze, die Sie in Ihrer Schatzkiste des gemeinsamen Lebens sammeln. Natürlich ist es immer auch schmerzhaft, sich an Zeiten und Ereignisse zu erinnern, die unwiderruflich vorbei sind. Vielleicht ist es Ihnen deshalb anfangs nicht so gut möglich, die Schatzkiste zu öffnen. Aber seien Sie gewiss: Neben dem Schmerz fühlen Sie auch ganz viel Liebe durch diese Erinnerungen. Es wäre doch schade, wenn Sie sich dieses Gefühl verwehren würden, oder?

Wir wissen aus der Resilienzforschung – die Forschung zu der Frage, was uns widerstandsfähig macht, um Krisen zu bewältigen –, dass Dankbarkeit eine wichtige Rolle spielt, um aus eigener Kraft das Tal der Tränen wieder zu verlassen. Sie lässt uns auf das Positive fokussieren, auf das, was funktioniert, anstatt (wie so häufig) nur das Negative zu sehen. Gerade in Zeiten der Trauer, in der Ihnen Ihr Leben dunkel und grau vorkommt, öffnet Ihnen Dankbarkeit die Tür zu einem helleren und bunteren Raum. Sie weitet Ihren Blick dafür, dass es neben dem schmerzlichen Verlust auch noch etwas gibt, das Sie im Leben trägt und Ihnen Halt gibt.

Kaufen Sie sich ein hübsches Heft oder eine Kladde, das / die Sie auf Ihren Nachttisch legen. Jeden Abend notieren Sie drei Dinge, für die Sie an diesem Tag dankbar sind. Dabei gilt: Es sind nicht nur die großen Ereignisse, die dankenswert sind. Gerade in Zeiten der Trauer sind es oft ganz kleine Dinge, für die Sie dankbar sein können: für das Lächeln der Nachbarin, für die Teepause zwischen Büro und familiären Verpflichtungen oder für das Telefonat mit einem guten Freund.

Sie werden sehen, dass ein solches Dankbarkeitstagebuch Sie Stück für Stück bewusster all das Gute in Ihrem Leben entdecken lässt.

Ganz praktisch haben Sie unendlich viele Möglichkeiten, die Erinnerung an Ihren geliebten Verstorbenen wachzuhalten. Einige Beispiele finden Sie in Abschnitt 5.6.

4. Notwendigkeit: eine neue Identität entwickeln

Der Verlust eines geliebten Menschen führt zwangsläufig zu einem Rollenwechsel. Vielleicht waren Sie bisher Ehefrau und sind jetzt Witwe. Vielleicht waren Sie Eltern und sind nun „verwaist". Vielleicht waren Sie Sohn oder Tochter und stehen nun an oberster Stelle in Ihrer Ahnenreihe.

Es ist ein längerer Prozess, in diese neue Identität hineinzuwachsen. Nehmen Sie sich dafür ganz bewusst Zeit. Wenn in Ihrem Leben ohnehin kein Stein auf dem anderen bleibt, ist dies auch die Chance, diese Identitätsfindung für eine Neusortierung zu nutzen. In der Krise wird sichtbar, was Ihnen wirklich wichtig ist und was nicht. Auch Fragen wie „Wer bin ich und wer möchte ich sein?" stellen sich häufig in Zeiten der Trauer.

Gleichermaßen stehen Sie in dem Spannungsfeld, Gewohntes bewahren zu wollen, um ein Mindestmaß an Sicherheit aufrechtzuerhalten. Versuchen Sie also nicht, alles auf einmal umkrempeln zu wollen oder gar mit der Brechstange Veränderungen herbeizuführen. Nicht umsonst heißt es, dass man im ersten Trauerjahr keine gravierenden Entscheidungen treffen soll, beispielsweise an einen ganz anderen Ort zu ziehen oder den Job zu kündigen.

Sie finden in diesem Buch viele Impulse, wie Ihnen die Entwicklung einer neuen Identität gelingen kann. An dieser Stelle ist mir die Erkenntnis wichtig, dass Sie nicht „falsch" sind, nur weil sich gerade alles „falsch" anfühlt. Es ist vollkommen in Ordnung, wenn Sie das Gefühl haben, sich selbst nicht mehr zu kennen. Gerade für diese Aufgabe muss die Zeit erst reif werden und es ist ein längerer Prozess, sich neu zu finden. Vielleicht gelingt es Ihnen, mit einer gewissen Neugier und Unvoreingenommenheit auf sich und Ihren Weg zurück ins Leben zu schauen.

5. Notwendigkeit: Suche nach dem Sinn

Hierbei geht es darum, einen Sinn im Tod und einen neuen Sinn im Leben zu finden. Ganz schön harter Tobak – was denken Sie? Ja, es ist eine der anspruchsvollsten Traueraufgaben, die sich oft erst in der Rückschau wirklich erschließt.

Eine Frage, die Ihnen dabei behilflich sein kann, lautet: Welche Spur des Verstorbenen können Sie aufnehmen? Welchen begonnenen Weg können Sie fortsetzen? Vielleicht hatte Ihr geliebter Mensch eine besondere Fähigkeit, auf die Sie sich bisher verlassen konnten und die Sie nun erlernen möchten?

Frau S. hat im ersten Sommer nach dem Tod ihres Mannes nach dessen Bauplänen ein Regal auf der Terrasse gebaut. Sie, die vorher nie handwerklich interessiert oder gar begabt war, schaute voller Stolz auf ihr Bauwerk und spürte gleichzeitig eine liebevolle Verbindung zu ihrem Ehemann.

*

Herr B. kümmert sich nach dem Tod seiner Frau hingebungsvoll um sein Enkelkind. Bis dato waren das Abholen am Kindergarten und die „Nachmittagsschicht", bis die Eltern von der Arbeit kamen, die Domäne seiner Frau gewesen. Diese Aufgabe gibt seinem Leben nun einen neuen Sinn.

Überhaupt kenne ich viele Trauernde, die im Tun für andere, beispielsweise in einem Ehrenamt als Lesepate an einer Grundschule oder im Hospizdienst, eine tiefe Sinnerfüllung finden. Bevor Sie sich jedoch anderen Menschen in dieser Art und Weise zuwenden, möchte ich Sie ermutigen, sich zunächst gut und intensiv um sich selbst zu kümmern. Sie sollten in der Sorge um andere nicht vor sich selbst davonlaufen.

6. Notwendigkeit: Unterstützung annehmen

Diese Aufgabe hört sich zunächst banal an, stellt sich in der Praxis allerdings häufig als schwierig heraus. Wie gut gelingt es Ihnen, aktiv um Hilfe zu bitten? Oder gehören Sie auch zu den Menschen, die es lieber allein versuchen, bevor sie ihre „Schwäche" eingestehen und den Nachbarn um die Reparatur ihres Fahrrads bitten? Oder kaufen Sie auch eher eines der vielen Steuerprogramme und wurschteln sich da durch, bevor Sie die Arbeitskollegin um Unterstützung bei der Steuererklärung bitten?

Vielleicht ist Ihnen auch schon Hilfe angeboten worden, die Sie mit den Worten „Ich komme schon klar" dankend abgelehnt haben, um dann festzustellen, dass es doch schön gewesen wäre, wenn die Freundin Ihre Kinder zum Ausflug mitgenommen oder der Nachbar Ihnen den schweren Wasserkasten vom Getränkemarkt mitgebracht hätte.

Wie auch immer – Ihre neue Lebenssituation fordert viel von Ihnen, vermutlich auch viele Dinge, die Sie noch nie gemacht haben. Erstellen Sie am besten eine Liste und notieren Sie sich, wer Ihnen bei den einzelnen Themen helfen könnte. Sie müssen wahrlich nicht alles allein schaffen! Erfahrungsgemäß gibt es auch Menschen im Umfeld, die gern helfen möchten, aber unsicher sind, wie sie dies ansprechen sollen. Diese Menschen freuen sich, wenn Sie sie aktiv einbinden.

Was halten Sie auch hier von folgendem Perspektivwechsel: Um Hilfe zu bitten ist nicht Schwäche, sondern eine ausgesprochene Stärke, weil Sie liebevoll auf sich selbst und auf andere schauen, denen Sie die jeweilige Fähigkeit zutrauen.

Nehmen Sie sich ein DIN-A4-Papier und teilen es in sechs Felder ein. Jedes Feld überschreiben Sie mit einer der sechs hier vorgestellten Notwendigkeiten. Notieren Sie nun, was Sie bereits getan haben, das für die eine oder andere (und manchmal auch mehrere) Notwendigkeiten gut war. Wenn Sie beispielsweise ein Fotobuch mit Bildern des letzten Lebensjahres gestaltet und dabei viele Tränen vergossen haben, dann haben Sie sich damit nicht nur dankbar erinnert (3. Notwendigkeit), sondern auch den Schmerz angenommen (2. Notwendigkeit).

Nun erkennen Sie, in welchem Bereich Sie bereits gut unterwegs sind und wo Sie noch Nachholbedarf haben. Vielleicht kommen Ihnen schon erste Ideen, was Sie für die eine oder andere Notwendigkeit noch tun könnten.

Aber: Bitte überstürzen Sie nichts – wie schon gesagt, für manche Traueraufgabe muss die Zeit erst reifen. Setzen Sie sich nicht selbst unter Druck.

Wenn Sie weitere Impulse zu diesem Thema wünschen, hören Sie auch gerne die Podcastepisoden 2 „Sechs Notwendigkeiten der Trauer, Teil 1" und 3 „Sechs Notwendigkeiten der Trauer, Teil 2" unter ↗ https://liebevoll-trauern.podigee.io/.

1.3 Gibt es „richtige" und „falsche" Trauer?

Trauerprozesse sind so individuell wie wir Menschen. Es wäre doch zu schön, wenn ich Ihnen eine Art Schablone an die Hand geben könnte, ein Raster, in das Sie sich einsortieren könnten, und wie von Geisterhand wüssten Sie dann, was zu tun ist und wie Trauern funktioniert! So einfach ist es aber leider nicht. Oder glücklicherweise! Denn macht es nicht auch Druck, auf eine bestimmte Weise funktionieren zu müssen, um irgendwie „richtig" zu trauern? Betrachten Sie es als Erleichterung, dass Sie Ihren eigenen Weg gehen dürfen, Ihr eigenes Tempo wählen und dabei vielleicht auch die eine oder andere Schleife drehen können.

Auf die Umstände kommt es an

Wie sich Ihr Trauerprozess gestaltet und anfühlt, hängt von vielen verschiedenen Faktoren ab:

- **Das Alter des Verstorbenen:** Es macht einen Unterschied, ob die natürliche Reihenfolge gewahrt ist. Wenn Kinder vor ihren Eltern sterben, ist das besonders schmerzhaft. Wenn Menschen noch zu jung sind, schmerzt ihr Tod sehr – wobei wir uns fragen dürfen, ab welchem Alter Sterben denn „dran ist". Ich habe oft das Gefühl, dass wir durch unsere heutigen medizinischen Möglichkeiten auch den natürlichen Alterstod immer später akzeptieren.
- **Die Planbarkeit des Todes:** Bei einer langen Erkrankung, wenn der Tod absehbar wird, bleibt Zeit, sich vorzubereiten. Hier greift das Phänomen der sogenannten vorweggenommenen Trauer. Das bedeutet, die Angehörigen befinden sich in einem schrittweisen Abschiedsprozess und können, sofern sie diesen Weg bewusst gehen, beispielsweise noch wichtige Themen im Gespräch mit dem Sterbenden klären. Mitunter findet auf dem Sterbebett noch Versöhnung statt. Lange Zeit nicht Ausgesprochenes kann thematisiert werden. Letzte Entscheidungen können gemeinsam getroffen werden. Solche Gespräche sind, so schwer sie auch sein mögen, heilsam und erleichtern den Einstieg in die Trauer. Weitere Hinweise zur Sterbephase und der vorweggenommenen Trauer finden Sie in Kapitel 9.
  Kommt der Tod jedoch sehr plötzlich, z. B. durch einen Unfall, einen Suizid oder einen plötzlichen Herztod, gibt es diese Vorbereitungszeit nicht. Die Angehörigen stehen unter Schock, sind oft zunächst handlungsunfähig. Sie empfinden die Situation als völlig unwirklich und surreal. Denken Sie an die „sechs Notwendigkeiten der Trauer" aus Abschnitt 1.2: Die Aufgabe, den Tod als Realität anzuerkennen, fällt bei einem solch plötzlichen Todesfall besonders schwer. Zudem kann nichts Versäumtes nachgeholt werden: kein bewusster Abschied, kein Dank für gemeinsam Erlebtes, keine Aussprache – und das sind nur einige der vielen Themen, die nicht mehr stattfinden können.
- **Die Todesart:** Für den subjektiv empfundenen Schmerz macht es einen Unterschied, ob jemand eines natürlichen oder unnatürlichen Todes gestorben ist. Je dramatischer die Umstände, beispielsweise bei einem Unfall oder Mord, desto aufwühlender sind die Emotionen. Oft mischen sich dann auch weitere Gefühle wie Schuld, Wut oder Angst mit besonderer Wucht in die Trauer.
- **Die Beziehung zum Verstorbenen**: Hier gilt die Faustregel, dass die Trauer umso intensiver ist, je inniger die Beziehung zu Lebzeiten war. Die gute Nachricht: Diese Beziehung endet durch den Tod nicht, sie verändert sich. Dazu finden Sie mehr in Abschnitt 5.5 und Kapitel 8.

- **Vergangene Verlusterfahrungen:** Wenn Sie schon einmal einen einschneidenden Verlust erlebt haben, greifen Sie in Ihrer aktuellen Trauer auf diese Erfahrungen zurück. Das muss kein Verlust durch Tod sein, es kann auch beispielsweise ein Arbeitsplatzverlust, eine Trennung oder der Verlust von Freundschaften durch Umzug sein. Ihr Gehirn hat sich diese Erfahrungen gemerkt und versorgt Sie nun mit den Gefühlen, die es damals abgespeichert hat. Haben Sie positive Bewältigungsmechanismen erlebt und gespürt, dass Sie die Krise aus eigener Kraft durchstehen konnten, trägt Sie diese Sicherheit nun auch durch die aktuelle Situation. Sind Ihre Erfahrungen aus vergangenen Krisen eher belastet, wird sich dies vermutlich auf Ihre aktuelle Trauer auswirken. Und schließlich kann es auch sein, dass Ihre aktuelle Trauer auf eine nicht verarbeitete, verdrängte Trauer trifft. Dann tun Sie gut daran, auch die frühere Situation jetzt mit aufzuarbeiten. In solchen Fällen empfehle ich Ihnen, sich in professionelle Hände einer Trauerbegleitung zu begeben.
  In Abschnitt 4.3 finden Sie vertiefende Informationen zu diesem Thema.
- **Gelernte Muster aus der Kindheit:** Die Art und Weise, wie Ihre Eltern und Großeltern Ihnen den Umgang mit belastenden Gefühlen vorgelebt haben, prägt Sie bis heute. Haben sie ihre Tränen Ihnen gegenüber verborgen? Durften Sie an der Beerdigung von Angehörigen teilnehmen oder wurde Ihnen dies verwehrt? Wurde in Ihrer Familie über das Sterben und den Tod gesprochen oder waren das Tabuthemen? Machen Sie sich diese Prägungen bewusst, um daraus abzuleiten, inwiefern Sie heute daraus schöpfen oder dazulernen dürfen.

Schließlich geht es in der Trauerbewältigung auch um Ihre Selbstwirksamkeit: Die kognitive Psychologie versteht darunter die Überzeugung einer Person, auch schwierige oder herausfordernde Situationen aus eigener Kraft erfolgreich bewältigen zu können. Der kanadische Psychologe Albert Bandura hat in den 1970er-Jahren den Begriff der sogenannten Selbstwirksamkeitserwartung entwickelt: Menschen, die daran glauben, selbst etwas bewirken und auch in schwierigen Situationen selbstständig handeln zu können, haben demnach eine hohe Selbstwirksamkeitserwartung. Sie nehmen gezielt Einfluss auf Dinge oder Situationen ihres Lebens, statt äußere Umstände, andere Personen oder andere unkontrollierbare Faktoren dafür verantwortlich zu machen. Untersuchungen zeigen, dass Menschen mit einem starken Glauben an die eigenen Kompetenzen mehr Ausdauer bei der Bewältigung von Aufgaben entwickeln und weniger anfällig für die Entwicklung von Angststörungen und Depressionen sind. Auf Ihre Trauer bezogen bedeutet dies, dass Ihr Vertrauen oder Misstrauen in Ihre Fähigkeit, den Verlust verarbeiten zu können, eine bedeutende Rolle spielt.

Verlängerte Trauerstörung

Auch wenn es keine richtige oder falsche Trauer gibt, stellt sich dennoch die Frage, ob Sie, unter Umständen mithilfe von professioneller Trauerbegleitung, Ihren Verlust autark bewältigen können oder ob es therapeutischen Bedarf gibt. Über die genaue Abgrenzung zwischen „normaler, gesunder Trauer" und einer sogenannten verlängerten Trauerstörung diskutieren die Experten. Anzeichen für eine verlängerte Trauerstörung sind u. a. eine emotionale Taubheit, das Vermeiden von Erinnerungen, die mit dem Verlust im Zusammenhang stehen, Verbitterung und Wut im Zusammenhang mit dem Verlust oder auch eine gefühlte Sinnlosigkeit und Unsicherheit über die eigene Rolle im Leben – und zwar über die ersten sechs Monate nach dem Tod des geliebten Menschen hinaus.

In meiner Arbeit als Trauerbegleiterin und eben nicht als Therapeutin prüfe ich im laufenden Prozess immer wieder neu, ob die Grenze zur Therapie erreicht ist. Manchmal ist es tatsächlich geboten, in eine Psychotherapie überzuleiten. Meine Messlatte ist dabei die Frage, ob jemand aktiv auf das Leben zu trauert. Manchmal mögen es drei Schritte vor und zwei Schritte zurück sein. Wenn ich unter dem Strich erlebe, dass Klient:innen Schritt für Schritt vorwärts auf das Leben zugehen, befinden sie sich auf einem heilsamen Weg.

Mit dem Wissen aus diesem Kapitel im Gepäck möchte ich Sie ermutigen, auf Ihren ganz eigenen Weg zu vertrauen. Denken Sie nicht in Kategorien von richtig oder falsch, sondern von heilsam und liebevoll. Heilsames Trauern bedeutet, sich auf Entdeckungsreise zu Ihrem individuellen Weg zu begeben. „Umwege erweitern die Ortskenntnis" heißt es in einem Sprichwort. So sind Wegschleifen, die Sie drehen, keinesfalls Irrwege, sondern Lernerfahrungen, die Ihren Horizont erweitern. Und liebevolles Trauern heißt, dass Sie sich selbst der beste Freund bzw. die beste Freundin sind. Seien Sie gut zu sich und lassen Sie andere reden, wie sie mögen. Sie sind der Experte Ihrer Trauer – nur Sie!

In Kapitel 5 finden Sie breit gefächerte Informationen und einige Übungseinladungen zum heilsamen und liebevollen Trauern.

Denken Sie an eine bereits erlebte Verlust- oder Krisenerfahrung. Fühlen Sie sich in diese damalige Situation genau hinein. Was haben Sie erlebt? Wie haben Sie sich gefühlt? Wie war es zu Beginn und im weiteren Verlauf? Was hat sich verändert im Laufe der Zeit?

Beantworten Sie nun, am besten schriftlich, folgende Fragen:

- Was hat Ihnen in der damaligen Situation geholfen? Was hat zur Bewältigung der Krise / des Verlusts beigetragen?
- Was würden Sie aus Ihrer heutigen Sicht anders machen?

Überlegen Sie nun, inwiefern Sie diese Erfahrungen in Ihrer heutigen Trauersituation nutzen können.

Wenn Sie weitere Impulse zu diesem Thema wünschen, hören Sie auch gern die Podcastepisoden 17 „Selbstmitgefühl in der Trauer“ und 28 „Trauer und Mut“ unter ↗ https://liebevoll-trauern.podigee.io/.

1.4 Wie schnell geht Trauern?

„Ich möchte endlich fertig sein mit Trauern“ sagen mir viele Klient:innen immer wieder. Einmal den Schnelldurchlauf bitte schön und dann die Stopp-Taste drücken, fertig!

Sie ahnen es schon: So funktioniert es leider nicht! Wenn ich Ihnen nun sage, dass Trauer ein Leben lang dauert, ist dies vielleicht eine niederschmetternde Nachricht für Sie. Ein ganzes Leben lang trauern – um Himmels willen. Meine These: Es ist gut, dass die Trauer nicht endet, denn Ihr geliebter Mensch, um den Sie trauern, ist ja auch Ihr Leben lang tot. Trauer ist die Kehrseite der Liebe und da die Liebe mit dem Tod nicht endet, bleibt auch die Trauer in Ihrem Leben. Doch die gute Nachricht in diesem Szenario lautet: Der Schmerz wird nicht bis an Ihr Lebensende so dauerpräsent und stechend bleiben wie in der ersten akuten Phase. Er wird sich im Laufe der Zeit verändern, er wird milder werden.

In Abschnitt 1.3 habe ich verschiedene Umstände beschrieben, die auf den Trauerprozess Einfluss haben. Aus meiner Erfahrung in der Arbeit mit Trauernden lassen sich daraus folgende Faustregeln ableiten:

- Je plötzlicher der Tod eingetreten ist,
- je inniger oder je schwieriger die Beziehung zum Verstorbenen war,
- je mehr Verluste zuvor nicht verarbeitet wurden,

… desto langwieriger ist der Verarbeitungsprozess.

Das sind natürlich nur sehr grobe Anhaltspunkte, denn wie schon gesagt, es gibt keine Schablone für Trauer. Zwei Menschen, die objektiv betrachtet sehr vergleichbare Verlustsituationen erleben, können völlig unterschiedlich damit umgehen.

Ich vergleiche Trauer gern mit dem Kriechgang eines Traktors. Das ist der Gang, mit dem der Traktor sehr langsam fährt, dabei aber besonders kraftvoll die Erde durchpflügt. Trauer ist nichts, worüber wir mal so eben hinweghuschen können. Sie braucht Raum und Zeit, in der Sie tief in die eigene Gefühlswelt eintauchen und nach und nach neue Facetten Ihres Ichs an die Oberfläche kommen. Wie beim Traktor im Kriechgang braucht das viel Zeit und Geduld. Lassen Sie sich von der gefühlten Langsamkeit Ihrer Entwicklung nicht entmutigen!

Letztlich bestimmt sehr maßgeblich die individuelle Resilienz, also die seelische Widerstandskraft, wie wir mit Krisen umgehen. Die gute Nachricht: Resilienz lässt sich entwickeln, wir können sie aktiv anstoßen und stärken – sie ist kein Zustand und keine einmalige Errungenschaft, sondern ein Prozess, den wir ein Leben lang gestalten können. Gerade auch in Zeiten der Trauer. Resilienz ist wie ein Muskel, den wir trainieren können.

Verschiedene Studien belegen, dass neben weiteren Faktoren vor allem drei Grundhaltungen für die Entwicklung von Resilienz förderlich sind:

1. **Optimismus:** Hier ist sowohl der positive Blick auf die Welt als auch auf sich selbst gemeint. Resilienten Menschen gelingt es, das Glas als halb voll statt halb leer zu betrachten. Sie finden auch in noch so anspruchsvollen Situationen das Gute und fokussieren ihre Wahrnehmung darauf.
   Genau das funktioniert und hilft auch in Zeiten der Trauer. Auch wenn Ihre Welt derzeit überwiegend grau und dunkel ist: Sie finden ganz sicher jeden Tag auch Positives, das Ihnen widerfahren ist. Manchmal sind es die kleinen Dinge, die wir leicht übersehen, wie beispielsweise das freundliche Gespräch mit dem Nachbarn oder die kurze Kaffeepause mit der Kollegin.
2. **Akzeptanz:** Menschen mit einer akzeptierenden Grundhaltung nutzen ihre mentale und emotionale Energie dafür, unabänderliche Gegebenheiten konstruktiv zu verarbeiten und in ihr Leben zu integrieren. Sie wissen und akzeptieren, dass Unglück, Enttäuschung und Widrigkeiten Teile des Lebens sind, die sich weder vermeiden noch spurlos beseitigen lassen.
   Erinnern Sie sich an die erste Notwendigkeit der Trauer aus Abschnitt 1.2 „die Realität des Todes anerkennen“: Eine akzeptierende Grundhaltung hilft Ihnen dabei maßgeblich. Versuchen Sie, auch wenn es schwerfällt, möglichst wenig Energie in die Rebellion gegen die Realität aufzuwenden.

3. **Lösungsorientierung:** Sich auf Lösungen zu fokussieren öffnet den Blick nach vorne und schafft Energie für das Wesentliche. Hierfür aktivieren resiliente Menschen ihre Ressourcen, anstatt sich systematisch und langwierig mit dem Problem und seinen Ursachen zu befassen.
   Auf die Trauer bezogen, bedeutet dies: So sehr sie Raum braucht, schauen Sie immer auch auf das, was Sie tun und was Sie aktiv gestalten können, um einen – vielleicht nur klitzekleinen – Schritt auf das Leben zuzugehen. Trauer braucht diese Balance aus raumgreifendem Schmerz einerseits und einem zuversichtlichen, hoffnungsvollen Blick nach vorn andererseits.

Die genannten Aspekte aus der Resilienzforschung möchte ich um einen aus meiner Sicht wichtigen Punkt in Bezug auf Trauer ergänzen: das Thema Gelassenheit. In Ihrer Trauer sind Sie mit vielen unabänderlichen Themen konfrontiert: Der Tod ist unumkehrbar und Ihr Leben ändert sich dadurch zwangsläufig. Dagegen können Sie sich auflehnen, bringen wird Ihnen das allerdings nichts, außer dass Sie unnötig Energie verschwenden. Stattdessen tun Sie gut daran, sich in Gelassenheit zu üben. Ein afrikanisches Sprichwort sagt: „Das Gras wächst nicht schneller, wenn du daran ziehst." Versuchen Sie, die Situation so anzunehmen, wie sie ist. Ich höre oft den Satz „Alles wird gut!" – nein, ich meine: Alles IST gut! Alles ist gut so, wie es ist, denn es gehört zu Ihrem Leben dazu.

Gelassenheit können Sie leider nicht auf Knopfdruck erreichen. Aber sie lässt sich trainieren. Hier zwei Ideen für Sie:

- Lassen Sie abends Ihren Tag noch einmal Revue passieren:
  Was hat Sie geärgert?
  Worüber haben Sie sich aufgeregt?
  Wenn Sie dies nun mit etwas Abstand betrachten: War es den Ärger wert? Hat sich die Aufregung gelohnt? Wie würden Sie in einem oder fünf Jahren auf das Problem von heute schauen?
  Wiederholen Sie diese Übung eine Zeit lang täglich und Sie werden erleben, dass Sie Schritt für Schritt bereits in einer anstrengenden oder aufregenden Situation gelassener werden.
- In Zeiten der Trauer malen wir uns Situationen in der Zukunft häufig dramatisch aus, weil sie uns ängstigen: die erste längere Autofahrt allein, der erste Tag nach längerer Abwesenheit im Büro, der erste Geburtstag nach dem Tod des geliebten Menschen. Überprüfen Sie nach solchen Begebenheiten, vor denen Sie im Vorfeld große Ängste hatten, inwiefern diese der Realität standhielten. Fast immer kommt es nämlich anders, meistens leichter, als vorher befürchtet.

Mit diesen beiden Übungen reflektieren Sie Ihre erlebten Situationen und Ihr Gehirn „lernt" neue Bewertungen. Sie überlisten quasi Ihr Gehirn, das so gern auf gewohnten Denkautobahnen unterwegs ist!

Wenn Sie weitere Impulse zu diesem Thema wünschen, hören Sie auch gerne die Podcastepisoden 1 „Was ist Trauer und wie lange dauert sie?“ und 29 „Trauer-Reise in die Zukunft“ unter ↗ https://liebevoll-trauern.podigee.io/.

2. Besondere Umstände

Jeder Tod ist auf seine eigene Art und Weise tragisch und traurig. Es gibt jedoch Todesarten, die gesellschaftlich anerkannter sind als andere. Das Sterben nach langer Krankheit ist beispielsweise akzeptierter als ein Suizid. Der Tod eines alten Menschen verursacht oft weniger Aufmerksamkeit als der Tod eines Kindes. Trauer um einen Menschen ist anerkannter als die Trauer um ein Haustier.

Mir ist wichtig zu betonen, dass dies Beispiele für allgemeine Bewertungen in der Trauerkultur unserer Gesellschaft sind. Doch Außenstehenden steht es nicht zu, die Schwere eines Trauerfalls zu bewerten. Unterschiedliche Erfahrungen sollten nicht miteinander verglichen und gegeneinander abgewogen werden. Für mich existiert eine solche „Hierarchie der Todesfälle" genauso wenig, wie es in meinen Augen eine „Hierarchie der Trauer" gibt. Die subjektiv empfundene Schwere der Trauer ist ein Zusammenspiel aus sehr vielen verschiedenen Aspekten. In Abschnitt 1.3 können Sie nachlesen, welche vielfältigen Faktoren Einfluss auf die Schwere der Trauer und die Komplexität des Trauerprozesses haben.

In diesem Kapitel möchte ich auf einige besondere Umstände eingehen. Nicht weil sie automatisch eine außergewöhnlich tiefe Trauer nach sich ziehen, sondern weil es in diesen Trauerfällen Besonderheiten auf dem Weg zur Heilung zu beachten gibt. Selbstverständlich gelten auch für diese besonderen Umstände die Impulse für heilsames Trauern aus anderen Kapiteln. Auch wenn die Schleusenzeit zwischen Tod und Beisetzung nicht unerhebliche Auswirkungen auf den Trauerprozess hat, beziehe ich mich in diesem Kapitel im Wesentlichen auf die Trauerverarbeitung nach der Beisetzung. Der Schleusenzeit habe ich einen eigenen Abschnitt (Abschnitt 7.1) gewidmet.

2.1 Trauer um ein (Sternen-)Kind

> „Anfangs wollt ich fast verzagen
> und ich glaubt, ich trüg es nie;
> und ich hab es doch getragen,
> aber fragt mich nur nicht wie."

Diese Zeilen von Heinrich Heine bringen auf den Punkt, was wir erleben, wenn wir um unser Kind trauern. Von nun an sind wir sogenannte verwaiste Eltern – was für ein sperriger und doch eindeutiger Begriff. Über unser Leben bricht eine Katastrophe herein, die uns zweifeln lässt, ob es überhaupt jemals ein Weiterleben für uns geben wird. Der Tod eines Kindes stellt alles, wirklich alles infrage. Es ist die verkehrte Reihenfolge, wenn Kinder vor den Eltern sterben, quasi widernatürlich. Das gilt im Übrigen für junge Kinder genauso wie für das 60-jährige „Kind", das vor seinen 90-jährigen Eltern geht.

Niemanden kennen wir so gut wie unser Kind, niemand ist uns so vertraut. Vom ersten Atemzug an gingen wir Seite an Seite. Als Mutter haben wir unser Kind in unserem Bauch heranwachsen gespürt, haben es unter Schmerzen geboren, vielleicht gestillt. Als Vater haben wir den Bauch wachsen sehen, die Geburt miterlebt, es nächtelang durch die Gegend getragen und getröstet. Manchmal sehen Kinder einem Elternteil wie aus dem Gesicht geschnitten ähnlich. Die Beziehung zu unserem Kind ist oft die intensivste, die wir haben. Mit dem Tod unseres Kindes verlieren wir daher immer auch einen Teil von uns selbst.

Unsere Kinder stehen auch für unsere Zukunft. Bestimmte Lebensereignisse, die uns schon sicher waren, werden ohne uns stattfinden: Vielleicht werden wir nie die Einschulung unseres Sohnes erleben oder unsere Tochter zum Traualtar führen. Wir erleben, wie Schulkameraden unseres Kindes ihren Abschluss machen, aber unser Kind fehlt auf dem Gruppenfoto. Mit dem Tod unseres Kindes verlieren wir also auch einen Teil unserer Zukunft.

Die eigenen Werte- und Glaubensvorstellungen erfahren oft einen radikalen Einschnitt, was nicht selten weitreichende Konsequenzen für das soziale Gefüge hat. Viele Freundschaften, gerade zu anderen Familien mit Kindern, werden durch den Tod des eigenen Kindes auf eine harte Probe gestellt.

Auch wenn unsere Kinder nicht unser (einziger) Lebenssinn sein sollten, so sind sie doch natürlicherweise ein wesentlicher Lebensinhalt. Je kleiner sie sind, desto mehr bestimmen und füllen sie unseren Alltag. Für verwaiste Eltern entsteht eine kaum zu ertragende Leere, und zwar unabhängig davon, ob das einzige Kind stirbt oder noch Geschwisterkinder da sind.

Vom Tod eines Kindes ist das gesamte Familiensystem betroffen. Das Bild des Mobiles, das ich generell gerne benutze, um die Auswirkungen des Verlusts zu verdeutlichen, passt für Familien, in denen nun ein Kind fehlt, besonders gut: Stellen Sie sich vor, alle Familienmitglieder, Eltern, Kind, Geschwister, Großeltern etc., sind Teil eines solchen Mobiles. Auch ohne den Verlust ist es ein fragiles Konstrukt. Den kleinen und großen Stürmen des Lebens ausgeliefert, gerät es leicht ins Schwanken. Nun stirbt ein Kind. Der Platz am Mobile bleibt leer, eine Schieflage entsteht und jedes, wirklich jedes übrige Teil des Mobiles gerät an einen anderen Platz. Das komplette Familiengefüge ist aus dem Gleichgewicht geraten. Und damit ist nun jedes Familienmitglied auf der Suche nach seinem neuen Platz, der das Mobile insgesamt wieder in Balance bringen könnte.

Dabei gehen alle ganz unterschiedlich mit dem Verlust um. Eltern trauern anders als Geschwister oder Großeltern. Erwachsene anders als Kinder und Männer anders als Frauen. Diese Unterschiedlichkeit in der Familie auszuhalten, sich nicht neben dem sowieso vorhandenen unendlichen Schmerz auch noch an der Andersartigkeit der Trauer des anderen abzuarbeiten – das ist eine der großen Herausforderungen in solchen Zeiten.

Nicht wenige Beziehungen scheitern an einer solchen Lebenskrise, häufig dann, wenn es auch vorher schon Schwierigkeiten gab. Das muss aber nicht zwingend so sein. Viele wachsen durch die gemeinsamen intensiven Erfahrungen enger zusammen. Es gibt viele Unterstützungsmöglichkeiten, die dazu beitragen, trotz der enormen Belastung gemeinsam in die gleiche Richtung zu gehen. Eine gescheiterte Beziehung bedeutet einen weiteren Verlust, nicht nur für Sie selbst, sondern gegebenenfalls auch für Geschwisterkinder. Scheuen Sie sich also nicht, jede mögliche Unterstützung anzunehmen. Das können Hilfsangebote ganz praktischer Art aus dem Freundes- und Bekanntenkreis sein oder auch professionelle Hilfe in einer Trauergruppe oder durch Einzeltrauerbegleitung. Der bundesweit tätige Verein „Verwaiste Eltern und trauernde Geschwister in Deutschland VEID e.V." ist eine gute Anlaufstelle für ein breites Spektrum an Hilfestellungen (Broschüren, Bücher, Blogartikel, Seminare, Gruppen etc.). Diesen und weitere Links finden Sie im Anhang.

Und manchmal treten in der Krise auch ganz neue Menschen in Ihr Leben, die Ihnen nun zu einer heilsamen Stütze werden.

Wie kann es darüber hinaus gelingen, den Verlust des eigenen Kindes nicht nur irgendwie zu überleben, sondern vielleicht sogar daran zu wachsen? Natürlich gelten auch für Sie als Betroffene:r die Impulse für heilsames, liebevolles Trauern in den übrigen Kapiteln dieses Buches. Ich möchte an dieser Stelle lediglich einige Besonderheiten der Trauer um ein Kind benennen. Hinsichtlich der Beisetzung von Kindern finden Sie einige Impulse in Abschnitt 7.1.

Nach dem ersten Schockzustand – übrigens eine schützende Reaktion der Seele, uns nicht zu überfordern – wird irgendwann klar, dass das Kind unwiederbringlich tot ist. Dann bricht nach und nach ein wirres Gefühlschaos auf. Viele Angehörige beschreiben es als eine „Achterbahn der Gefühle". Jeder Tag ist anders, teilweise verändert sich die Gefühlslage von einer Minute zur nächsten.

Sind solche Gefühle überhaupt erlaubt?

Sehr häufig zeigt sich eine unbändige Sehnsucht nach dem Kind. Gerade bei jungen Kindern war doch der Plan, noch ein langes gemeinsames Leben zu genießen, der nun schmerzlich durchkreuzt wurde. Auch eine gewisse Todessehnsucht, besser selbst anstelle des Kindes gestorben zu sein, kommt immer wieder vor. Sollten Sie sich von diesem Todeswunsch nicht lösen oder distanzieren können, suchen Sie sich bitte professionelle Hilfe.

Ich kenne kaum Angehörige, die sich nicht in irgendeiner Form mit Schuldgefühlen plagen. Sie fühlen sich schuldig, beispielsweise weil das Kind vielleicht noch leben könnte, wenn sie noch dieses oder jenes getan hätten. Auch Wut kann sich zeigen. Wut auf den Arzt, auf den Unfallverursacher, auf den Krebs. Und ein sehr unerwünschtes und daher kaum artikuliertes Gefühl ist der Neid. Neid auf andere Familien, denen dieser Schicksalsschlag erspart bleibt und die einfach so weiterleben, als wäre nichts gewesen. Es schmerzt ganz besonders zu erleben, wie nicht Betroffene über ihre „anstrengenden Kinder" schimpfen, wo die Trauernden doch selbst lieber ein anstrengendes als ein totes Kind hätten.

So schwer es auch fällt, versuchen Sie, dieses Auf und Ab Ihrer Gefühle zu akzeptieren als Ihren derzeitigen „Normalzustand". Dagegen anzukämpfen kostet Sie nur unnötig Kraft. In Kapitel 3 gehe ich auf die verschiedenen Gefühle sehr ausführlich ein, in Abschnitt 5.2 finden Sie einige Impulse, wie Ihnen die Akzeptanz etwas leichter gelingen kann.

Kinderzimmer, Spielzeug & Kleidung

Sofern Ihr Kind noch bei Ihnen zu Hause gelebt hat, stellen sich schnell Fragen wie: Was passiert mit dem Kinderzimmer? Was machen wir mit dem Spielzeug oder mit den Anziehsachen? Viele Trauernde hören aus dem Freundeskreis und leider mitunter auch von professionellen Begleiter:innen, dass sie sich so schnell wie möglich von diesen Erinnerungen trennen sollten. Auch das Kinderzimmer sollte aufgelöst werden. Von einer solchen rigorosen Vorgehensweise möchte ich Ihnen gern abraten und Sie stattdessen ermutigen, Ihrer Intuition zu folgen. Ich bin überzeugt, dass Sie als Eltern – auch gemeinsam mit Geschwisterkindern – selbst am besten spüren, was für Sie stimmig ist. Vielleicht brauchen Sie tatsächlich eine schnelle Veränderung, damit Ihr Inneres der äußeren Veränderung folgen kann. Vielen Familien tut es jedoch gut, wenn das Kinderzimmer noch eine ganze Weile unangetastet bleibt. Es ist ein Raum für Trauer und auch für Nähe zum verstorbenen Kind bzw. Geschwister, den Sie hinter sich auch wieder schließen können. Im Rest der Wohnung ist FamilienLEBEN so vielleicht etwas leichter möglich. Es wird der Moment kommen, in dem es Ihnen möglich ist, über neue Nutzungsmöglichkeiten des Zimmers nachzudenken und diese auch langsam umzusetzen.

Ähnliches gilt für Spielzeug und Kleidung, wobei Sie diese auch in einem ersten Schritt erst einmal in den Keller räumen können. So sind sie aus dem Blickfeld, aber noch nicht ganz verschwunden, und Sie entscheiden später in Ruhe, was damit geschehen soll.

> *Claudia Fromme, verwaiste Mutter und Autorin des Buches* So fern und doch ganz nah *(2014), beschreibt sehr berührend, wie sie die Kleidung ihrer Tochter an deren engste Freundinnen verschenkt hat. Sie lud die Mädchen zu sich nach Hause ein und jede durfte sich ein paar Lieblingsteile aussuchen. So fand die Kleidung eine wahrhaft sinnvolle neue Verwendung und es entstand eine wunderschöne Verbindung zwischen dem „alten" und dem „neuen" Leben.*

Eine weitere Möglichkeit für die Verwendung von Kleidungsstücken: aus den Stoffen heilsame kleine Seelentröster nähen oder nähen lassen. Hierzu müssen Sie gar nicht selbst zu Nadel und Faden greifen, denn es gibt zahlreiche Dienstleister, die zauberhafte Wesen aus der Kleidung Verstorbener herstellen. Nicht nur für Geschwisterkinder sind dies im wahrsten Wortsinn begreifbare Erinnerungen. Einige Adressen finden Sie im Anhang. Aber natürlich kann es – je nach eigenen Vorlieben und Fähigkeiten – auch für Sie selbst ein sehr heilsamer Prozess sein, aus der Kleidung Ihres Kindes etwas Neues zu fertigen. Nähanleitungen für kleine und größere Stofftiere, Kissen, Taschen etc. finden Sie zahlreich im Netz oder auf YouTube.

Sternenkinder

Das Wort „Sternenkind" hat sich als Überbegriff etabliert für Fehlgeburten, stille Geburten (Totgeburten) sowie für Kinder, die kurz nach der Geburt versterben. Als Fehlgeburt wird die vorzeitige Beendigung der Schwangerschaft vor der 24. Woche mit einem Geburtsgewicht unter 500 Gramm bezeichnet. Bei einer stillen Geburt („still", weil kein Schrei ertönt) oder auch Totgeburt wiegt das Kind mindestens 500 Gramm und ist im Mutterleib verstorben.

Eltern von Sternenkindern sind sehr häufig mit dem Phänomen der sogenannten aberkannten Trauer konfrontiert. 80 Prozent der Fehlgeburten passieren bis zur zwölften Schwangerschaftswoche. Wenn Eltern dann überhaupt im Familien- oder Freundeskreis darüber sprechen, hören sie mitunter sehr verletzende Sätze wie „Das Kind hat ja noch gar nicht richtig gelebt“ oder „Du hast es ja sowieso noch nicht gespürt“. Solche Aussagen treffen Eltern bis ins Mark, denn ihnen wird damit nicht nur ihre Elternschaft aberkannt, sondern ebenso ihre Trauer. Aber auch Eltern, die ihr Kind zu einem späteren, bereits sichtbaren Zeitpunkt der Schwangerschaft oder kurz nach der Geburt verlieren, erleben häufig einen Spießrutenlauf. „Das Kind wäre bestimmt nicht lebensfähig gewesen“ oder „Wer weiß, was euch erspart geblieben ist“ sind Sätze, die betroffenen Eltern unendlichen Schmerz zufügen. Für sie steht – im Gegensatz zum Umfeld, das das Kind weder gespürt noch gesehen hat – die Welt still. Alle Hoffnungen auf und Wünsche für ein Familienleben haben sich, oft sehr plötzlich und unangekündigt, in Luft aufgelöst.

Egal, in welcher Schwangerschaftswoche Sie ein Kind verloren haben: Sie sind und fühlen sich als Eltern vom Tag der Empfängnis, spätestens vom Tag der Kenntnis an. Und genau so dürfen und sollten Sie trauern: als Vater oder Mutter eines Kindes. Erst in den letzten Jahren dringt allmählich in der Gesellschaft ein Bewusstsein für diese besondere Trauersituation durch. Aber es ist noch ein ganz zartes Pflänzchen, das immer noch für viele kaum sichtbar ist.

Ein Nachweis für die Existenz des Kindes

Während für Totgeburten über 500 Gramm eine Sterbeurkunde mit dem Vermerk „tot geboren“ ausgestellt wird und damit eine offizielle Urkunde zu diesem Kind existiert, ist dies bei Fehlgeburten unter 500 Gramm nicht automatisch der Fall. Nach einer Änderung des Personenstandsrechts ist es aber seit 2013 glücklicherweise möglich, in diesen Fällen beim zuständigen Standesamt die dauerhafte Eintragung des Kindes zu beantragen und eine urkundenähnliche sogenannte Sterbebescheinigung zu erhalten. Sie benötigen dazu den Personalausweis der antragstellenden Person und eine Bescheinigung des Arztes über die Fehlgeburt oder den Mutterpass. So haben nun auch Eltern von frühen Fehlgeburten die Möglichkeit, die Existenz ihres Kindes zu dokumentieren. Was sich nach einem bürokratischen Akt anhört, ist tatsächlich auf der emotionalen Ebene ein enorm wichtiger Schritt.

Aberkannte Trauer

Wenn überhaupt, wird am ehesten die Trauer der Mutter wahrgenommen. Sie hat das Kind im Mutterleib getragen und ggf. mit körperlichen Folgen gekämpft, und sie hat ab einem Geburtsgewicht von 500 Gramm Anspruch auf Mutterschutz. Viele Mütter fühlen sich nach dem Verlust ihres Kindes oft nicht in der Lage, ihren Alltag zu bewältigen oder arbeiten zu gehen. Lassen Sie sich krankschreiben, solange Sie Zeit benötigen, um wieder ein Stück weit zu sich zu finden. Zudem braucht neben der seelischen auch die körperliche Erholung Ihre Aufmerksamkeit: Wärme tut jetzt gut (von innen z. B. mit leckerem Tee und von außen durch ein Vollbad, Thermalbad oder Sauna). Ebenso hilfreich ist leichte Bewegung an der frischen Luft; gehen Sie spazieren, so oft es Ihnen hilft. Meist löst sich dadurch Schritt für Schritt der Schockzustand. Gönnen Sie sich eine Massage, einen Besuch bei der Kosmetikerin oder einen Friseurbesuch.

Ganz anders sieht es bei der Trauer der Väter aus: Sie gehen meist schon nach kurzer Zeit wieder arbeiten. Die geplante Elternzeit fällt aus. Ihnen wird häufig keine längere Trauerzeit zugestanden. Dabei würde ich mir wünschen, dass Sie als Vater den Mut haben, Ihre Trauer über Ihr Sternenkind nach außen zu zeigen und dazu zu stehen. Denn auch Ihr Traum von einer (weiteren) Vaterschaft ist geplatzt.

Ihr Sternenkind hat für immer einen Platz nicht nur in Ihrem Herzen, sondern auch in Ihrer Familie. Auch bei einer frühen Fehlgeburt: Geben Sie Ihrem Kind einen Namen. Geben Sie ihm wortwörtlich einen Platz. Zum Beispiel in Form einer Kerze mit dem Namen Ihres Kindes, eines Kuscheltiers oder mithilfe von Fotos bzw. Ultraschallbildern. Schaffen Sie eine Erinnerungsecke, die nicht nur für Sie heilsam ist, sondern auch Ihren Freunden und Bekannten immer wieder zeigt: Sie sind Eltern, und zwar trauernde Eltern.

Schweigen Sie Ihr Kind nicht tot. Ich kenne viele Eltern eines Sternenkindes, die über Jahre ihr Sternenkind oder ihre Sternenkinder verschwiegen haben. Mit Aussagen wie „Wir haben keine Kinder" oder „Wir haben zwei Kinder" (wenn es eigentlich drei oder vier sind) verleugnen sie jedoch schmerzhaft einen Teil ihrer eigenen Identität. Seien Sie mutig! Sagen Sie „Ja, wir sind Eltern im Herzen" oder „Wir haben drei Kinder, zwei an der Hand und eins im Herzen (oder im Himmel)". Sie geben damit Ihrer inneren Zerrissenheit ein Stückchen Frieden zurück.

Auch als Eltern von Sternenkindern zehren Sie von Erinnerungen – an besondere Momente in der Schwangerschaft (z. B. der Moment des Schwangerschaftstests, der erste Fußtritt, ein besonders bewegter Ultraschall oder ein Urlaub) oder an die Geburt und die wenigen Augenblicke, die Ihnen mit dem Kind blieben. Geben Sie diesen Erinnerungen Raum, sie sind schmerzhaft und heilsam zugleich. Es sind Erinnerungen, die Ihnen niemand mehr nehmen kann.

Auch für Eltern eines Sternenkindes gilt: Es gibt vielfältige Hilfsangebote – scheuen Sie sich nicht, diese frühzeitig in Anspruch zu nehmen. In vielen Städten gibt es mittlerweile Selbsthilfegruppen für Sterncheneltern. Im Anhang finden Sie einige Webseiten, auf denen Sie vielfältige Informationen finden. Darüber hinaus finden Sie in Abschnitt 7.1 über die Schleusenzeit einige Impulse für die Beisetzung von Sternenkindern.

World Wide Candle Lighting Day

Jedes Jahr am zweiten Sonntag im Dezember findet der World Wide Candle Lighting Day statt. Weltweit laden die Initiatoren und Unterstützer (in Deutschland ist es der Bundesverband Verwaiste Eltern e. V.) Angehörige zum Gedenken an ihre verstorbenen Kinder, Geschwister, Enkelkinder ein. Auf der ganzen Welt stellen Betroffene um 19 Uhr eine brennende Kerze ins Fenster. Während in der einen Zeitzone das Licht bereits erlischt, flammt es in der nächsten Zeitzone auf. So wandert das Licht im Gedenken an die verstorbenen Kinder einmal um die ganze Welt. Jedes Licht steht für das Wissen, dass dieses Kind das Leben erhellt hat und nie vergessen wird. Jedes Licht erinnert an die Trauer der Angehörigen und steht für die Hoffnung, dass ihr Leben nicht traurig-dunkel bleiben wird. Jedes Licht schlägt zudem eine Brücke zum Nächsten, von Haus zu Haus, von Stadt zu Stadt, von Land zu Land. So entsteht eine Solidarität unter allen Betroffenen.

Neben den Kerzen in den Fenstern der Familien finden in vielen Städten an diesem Sonntag Gedenkfeiern und -gottesdienste statt. Eine schöne Möglichkeit für ein gemeinsames Erinnerungsritual.

Kinder stehen für ein buntes, aufregendes Leben. Aber auch die Trauer um sie ist nicht nur schwarz! Ich möchte Sie mit dieser Übung einladen, Ihrer Trauer einen kreativen und durchaus bunten Ausdruck zu geben. Sie müssen dafür nicht im künstlerischen Sinne malen können! Es geht nicht ums Können, auch nicht um das Ergebnis, vielmehr geht es um den Entstehungsprozess und eine neue Ausdrucksform für Ihre Trauer.

Sie benötigen:

- eine dicke Pappe oder eine Keilrahmen-Leinwand in der Größe Ihrer Wahl
- verschiedene Farben, entweder Acrylfarben (gibt es regelmäßig günstig beim Discounter oder in jedem Bastelladen) oder Mischfarben aus dem Baumarkt
- zwei oder drei Spatel in unterschiedlicher Breite oder Pinsel oder auch Holzkochlöffel (davon verwenden Sie die Seite des Stils)

Klecksen Sie intuitiv verschiedene Farben auf Ihr Bild. Ziehen Sie nun den Spatel, Pinsel oder Kochlöffel durch die Farben. Sie vermischen sich und verschiedene Formen entstehen. Regelmäßig oder unregelmäßig, wild oder ruhig, je nach Ihrer Stimmung. Folgen Sie einfach nur Ihrem Gefühl. Es soll kein zielgerichtetes Malen, sondern eher ein intuitives, absichtsloses Entstehen eines Bildes sein.

Schauen Sie sich Ihr Werk mit etwas Abstand an. Wie ist es Ihnen bei der Entstehung ergangen? Was fühlte sich gut an, was nicht? Was sehen Sie? Vielleicht ist es viel bunter und fröhlicher, als Sie dachten? Vielleicht vermittelt es mehr Ruhe, als Sie sich vorgestellt haben? Vielleicht vermittelt es auch ein Gefühl von heftiger Trauer, das Sie sich bisher so nicht zugestanden haben?

Alles das ist nicht zufällig entstanden, sondern es hat sich gezeigt, weil es sich zeigen wollte. Sie haben also Gedanken, Gefühle und Themen ans Tageslicht geholt, mit denen Sie nun weiterarbeiten können, wenn Sie möchten.

Diese Übung eignet sich übrigens auch gut als Paar oder Familie. Sie können entweder gemeinsam an einem großen Bild arbeiten oder jede:r für sich am eigenen Bild. Durch und über die Bilder entstehen häufig intensive Gespräche, wo sonst eher Sprachlosigkeit herrscht.

Wenn Sie weitere Impulse zu diesem Thema wünschen, hören Sie gerne auch die Podcastepisode 30 „Trauer in Partnerschaft und Familie" unter ↗ https://liebevoll-trauern.podigee.io/.

2.2 Geschwistertrauer – immer da, aber nicht immer beachtet

Stirbt ein Kind, so richtet sich der Fokus des Umfelds häufig ausschließlich auf die Eltern. Sie werden in ihrer Trauer überwiegend wahrgenommen, während die Trauer der Geschwister oft deutlich weniger Beachtung findet; sie werden daher auch als die „vergessenen Trauernden" bezeichnet. Dadurch entsteht bei ihnen leicht das Gefühl, ihre Trauer oder sogar sie als Mensch seien nicht so wichtig. Dabei ist die Beziehung zur Schwester oder zum Bruder immer eine ganz besondere; neben den Eltern ist sie oft die längste Beziehung, die wir haben. Und oft ist sie sogar besonders intensiv und innig, weil Geschwister beispielsweise auch Verbündete bei Schwierigkeiten mit den Eltern sind.

Der Tod eines Kindes verändert, wie in Abschnitt 2.1 ausführlich beschrieben, das komplette Familiengefüge. Geschwister müssen sich in eine neue Rolle einfinden: Sie sind nun vielleicht nicht mehr mittleres Kind, sondern plötzlich ältestes Geschwister. Oder sie sind ab sofort Einzelkind. Mit dieser neuen Rolle spüren sie meist auch neue Verantwortlichkeiten, auch wenn diese ihnen von außen nicht bewusst zugetragen werden. Als neuer ältester Bruder wächst der Beschützerinstinkt für jüngere Geschwister. Als Einzelkind verändert sich die Freizeitgestaltung wegen des fehlenden Spielkameraden.

Jede:r trauert anders

Trauernde Eltern haben oft genug mit ihrer eigenen Trauer zu tun. In ihrem unendlichen Schmerz geht es ihnen oft durch, dass da noch weitere Kinder sind, die ihre eigenen Bedürfnisse haben und auf ihre ganz eigene Art trauern und Trost benötigen. Häufig fehlt ihnen auch schlichtweg die Kraft, sich um ihre hinterbliebenen Kinder zu kümmern. Überlebende Kinder beschreiben daher häufig ihre Eltern als für sie unnahbar und emotional nicht erreichbar. So erleben sie neben dem Verlust des Geschwisters zusätzlich einen Verlust an Elternliebe und -zuwendung. Trotz des Zusammenlebens in der Familie entsteht ein Gefühl von Einsamkeit.

Manchmal erleben Geschwister auch das genaue Gegenteil: eine überzogene Sorge der Eltern um die lebenden Kinder, getrieben von der Angst, noch ein weiteres Kind zu verlieren. Eine ebenso wenig gesunde Entwicklung, die den Geschwistern möglicherweise kaum Luft zum Atmen lässt.

Um die Eltern nicht noch mehr zu belasten, halten viele Geschwisterkinder ihre eigenen Gefühle zurück. Sie sprechen im Familienkreis wenig bis gar nicht über ihre Trauer oder andere auftauchende Gefühle. Im Gegenteil: Häufig sind sie es, die sich um die Eltern kümmern und sie trösten. Dies ist für sie oft die einzige Möglichkeit, eine emotionale Nähe zu den Eltern herzustellen.

In dieser Gefühlsgemengelage erleben Geschwister oft auch Wut. Sie sind wütend auf die Eltern, die sich nicht mehr so intensiv um sie kümmern; auf das verstorbene Geschwister, weil es sie allein gelassen hat; auf ihr Leben, das sich so seltsam verkorkst anfühlt. Diese Wut entlädt sich oft an ganz anderer Stelle, beispielsweise in Aggression den Lehrern oder Mitschülern gegenüber. Gerade wenn dies mit größerem zeitlichem Abstand nach dem Tod geschieht, erkennen oft weder Eltern noch Lehrer den Hilferuf des Kindes, weil sie keinen Zusammenhang zum Trauerprozess herstellen. Es beginnt ein Kreislauf, in dem das Kind sich nicht gesehen fühlt und Eltern wie Lehrer vom Verhalten des Kindes überfordert sind.

Auch Schuld kann ein weiteres, sehr belastendes Gefühl für Geschwisterkinder sein. Sie fühlen sich oft schuldig, überhaupt zu leben oder überlebt zu haben, während der Bruder oder die Schwester tot ist. Sie fühlen sich schuldig, selbst von einer lebensverkürzenden Erkrankung verschont worden zu sein. Gerade kleine Kinder fühlen sich oft schuldig, weil sie meinen, durch einen Streit oder ein bestimmtes Verhalten den Tod des Geschwisters mitverursacht zu haben.

Wertschätzende Kommunikation

Ein wesentlicher Lösungsansatz für die geschilderte Problematik liegt aus meiner Sicht neben dem grundsätzlichen Bewusstsein für die Trauer von Geschwistern in der offenen und wertschätzenden Kommunikation innerhalb der Familie. Nehmen Sie Ihre Kinder als eigenständige Persönlichkeiten wahr. Sagen Sie Ihnen so oft es geht, dass Sie sie genau so liebhaben, wie sie sind. Auch mit ihrer Trauer und auch in dieser schweren Zeit. Loben Sie sie für alles, was ihnen gelingt, denn nur so fühlen sie sich gesehen. Und bitte vermeiden Sie Vergleiche mit dem verstorbenen Kind. „Deinem Bruder wäre das nicht passiert" oder „Deine Schwester würde jetzt dieses oder jenes tun" sind viel zu große Schuhe, in die das Geschwister nie hineinwachsen wird – und auch nicht hineinwachsen sollte.

Ich möchte Ihnen auch ans Herz legen, Ihre eigene Unsicherheit dem Kind gegenüber zu artikulieren und gleichzeitig eine Brücke für gemeinsame, das Geschwister einbeziehende Lösungen zu bauen: „Ich bin selbst so traurig und, ehrlich gesagt, etwas überfordert. Und ich sehe deine Traurigkeit über den Tod deiner Schwester. Lass uns mal überlegen, womit wir uns jetzt etwas Gutes tun können."

Machen Sie bitte auch immer wieder deutlich, dass Ihr Kind keine Schuld am Tod des Geschwisters trägt. Weder ist es durch schlechte Gedanken oder „böses" Verhalten gestorben, noch kann das hinterbliebene Kind irgendetwas dafür, am Leben zu sein. Im Gegenteil: Zeigen Sie Ihrem Kind, so oft es geht, wie glücklich Sie sind, dass es lebt. Kinder dürfen und können lernen, dass Lebensglück und tiefe Trauer nebeneinanderstehen können und beides zum Leben dazugehört.

Kontakte außerhalb der Familie

Hilfreich ist für trauernde Geschwisterkinder auch ein guter Kontakt zu Menschen außerhalb des Familiensystems, wie Freunde, Nachbarn oder Lehrer:innen. Menschen, mit denen sie über ihre Gefühle und Ängste sprechen können. Oft ist gerade der Freundeskreis oder das Klassenzimmer ein Rückzugsort, wo andere Themen als Trauer und Krise Platz haben und wo vor allem auch Lebensfreude ohne schlechtes Gewissen möglich ist.

Seien Sie bei Problemen in der Schule oder auch in Studium bzw. Berufsausbildung wachsam. Auch nach Monaten oder Jahren kann die Trauer über den Verlust des Geschwisters ursächlich für die Schwierigkeiten sein. Dann gilt es genau hinzusehen, ob Sie sie gemeinsam aus dem Weg räumen können oder Sie sich doch professionelle Hilfe holen sollten.

Bei aller Problemorientierung: Es gibt auch viele Geschwister, die neben Schmerz und Trauer den neuen Anforderungen in ihrem Leben positiv gegenüberstehen. Sie erkennen, dass sie daran wachsen können, und sie erleben, schwierige Lebenssituationen meistern zu können. So legen sie in jungen Jahren bereits eine solide Basis für eine gute Resilienzfähigkeit.

Geschwistertrauer um ein Sternenkind

Die genannten Herausforderungen treten auch dann ein, wenn Geschwister um ein Sternenkind trauern. Jedoch möchte ich aus eigenem Erleben auf einen Sonderfall hinweisen: Selbst jüngere, also nachgeborene Geschwister eines Sternenkindes sind von der Trauer im Familiensystem betroffen.

Ich bin selbst jüngste Schwester eines Sternenkindes. Meine älteste Schwester wurde im neunten Monat tot geboren, zwischen ihr und mir liegen noch zwei weitere Geschwister. Elisabeth, so wurde meine tote Schwester genannt, war nie ein Geheimnis in unserer Familie. Und dennoch hatte ihr Tod erhebliche Auswirkungen auf mein Leben. Erst im Alter von fast 50 Jahren erkannte ich, dass ein seltsamer Trauerkloß in mir, den ich oft spürte, aber den ich mir nicht erklären konnte, die nicht gelebte Trauer meiner Mutter war. Als Tochter habe ich mich mit ihrer Trauer identifiziert und sie auf mich genommen. Es bedurfte eines längeren und schmerzhaften, am Ende aber befreienden Prozesses, diesen Trauerkloß zu entwirren und zu sortieren. Teil dieses Prozesses war es auch, meiner Mutter die Trauer um ihr Kind „zurückzugeben" und für mich selbst nur die Trauer um eine fehlende Schwesternbeziehung zu bearbeiten.

Achten Sie also auch bei nachgeborenen Geschwistern nach einem Sternenkind darauf, dass jedes Kind – auch das Sternenkind – seine Position im Familiengefüge behält. Unter anderem deswegen ist es so wichtig, dass auch eine frühe Fehlgeburt einen Namen erhält und Sie nachfolgenden Kindern von „David" oder „Laura" erzählen können. In Abschnitt 2.1 finden Sie weitere Impulse zur Trauerverarbeitung nach dem Verlust eines Sternenkindes.

Die schönen Erlebnisse sammeln!

Vielleicht kennen Sie das Kinderbuch *Frederick* von Leo Lionni. Es handelt von der Maus Frederick, die für den langen Winter nicht nur Nüsse sammelt, sondern auch Sonnenstrahlen, Wörter und Farben. Damit ist Frederick für mich ein gutes Vorbild für Zeiten der Trauer: das Gute sammeln und festhalten für die nicht so guten Tage. Denn auch in Zeiten des größten Schmerzes gibt es diese kleinen Momente der Freude, der Dankbarkeit und des Friedens. Halten Sie diese Momente fest, z. B. indem Sie sie in einem Heft notieren oder täglich in Ihren Kalender eintragen. Wenn dann die „dunkle Jahreszeit" kommt, also eine Trauerwelle oder einfach ein Tag, an dem Sie auf der Suche nach Ihrer Zuversicht sind, können Sie diese Notizen herausholen und von ihnen zehren.

2.3 Plötzlicher Tod

Im Gegensatz zu einem Tod, der sich durch Krankheit oder Altersschwäche lange abgezeichnet hat, trifft der plötzliche Tod die Angehörigen wie ein Blitz aus heiterem Himmel. Das Leben geht seinen gewohnten Gang und dann ist von einem Moment auf den nächsten nichts mehr, wie es war: durch einen Unfall, plötzlichen Herztod, Suizid oder andere plötzliche Todesursachen wird der geliebte Mensch mitten aus dem Leben gerissen.

Es fehlen die Wochen oder Monate, in denen man sich mit dem Sterben und dem Tod auseinandersetzen kann (vorausgesetzt, man möchte es). Es fehlt Zeit für Abschiedsgespräche, für letzte Worte, für Versöhnung, wo Konflikte schwelen.

Frau R. trug schwer daran, sich am Morgen ganz normal, wie immer und natürlich ohne Vorahnung von ihrem Mann verabschiedet zu haben, der am Abend nach einem schweren Autounfall nicht mehr nach Hause kam.

*

Frau K. machte sich lange Zeit Vorwürfe, weil dem plötzlichen Tod ihres Mannes ein konfliktbeladener Abend voller Alltagsreibereien vorausgegangen war.

Der plötzliche Tod löst häufig Grübeleien darüber aus, was alles zuvor versäumt wurde. Nicht selten schämen sich Angehörige für das, was sie zuletzt gesagt oder getan bzw. nicht getan haben. Auch Schuldgefühle spielen oft eine Rolle, bedingt durch die Frage, ob Streitigkeiten oder Stress in den letzten Wochen den plötzlichen Tod begünstigt haben könnten.

Erschwerte Bedingungen, den Tod zu realisieren

Bei einem plötzlichen Tod erleben Angehörige das Sterben selbst häufig nicht mit. Manche finden ihren geliebten Menschen leblos vor oder sie werden durch Dritte über den Tod informiert, meistens durch die Polizei, die auf einmal – völlig unerwartet für die Hinterbliebenen – vor der Türe steht. Dann kommt erschwerend hinzu, dass aufgrund der zunächst meist ungeklärten Todesursache fast immer zuerst die Kriminalpolizei den Leichnam beschlagnahmt und zudem häufig eine Obduktion angeordnet wird. Bis zur Freigabe können mehrere Tage vergehen, in denen die Angehörigen keine Möglichkeit haben, ihren geliebten Menschen zu sehen. Dadurch wird die Realisierung dessen, was geschehen ist, erheblich erschwert. Angehörige kämpfen nicht selten mit Fantasiebildern, die in ihren Köpfen entstehen zu Fragen wie: Was hat mein geliebter Mensch zuletzt gedacht? Hatte er Schmerzen? Hat er leiden müssen? Hat er sich allein gefühlt?

Auch wenn nächste Angehörige den plötzlichen Tod miterleben, macht das die Verarbeitung nicht zwingend einfacher. Die Situation wird angesichts der eigenen Hilflosigkeit oft sehr dramatisch erlebt. Insbesondere dann, wenn z. B. bei einem Unfall eine Person stirbt und andere überleben.

Stabilität in einer instabilen Situation

In diesen ersten Tagen des Ausnahmezustands ist es wichtig, dass Sie eine „stabile Person" in Ihrem direkten Umfeld haben, notfalls sogar rund um die Uhr. Das kann ein naher Angehöriger sein oder auch der beste Freund oder eine vertraute Nachbarin. Sie können dabei selbst am besten entscheiden, ob Sie es aushalten, allein zu sein, oder ob Sie (durchgehend) Begleitung benötigen. Scheuen Sie sich nicht, Ihre Bedürfnisse zu äußern!

Sie befinden sich jetzt, so kurz nach dem Blitzeinschlag in Ihr Leben, in einem Schockzustand. Das hat zur Folge, dass die Trauer noch gar nicht im vollen Umfang an Sie herankommt, sondern Sie eher wie in Watte gepackt durch Ihr Leben stolpern. Mir gefällt das Bild, das eine Klientin einmal benutzt hat, um diesen Zustand zu beschreiben: als sei sie wie eine Marionette von unsichtbaren Fäden geführt gewesen. Von außen betrachtet wirkt das, was eine Schutzfunktion Ihrer Seele ist, als seien Sie erstaunlich gefasst und würden „gut funktionieren". Oft lässt das die Menschen in Ihrem Umfeld durchatmen, denn auch sie kämpfen mit der Plötzlichkeit des Verlusts. Allerdings sind sie später umso verunsicherter, wenn sie mit der ganzen Wucht Ihrer Trauer konfrontiert sind, weil sie mehr und mehr sichtbar wird. Diese ganz normale Entwicklung wird dann leider mitunter als Rückschritt bis hin zu krankhafter Entwicklung bewertet.

Bewusster Abschied

Angesichts der oben genannten fehlenden Vorbereitungszeit (und ggf. der Beschlagnahmung durch die Kripo) ist es umso wichtiger, den weiteren Verlauf der Schleusenzeit zwischen Tod und Beisetzung besonders bewusst und aktiv, vor allem in aller Ruhe, zu gestalten. In Abschnitt 7.1 finden Sie umfassende Informationen über die Schleusenzeit. Hier an dieser Stelle ist mir wichtig, auf die besondere Relevanz einer Abschiednahme hinzuweisen. Gerade dann, wenn Sie den Moment des Sterbens nicht miterleben konnten, braucht Ihre Seele das wortwörtliche Be-greifen des Todes. Nehmen Sie sich Zeit, gerne auch mehrmals, um am Sarg Ihres geliebten Menschen zu sitzen, mit ihm zu sprechen, ihn anzufassen, Erinnerungsstücke hineinzulegen. Das geht übrigens auch im Falle einer Urnenbeisetzung, denn die Kremation (Verbrennung) muss nicht unmittelbar erfolgen. Zeitdruck entsteht leider hin und wieder durch Bestatter, die ihre festen Abläufe durchziehen möchten. Auch hier gilt: Benennen Sie klar Ihre Bedürfnisse! Dabei kann es hilfreich sein, einen Freund oder eine Freundin mit klarem Kopf zu den Gesprächen im Bestattungshaus mitzunehmen.

Sind Kinder involviert, sollten Sie diese, egal welchen Alters, miteinbeziehen. Denn auch sie benötigen Zeit und Gelegenheit, um zu begreifen, was geschehen ist. Wichtig ist, dass sie dabei einfühlsam begleitet werden. Lesen Sie Näheres dazu bitte in Abschnitt 7.1.

Eine Frage, die mich als Bestatterin immer beschäftigt, ist die nach dem möglichen Beisetzungstermin. In Deutschland muss je nach Bundesland eine Erdbestattung binnen vier bis zehn Tagen nach der Feststellung des Todes erfolgen. Bei einer Feuerbestattung hat die Beisetzung der Urne deutlich mehr Zeit. Eine längere Schleusenzeit gibt Ihnen mehr Ruhe, aus der allerersten Schockstarre herauszukommen und im Familienkreis gemeinsam wohldurchdachte Entscheidungen zu treffen. Zum Beispiel hinsichtlich der Grabauswahl oder des Ablaufs der Trauerfeier. Andererseits empfehle ich ebenso wenig einen zu späten Beerdigungstermin, auch wenn manche Bundesländer bis zu sechs Monate Zeit für die Urnenbeisetzung gewähren. Denn die Beisetzung markiert einen wesentlichen Wendepunkt: Die Phase rund um den Tod wird abgeschlossen und die Zeit der aktiven Trauerbewältigung beginnt. Gerade bei der Urnenbeisetzung, die mehr Flexibilität erlaubt, gilt es also, unterschiedliche Interessen gut abzuwägen, um den passenden Beerdigungstermin zu finden.

Verlängerter Trauerprozess

Der plötzliche Tod eines geliebten Menschen führt in der Regel zu einem verlängerten Trauerprozess. Denn zunächst braucht es einige Zeit, um sich aus dem Schockzustand zu befreien und auch nur ansatzweise die Realität des Todes zu begreifen. Nach meiner Erfahrung sind Trauernde nach einem plötzlichen Tod das gesamte erste Trauerjahr überwiegend damit beschäftigt, einfach nur zu überleben. Von den sechs Notwendigkeiten der Trauer aus Abschnitt 1.2 geht es im ersten Jahr beinahe ausschließlich darum, die Realität anzuerkennen und den Schmerz auszuhalten. Trauernde machen sich oft einen enormen Druck, nicht schnell genug voranzukommen, und sind getrieben von der Sorge, nie wieder ein „normales Leben" führen zu können. Und auch Menschen im Umfeld sind oft von der Langwierigkeit des Trauerprozesses irritiert.

Mein Tipp für Sie als Betroffene:r Nehmen Sie alle Hilfe an, die sich Ihnen bietet. Sie müssen nicht allein durch diese plötzlich über Ihr Leben hereingebrochene Krise gehen. Umgeben Sie sich mit Menschen, bei denen Sie sich nicht verstellen müssen, die Ihnen geduldig Zeit schenken, Ihre Trauer nicht bewerten und Verständnis für Ihr von außen betrachtet mitunter „seltsames" Verhalten haben. Ihr Leben ist aus den Fugen geraten, da darf auch Ihr Verhalten aus dem Rahmen fallen!

Suchen Sie sich eine Trauergruppe oder professionelle Trauerbegleitung. Sprechen Sie mit Ihrem Hausarzt über eine längere Krankschreibung und über Möglichkeiten einer Kur oder Reha-Maßnahme. Dazu finden Sie im Anhang einige Links.

Schreiben ist eine gute Möglichkeit, um den oft etwas wirren Gefühlen im wahrsten Wortsinn einen Ausdruck zu geben und ihnen ans Tageslicht zu verhelfen. Denn eins ist ja klar: Die Gefühle sind da, ob Sie das wollen oder nicht! Nur sind sie oft im inneren Chaos versunken. Da hilft es, sie durch das Aufschreiben klarer sehen und sortieren zu können. Je nach Ihren persönlichen Vorlieben:

- Kaufen Sie sich ein besonders schönes Buch, in das Sie täglich notieren, was Sie bewegt. So entsteht eine Art Trauertagebuch.
- Nutzen Sie Ihren Kalender für tägliche kurze Notizen.
- Schreiben Sie Gedichte.

So mancher Blog ist aus der Trauerverarbeitung entstanden – vielleicht ist das auch für Sie ein geeigneter Weg, um Ihre Gefühle, Gedanken und Erfahrungen nicht nur zu verinnerlichen, sondern durch die „Veräußerlichung" auch einer breiteren Leserschaft zur Verfügung zu stellen. So verleihen Sie Ihrem persönlichen Schicksal einen Hauch von Sinn, indem andere Betroffene spüren, dass sie nicht alleine sind. Im Anhang finden Sie Hinweise zu solchen Blogs von Betroffenen.

2.4 Tod durch Suizid

Bevor ich in die Thematik inhaltlich einsteige, liegt mir eine Begriffsklärung am Herzen. Suizid wird umgangssprachlich und leider auch in den Medien häufig als „Selbstmord“ bezeichnet und der Mensch, der ihn begeht, als „Selbstmörder“. Der Bundesverband Trauerbegleitung e.V. nimmt dazu wie folgt Stellung:

> „Wir möchten die Nachrichtenredaktionen und die Öffentlichkeit sensibilisieren im Hinblick auf den verantwortungsvollen Gebrauch eines Begriffes, der für Hinterbliebene nach Suizid eine schwerste Belastung darstellt und deren ohnehin erschwerte Trauer unnötigerweise noch schwieriger werden lässt. Der Begriff ‚Mord‘, der in der Bezeichnung ‚Selbstmord‘ integriert ist, ist lt. Strafgesetzbuch der schwerste anzunehmende Straftatbestand und setzt eines von mehreren Merkmalen voraus. ‚Mörder‘ ist, wer aus Mordlust, zur Befriedigung des Geschlechtstriebs, aus Habgier oder aus sonstigen niederen Beweggründen, heimtückisch oder grausam oder mit gemeingefährlichen Mitteln oder um eine andere Straftat zu ermöglichen oder zu verdecken, einen Menschen tötet. (vgl. § 211, Absatz 2 StGB) Diese Definition von Mördern hat nicht im Geringsten mit der verzweifelten Situation zu tun, in der sich Menschen in zugespitzten suizidalen Krisen befinden, die sich das Leben nehmen. Und Trauernde nach Suizid sind nicht Hinterbliebene eines Mörders!“
>
> (Quelle: https://bv-trauerbegleitung.de/wp-content/uploads/2015/02/Stellungnahme-des-BVT-zur-Verwendung-des-Begriffs-%E2%80%9ESelbstmord%E2%80%9C-in-den-Medien-5-2017.pdf)

Das ersatzweise genutzte Fremdwort „Suizid“ schafft nach meiner Erfahrung sprachlich mitunter unnötig eine emotionale Distanz. Wir verwenden auch in anderen Zusammenhängen das Wort „Mord“, ohne im juristischen Sinne einen solchen zu meinen: z. B. „Mordshunger“ oder „Mordsspaß“. Nicht nur für Sie als möglicherweise Betroffene:r, sondern auch für Begleitpersonen von Angehörigen nach Suizid empfehle ich eine sensible Wortwahl. Als Alternativen zu „Suizid“ bietet sich „Selbsttötung“ an oder die Verbform „sich das Leben nehmen“ bzw. „aus dem Leben scheiden / gehen“. Am besten gewöhnen Sie sich die Formulierung an, die gut zu Ihrem eigenen Sprachstil passt.

Jeder Suizid ist anders und hat eine sehr individuelle Vorgeschichte. Was die Hinterbliebenen bei aller Unterschiedlichkeit gemeinsam haben: Sie fühlen sich verlassen und plagen sich mit Schuldgefühlen sowie mit der Frage nach dem Warum dieser Tat, die für sie oft nicht oder nur schwer nachvollziehbar ist und darüber hinaus auch mehr Fragen als Antworten aufwirft.

Stigma Suizid

Chris Paul, eine der renommiertesten Trauerbegleiterinnen im deutschsprachigen Raum und Fachautorin zahlreicher Trauerbücher, sagt: „Suizid ist eine Art zu sterben" (Paul 2018). Diese Aussage mag auf den ersten Blick provozieren; mir gefällt sie, weil sie dem Suizid den Nimbus des Außergewöhnlichen nimmt. Sie leistet damit einen Beitrag, den Suizid zu enttabuisieren. Ihre Aussage ordnet den Suizid in die Reihe sämtlicher weiterer Todesarten ein. Er wird dadurch ein Stück „normaler". Das halte ich vor allem deswegen für notwendig, weil Angehörige nach Suizid bis heute häufig stigmatisiert werden. Suizid weckt im Umfeld viel Aufmerksamkeit und Neugier, er ist im gleichmäßig dahinfließenden Alltag wie eine kleine „Sensation". Schnell stehen Fragen im Raum wie „Was ist da denn wohl schiefgelaufen, dass es so weit kommen musste?" oder „So etwas fällt doch nicht vom Himmel. Was haben die Angehörigen wohl nicht gesehen?".

Die Vorgeschichte eines Suizids

Suizid gehört zu den plötzlichen Todesarten, denn er überrascht die Angehörigen zu nahezu 100 Prozent. Selbst dann, wenn es vorher einen oder mehrere erfolglose Suizidversuche gab, kommt der Tod für die Angehörigen überraschend. Haben sie doch seitdem ihr ganzes Dasein darauf ausgerichtet, einen erneuten Selbsttötungsversuch zu verhindern, und dabei offensichtlich die Möglichkeit eines doch noch erfolgreichen Suizids verdrängt.

Sehr häufig geht einem Suizid eine Krise des gesamten Familiensystems voraus: Wer sich das Leben nimmt, ist häufig psychisch erkrankt, leidet an Depressionen oder ist alkohol- oder tablettenabhängig. Manchmal wird die Krise auch durch Trennung oder Tod eines geliebten Menschen, durch Kränkungen, Arbeitsplatzprobleme oder -verlust oder körperliche Erkrankungen ausgelöst. Die gesamte Familie ist betroffen und kämpft meist schon längere Zeit um ihr Gleichgewicht. Sie tut dies oft hinter verschlossenen Türen, die Mitglieder schotten sich völlig nach außen hin ab. Manchmal wissen selbst enge Vertraute nicht über die ganze Dimension der Krise Bescheid. Da sich die Betroffenen mehr und mehr zurückziehen, wird das Netz an potenziellen Unterstützern und Vertrauten für die Zeit nach dem Suizid immer dünner und damit das soziale Umfeld, das später in der Trauerverarbeitung wichtig wäre, instabiler.

Die konkreten Umstände des Suizids sind für die Hinterbliebenen oft traumatisch. Finden sie den Verstorbenen selbst auf, brennen sich diese Bilder schmerzhaft ins Gedächtnis ein. Steht die Polizei mit der Todesnachricht vor der Tür, beginnt damit ein zunächst ausschließlich bürokratischer Akt. Die Angehörigen müssen den Verstorbenen identifizieren. Der Leichnam wird beschlagnahmt: Im juristischen

Sprachgebrauch ist er ein „Gegenstand" und gehört zu den Indizien, genauso wie ein Abschiedsbrief oder der Computer des Verstorbenen. Bis zur Freigabe des Leichnams, die die Staatsanwaltschaft meist nach wenigen Tagen erteilt, sind die Angehörigen komplett fremdgesteuert. Der geliebte Mensch soll tot sein, aber er ist nicht zu sehen. Kriminalbeamte stellen durch ihre nüchterne Befragung das bisherige Leben infrage.

Wenn Abschied möglich wird

Erst nach der Freigabe des Leichnams und Überführung zum Bestatter sind die Angehörigen wieder handlungsfähig. Sie können nun heilsame Schritte gehen, um den Tod zu begreifen und den Abschied zu gestalten.

Da das Sterben nicht erlebt wurde und die Umstände des Todes häufig Schreckensfantasien wecken, ist eine Abschiednahme am offenen Sarg umso wichtiger. Lassen Sie sich von niemandem, auch nicht vom Bestatter, abwimmeln mit den Worten „Sie sollten Ihren geliebten Angehörigen in Erinnerung behalten, wie er im Leben war". Tote nach Suizid sehen fast immer wie Schlafende aus. Ich bin überzeugt, dass dies daran liegt, dass sie selbst ihren Tod als Erlösung empfanden und mit ihrem Sterben einverstanden waren. Sollten durch die gewählte Todesart bestimmte Körperpartien entstellt sein, kann der Bestatter diese abdecken oder thanatopraktisch[1] so wiederherstellen, dass Sie sich diese ansehen können. Das bewusste Abschiednehmen, die Wahrnehmung des kalten Körpers und des friedlichen Gesichtsausdrucks sind eine ganz wesentliche Voraussetzung für einen heilsamen Trauerprozess. Nutzen Sie auch die Möglichkeit, am offenen Sarg mit Ihrem geliebten Menschen zu sprechen, ihm all das zu sagen, was durch seine Entscheidung zum Suizid unausgesprochen geblieben ist. Auch das, was Sie jetzt angesichts der plötzlichen Wendung in Ihrem Leben empfinden. Vielleicht möchten Sie ihm einen Brief schreiben und diesen in den Sarg legen. Sind Kinder betroffen, so sollten auch sie die Möglichkeit bekommen, sich zu verabschieden. In Abschnitt 7.1 über die Schleusenzeit erfahren Sie, worauf Sie dabei achten sollten, und finden kreative Ideen, gerade für die Abschiednahme mit Kindern.

1 Die Thanatopraxie oder Thanatopraxis (von griech. θανατος „Tod", und πραξια „Handwerk") umfasst alle Aufgaben im Bestattungswesen, die über die hygienische Grundversorgung des Toten hinaus nötig sind, um die ästhetisch und hygienisch einwandfreie Aufbahrung zu gewährleisten.

Was bei Trauer nach Suizid anders ist

Trauernde nach Suizid kämpfen mit vielen Besonderheiten, die sich von der Trauer nach anderen Todesarten unterscheiden. Eine der ersten Entscheidungen, die Sie treffen müssen, betrifft die Kommunikation nach außen. Wie offen möchten Sie mit dem Suizid umgehen? Wie geht Ihr enges und ferneres Umfeld mit der Wahrheit um? Können Sie Kindern die möglichen Reaktionen zumuten? Meine Antwort auf diese Fragen ist eindeutig: Wählen Sie den offenen, wahrheitsgemäßen Weg. Alles andere führt zu einem Leben in mindestens zwei Parallelwelten, was gerade auch Kinder in schwierige Situationen bringen kann. Selbst das bestgehütete Familiengeheimnis kommt eines Tages ans Tageslicht, aber bis dahin gibt es viel Raum für Spekulation und Unsicherheit. Keine guten Voraussetzungen für einen heilsamen Trauerweg.

Vorher – nachher

Jeder Tod eines nahestehenden Menschen teilt das Leben in ein „Vorher" und ein „Nachher" ein. Im Falle eines Suizids werden jedoch das Leben vor dem Tod und das Vertrauen in die eigenen Fähigkeiten völlig infrage gestellt. Als Betroffene:r kennen Sie vielleicht solche Gedanken: Was habe ich übersehen? An welchen Stellen hätte ich reagieren müssen? Wann ist die Situation gekippt und wieso habe ich das nicht erkannt?

Die Erinnerung an den geliebten Menschen wird häufig vom Suizid und von den Problemen der letzten Monate und Wochen überlagert. Er wird quasi auf den Suizid reduziert. Dabei ist es heilsam, sich auch an die guten gemeinsamen Zeiten zu erinnern. Zum Beispiel indem Sie einen Rückblick auf Ihre gesamte gemeinsame Zeit schreiben und damit neben dem Schweren auch das Schöne würdigen.

Sehnsucht nach dem geliebten Menschen

Vielleicht kennen Sie auch den Gedanken, Ihrem geliebten Menschen nachfolgen zu wollen. Es ist durchaus nicht ungewöhnlich, dass Angehörige nach Suizid selbst suizidale Gedanken entwickeln. Suchen Sie sich in diesem Fall bitte eine vertraute Person in Ihrem Umfeld, der Sie sich mit Ihren Gedankenkonstrukten anvertrauen können. Manchmal braucht es ein solches Ventil, um der Verselbstständigung destruktiver Gedanken Einhalt zu gebieten.

Wenn Sie sich über einen längeren Zeitraum dabei ertappen, den Sinn in Ihrem Leben nicht mehr zu erkennen und sich selbst als wertlos zu empfinden, ist Handeln geboten. Vertrauen Sie sich Ihrem Hausarzt an oder weisen Sie sich selbst in eine psychiatrische Klinik ein. Dies hat nichts mit Versagen oder Scheitern zu tun! Im Gegenteil: Sie beweisen Stärke, indem Sie sich selbst wichtig nehmen. Sie wenden sich damit dem Leben, Ihrem Leben zu!

Überhaupt gilt für Trauernde nach Suizid in besonderem Maße eine Grundregel, die alle Trauernden sich zu Herzen nehmen dürfen: Sorgen Sie zuerst für sich selbst, bevor Sie sich um andere kümmern. Denn nur, wenn Sie selbst halbwegs stabil sind, können Sie überhaupt für andere, Ihre Familie oder Freunde, da sein. Beherzigen Sie daher gerade in der ersten Zeit die folgenden heilsamen Überlebensstrategien:

- Essen Sie, sofern es Ihnen möglich ist. Wenn die Kraft für die Zubereitung von Mahlzeiten fehlt, lassen Sie sich von Freunden bzw. Nachbarn bekochen oder kochen Sie mit diesen gemeinsam. Da das Thema Essen oft mit Druck und schlechtem Gewissen einhergeht, habe ich ihm einen eigenen Abschnitt (Abschnitt 4.6) gewidmet – lesen Sie dort gern weitere Impulse nach.
- Noch wichtiger: Trinken Sie genügend. Wasser, Saft, Schorle, Tee, was auch immer Ihnen schmeckt und dazu beiträgt, dass Sie möglichst mindestens 1,5 Liter Flüssigkeit pro Tag zu sich nehmen. Vermeiden Sie zu viel Kaffee oder Alkohol.
- Sorgen Sie für Entlastung, wo immer es möglich ist. Wenn für die Gassirunde mit dem Hund die Kraft fehlt, bitten Sie eine Nachbarin um Unterstützung. Fragen Sie Freunde, ob sie eine Zeit lang die Fahrdienste für die Kinder übernehmen können. Viele Trauernde gestehen sich diese Hilfsbedürftigkeit nicht ein. Geben Sie sich am besten ganz offiziell die Erlaubnis, in diesem Ausnahmezustand Hilfe annehmen zu dürfen.
- Versuchen Sie, Ihren eigenen Lebensrhythmus und eine gewisse Tagesstruktur zu finden, indem Sie sich kleine Aufgaben vornehmen und Rituale pflegen. Zum Beispiel könnten Sie jeden Tag mit dem gleichen Ritual beginnen und beenden.
  Eine Klientin von mir zündet morgens wie abends eine Kerze an, setzt sich mit einer Tasse Tee an den Tisch, auf dem ein Foto ihres Mannes steht, und erzählt ihm, was sie vorhat und wie ihr Tag war. Mit diesem Ritual schafft sie sich in ihrem unkalkulierbar gewordenen Leben einen gewissen sicheren Rahmen.
- Umgeben Sie sich möglichst mit angenehmen Dingen (Gegenständen, Orten, Kleidung) und meiden Sie das, was Ihnen unangenehm ist und nicht guttut.
  Frau H. trägt seit dem plötzlichen Tod ihres Mannes häufig seine Kleidungsstücke. T-Shirt, Hemd oder Pulli geben ihr das Gefühl, ihm ganz nahe zu sein.
  Sollte dies in Ihrem Fall größenmäßig nicht hinkommen, könnten Sie Kleidungsstücke anpassen (lassen) oder durch Upcycling neue Kleidungsstücke entstehen lassen. Im Anhang finden Sie Adressen von Anbietern, die sich auf Umarbeitung von Kleidung spezialisiert haben.

- Nutzen Sie bei Bedarf natürliche Beruhigungsmittel in Form von Tee oder Dragees oder Bachblüten. Die Apotheke Ihres Vertrauens berät Sie sicher gern. Für eine gewisse Übergangszeit können pflanzliche Präparate eine gute Unterstützung sein. Die Unterdrückung der Gefühle durch verschreibungspflichtige Beruhigungstabletten sollte hingegen nur im Ausnahmefall geschehen, denn grundsätzlich sind alle Arten von Gefühlsausbrüchen völlig normal und erfüllen sogar einen Sinn. Lesen Sie dazu gern in Kapitel 3 weiter.

Professionelle Unterstützungsmöglichkeiten

Wie bei anderen plötzlichen Todesarten auch, ist nach einem Suizid oft mindestens das ganze erste Trauerjahr ein einziger Ausnahmezustand. Es kann daher hilfreich sein, sich mit anderen Betroffenen auszutauschen, um zu erkennen, dass Sie mit Ihren Themen nicht allein sind. Der Verein AGUS e.V. – Angehörige um Suizid – bietet Selbsthilfegruppen, Internetforen und Seminare an. Diesen und weitere relevante Links finden Sie im Anhang.

So ein Forum oder eine Gruppe ist nicht für jeden der passende Weg. Manchmal ziehen die Erzählungen anderer eher runter, als dass sie hilfreich sind. Probieren Sie Hilfsangebote aus und entscheiden Sie dann, ob Sie dabeibleiben oder nicht. Ihr Bauchgefühl wird Ihnen ganz sicher den richtigen Weg weisen.

Alternativ bietet sich professionelle Einzelbegleitung an. Auf der Seite des Bundesverbandes Trauerbegleitung e. V. (Link im Anhang) finden Sie entsprechende Angebote in Ihrem Umkreis. Einzelbegleitung hat den großen Vorteil, dass die ganze Aufmerksamkeit einer 60- oder 90-minütigen Sitzung Ihnen allein gewidmet ist. Zeit, die Sie sich im Alltag meist nicht für sich und Ihre Gefühle nehmen würden. Erfahrene Trauerbegleiter:innen sind in der Zeit des Ausnahmezustands nach einem Suizid eine Stütze, die Ihnen Halt gibt. Gerade dann, wenn Ihr persönliches Umfeld mit Ihrer Trauer überfordert ist, kann Einzelbegleitung für Sie (über-)lebenswichtig sein.

Manchmal ist es zusätzlich notwendig, traumatische Erlebnisse, z. B. das Auffinden des geliebten Menschen, oder traumatische Fantasien über die letzten Lebenssekunden Ihres geliebten Menschen in einer Psychotherapie zu verarbeiten. Wenn Sie auch Monate oder Jahre nach dem Suizid noch von Albträumen, Erinnerungsblitzen an das Auffinden oder die Todesnachricht, Schlaflosigkeit und Unruhe geplagt werden, hat sich möglicherweise eine Traumafolgestörung entwickelt. Diese kann den Trauerprozess verzögern oder sogar blockieren und bedarf daher einer eigenständigen Behandlung. Dazu empfehle ich, sich einen Therapeuten zu suchen, der in EMDR ausgebildet ist. „Eye Movement Desensitization and Reprocessing“ (EMDR) wurde in den 80er-Jahren von Francine Shapiro als traumazentrierte, hochwirksame Psychotherapie entwickelt. Durch eine Therapie, die EMDR integriert, erleben die meisten Patient:innen eine entlastende Veränderung der Erinnerung, die damit verbundene körperliche Erregung klingt deutlich ab und negative Gedanken können neu und positiver umformuliert werden. Auf der Seite ↗ http://www.emdr.de können Sie nach Therapeuten mit EMDR-Qualifikation in Ihrer Nähe suchen.

Vermutlich kennen Sie für die verschiedenen Formen der Unterstützung unterschiedliche Menschen in Ihrem Umfeld. Erstellen Sie für die erste akute Zeit eine Liste mit Namen und Telefonnummern bzw. E-Mail-Adressen nach folgenden Kriterien:

- Wen können Sie anrufen, wenn Sie reden möchten? Wer schenkt Ihnen auch zum x-ten Mal sein oder ihr Ohr und hält Ihren Schmerz aus?
- Wen rufen Sie an bzw. wer kommt sofort, wenn die Einsamkeit Sie überrollt?
- Wer lenkt Sie ab, wenn die Verzweiflung übermächtig wird?
- Wer leistet Ihnen praktische Hilfe (z. B. bei der Hausaufgabenbetreuung der Kinder, bei der Gartenarbeit, bei der Steuererklärung etc.)?
- Und dazu die Nummer Ihres Hausarztes, einer professionellen Trauerbegleitung und eines EMDR-Therapeuten. Nur für alle Fälle!

Legen Sie diese Liste an einen gut auffindbaren Ort, möglichst sichtbar. So können nicht nur Sie selbst, sondern auch Menschen in Ihrem Umfeld die entsprechende (Notfall-)Nummer bei Bedarf anwählen.

Über das erste Trauerjahr hinaus

Während das erste Trauerjahr weitestgehend vom Überleben geprägt ist, werden Sie sich danach in kleinen Schritten ganz allmählich dem Weiterleben zuwenden können. Dabei geht es nach meiner Erfahrung insbesondere darum, das geschundene Selbstwertgefühl neu aufzubauen. Die Scham darüber, in der Sorge um den geliebten Menschen versagt zu haben, die Schuldgefühle aufgrund nicht erkannter Warnzeichen, Wut und Verzweiflung angesichts des Verlassenseins – all diese Gefühle haben massiv an Ihrem Selbstwertgefühl gekratzt. Viele Angehörige nach Suizid quälen sich zudem mit der Länge ihres Leidens und schreiben dies ebenso ihrem eigenen Unvermögen zu. Sie waren ja schon nicht in der Lage, das Leben des geliebten Menschen zu schützen, wie soll es nun für sie selbst funktionieren?

In Kapitel 3 finden Sie ausführliche Beschreibungen zu den vielfältigen Gefühlen, die in der Trauer stecken.

Streicheln Sie Ihr Selbstwertgefühl, indem Sie sich in Vergebung üben. Keine einfache Aufgabe – daher sollten Sie sich für diese Übung einen ruhigen Tag, vielleicht am Wochenende, und viel Zeit nehmen.

Zunächst ist es wichtig, aus generalisierten Selbstvorwürfen („Ich habe alles falsch gemacht!") konkret zu formulieren, was Sie sich vorwerfen. Beispielsweise „Ich habe ihm am Abend vor dem Suizid vorgeworfen, eine Therapie zu verweigern" oder „Ich habe sie am Vormittag des Suizidtages allein gelassen". Formulieren Sie so konkret wie möglich und schreiben Sie die Vorwürfe auf einzelne Zettel.

Überlegen Sie nun mit etwas Abstand, ob das, was Sie sich oder anderen vorwerfen, tatsächlich Einfluss auf den Suizid hatte. Hätte er ohne dieses „Vergehen" verhindert werden können? Was würde Ihr engster Freund oder Ihre beste Freundin sagen?

Wenn ein guter Freund oder eine gute Freundin Ihnen von solchen Selbstvorwürfen erzählen würde: Würden Sie ihm oder ihr Verständnis und Mitgefühl entgegenbringen?

Versuchen Sie, liebevoll und wertschätzend auf sich selbst zu schauen, auch wenn Sie Ihr Verhalten für unverzeihlich halten.

Schreiben Sie nun einen Brief an den Verstorbenen, in dem Sie um Verzeihung bitten. Beschreiben Sie die konkreten Vorwürfe und die Gefühle, die Sie damals bewogen haben, so zu handeln. Bitten Sie darum, dass das, was Sie getan haben, nicht mehr zwischen Ihnen stehen soll.

Lesen Sie diesen Brief am Grab oder Bild Ihres geliebten Menschen laut vor.

Spüren Sie nach, ob Sie eine Erleichterung fühlen. Unter Umständen fühlen Sie diese nicht sofort, sondern erst nach einigen Stunden oder Tagen.

(In Anlehnung an Paul, 2018, Seite 160 ff.)

2.5 Tabubruch: Trauer um ein Haustier

Trauer um ein Haustier rangiert in der Liste gesellschaftlich anerkannter Trauer am untersten Ende. Nach dem Tod ihres geliebten Weggefährten sind Trauernde oft mit großem Unverständnis und mangelnder Geduld in ihrem Umfeld konfrontiert. Ihre Trauer wird abgewertet, im Fachjargon spricht man von „aberkannter Trauer". Die Konsequenz für Trauernde: Sie haben keine Möglichkeit, ihrer Trauer Raum zu geben, und finden keine Ansprechpartner, um ihre Trauer auszudrücken. Auch am Arbeitsplatz ist der Tod des Haustiers oft kein Grund, um kurzfristig Urlaub gewährt zu bekommen. „Dann kauf dir doch einen neuen Hund / eine neue Katze" ist oft der gut gemeinte wie verzweifelte Rat aus dem Umfeld. Ein Satz, der Trauernde erheblich verstört und verletzt, denn ihr geliebtes Haustier lässt sich – ebenso wie geliebte Menschen – nicht ersetzen. Aus diesen Gründen versuchen Tierhalter ihre Trauer oft schmerzvoll zu verbergen. Manche ziehen sich zurück, gerade dann, wenn ihr Tier gleichzeitig Partner- oder Familienersatz war.

Ich selbst kann mir ein Leben ohne Tiere kaum vorstellen. Meine Eltern hatten immer einen ganzen Zoo: Kanarienvögel, Hamster, Kaninchen, Meerschweinchen, Katzen und auch einen Hund. So ist mir von Kindesbeinen an vertraut, wie eng die Beziehung zu einem Haustier sein kann und wie schmerzhaft der Verlust ist. Mein Kanarienvogel trällerte mit mir beim Klavierspielen um die Wette. Umso trauriger war ich, als er eines Tages tot im Käfig lag und sein Gesang verstummte. Meine Meerschweinchen begrüßten mich quiekend nach der Schule, ein Ritual, das ich nach ihrem Tod schmerzlich vermisste. Unsere Katzen wärmten mir im Bett die Füße und ich weinte jedes Mal Krokodilstränen, wenn eine von ihnen an unserer stark befahrenen Straße zu Tode kam. Und heute als Hundebesitzerin sage ich mit einem Augenzwinkern: Niemand in meiner Familie begrüßt mich so stürmisch und freudig wie meine Hündin Nelly! Ich weiß heute schon, dass sie mir irgendwann unendlich fehlen wird.

Haustiere sind Seelengefährten

Manche schenken uns das, was wir in unseren Beziehungen zu Menschen mitunter nicht bekommen, nämlich absolut bedingungslose Liebe. Sie sind häufig ein Ventil für alles, was sich in uns aufstaut. Sie zu streicheln oder ihnen von unseren Sorgen zu erzählen löst inneren Druck und entspannt. Andersherum spüren insbesondere Hunde und Katzen, wenn es dem Menschen nicht gut geht. Dann suchen sie ihre Nähe, als wollten sie Trost spenden. Gerade Menschen, denen ein stabiles soziales Umfeld fehlt, stillen durch ein Haustier das uns allen innewohnende Bedürfnis nach Zugehörigkeit. Da ist es nicht verwunderlich, dass gerade Hunde oder Katzen mitunter Partner- oder Kinderersatz sind. Ich kenne nicht wenige, die sich einen Hund angeschafft haben, nachdem die Kinder aus dem Haus gegangen sind. „Das letzte Kind hat Fell“ heißt es so schön!

Fehlende Rituale

Nach dem Tod eines solchen nahestehenden Seelengefährten fehlen die täglichen Rituale: füttern, spielen oder Gassirunden drehen, Schmusestunden oder die wilde Begrüßung beim Nachhausekommen. Plötzlich ist der Alltag leerer, denn das Kümmern um das Haustier hat – je nach Tierart – mitunter viel Zeit in Anspruch genommen. Pferdehalter verbringen beispielsweise oft einen Großteil ihrer Freizeit am Stall. Für sie bricht ein sehr wesentlicher Teil ihres Lebensinhalts weg. Wie beim Tod eines Menschen auch braucht es Zeit, das Geschehene zu realisieren und nicht ständig zu hoffen, dass der Hund doch noch schwanzwedelnd um die Ecke kommt oder die Katze maunzend vor der Türe steht.

Zudem geht dem Tod oft eine längere Leidensphase voraus, die von der ständigen Frage überschattet ist, ob es in der Verantwortung des Menschen liegt, dem Leiden ein Ende zu setzen. Es ist ein schmaler Grat zwischen Halten und Loslassen, zwischen Verantwortung für das Tier und eigenen Interessen. Den „richtigen Zeitpunkt“ zu finden, um das Tier zu erlösen, ist für den Menschen eine oftmals sehr belastende Aufgabe.

Kommt das Tier aufgrund einer eigenen Nachlässigkeit zu Tode, löst dies Schuldgefühle aus: Hätte ich die Tür besser verschlossen, wäre die Katze nicht auf die Straße gelaufen. Hätte ich den Hund angeleint, wäre er nicht vor das Auto gelaufen. Hätte ich das Meerschweinchengehege besser verriegelt, wären sie nicht abgehauen.

Tierbestattung

Für einen heilsamen Trauerprozess ist es nicht ganz unerheblich, was nach dem Tod des Haustiers mit ihm passiert. Leider ist es allzu häufig noch üblich, dass das Tier ohne Aufklärung durch den Tierarzt über die Bandbreite der Möglichkeiten einfach entsorgt wird. Dabei ist es in vielen Städten erlaubt, das Tier unter bestimmten Voraussetzungen im eigenen Garten zu begraben. Im Garten meines Elternhauses entstand mit der Zeit ein richtiger Tierfriedhof, denn jedes unserer Haustiere wurde mit einer kleinen Zeremonie beigesetzt – inklusive Grabschmuck! Übrigens ist dies eine gute Möglichkeit, Kindern beizubringen, dass der Tod zum Leben dazugehört und Traurigkeit nicht das Ende jeder Lebensfreude bedeutet.

Neben dieser privaten Beisetzungsform gibt es auch Möglichkeiten, Tiere ganz offiziell durch einen Tierbestatter zu bestatten. Es gibt Tierkrematorien, in denen eine Einzelkremation des eigenen Haustiers möglich ist. Anders als beim Menschen darf in diesem Fall die Asche mit nach Hause genommen werden. In manchen Städten gibt es eigene Tierfriedhöfe. Manche „normale“ Friedhöfe lassen die Bestattung von Tierasche als sogenannte Grabbeigabe in einem Menschengrab zu. Was für eine schöne Vorstellung, wenn Mensch und Tier dort wieder vereint werden können!

Im Anhang finden Sie den Link zum Tierbestatter-Bundesverband, auf dessen Website Sie viele Informationen, u. a. zu Tierfriedhöfen und -krematorien in Ihrer Nähe, erhalten.

Mein Fazit: Die Trauerprozesse nach dem Tod eines geliebten Haustieres sind sehr vergleichbar mit denen nach dem Tod eines Menschen. Es gibt daher aus meiner Sicht keinen Grund, die Trauer um ein Haustier geringer zu schätzen.

Gestalten Sie ein Erinnerungsritual für Ihr verstorbenes Haustier! Dazu gibt es viele Möglichkeiten – suchen Sie sich die heraus, die für Sie am besten passt:

Erstellen Sie eine Fotocollage mit den schönsten Fotos Ihres Haustiers.

Gestalten Sie ein Fotobuch, das von den freudigsten Erlebnissen mit Ihrem Haustier erzählt.

Erinnerungskerze: Es gibt viele Dienstleister, über die Sie ein Kerzenglas oder eine Stumpenkerze mit dem Foto des Haustiers bestellen können. Alternativ können Sie auch ganz klassisch eine Kerze mit dem Namen Ihres Haustiers beschriften.

Gibt es ein Lieblingsspielzeug Ihres Haustiers? Legen Sie es zusammen mit einem Foto und der Kerze in Ihre Erinnerungsecke.

3. Was verbirgt sich noch hinter dem großen Gefühl der Trauer?

Für dieses Kapitel stand mir meine sehr geschätzte Kollegin Juli Scheld (↗ http://www.julischeld.de), Expertin im Mental- und Emotionscoaching sowie Inhaberin der Punktgenau-Akademie für emotionale Intelligenz, beratend zur Seite. Ich bin ihr von Herzen dankbar, dass sie mir nicht nur ihre Zeit und ihr Ohr, sondern vor allem auch ihre Expertise und Erfahrung zur Verfügung gestellt hat.

Frau K. kam etwa drei Jahre nach dem Tod ihres Sohnes zu mir. Sie hatte das Gefühl, noch gar nicht richtig getrauert zu haben, da sie überwiegend mit dem Funktionieren für ihre Familie, ihren Mann und ihre beiden lebenden Kinder beschäftigt war. Ihre Trauer war für sie ein großes Gespenst, das sie sorgsam hinter fest verriegelten Türen versteckt hielt. Ein zaghafter Versuch, sich allein diesem Gespenst zu stellen, lag ca. ein Jahr zurück und endete für sie gefühlt in einer Katastrophe, weil sie von diesem Gespenst Trauer vollkommen übermannt wurde. Also sperrte sie es mit noch größeren Schlössern weg.

Wir arbeiteten einige Monate miteinander. Ganz behutsam öffneten wir die Tür; das Gespenst dahinter durfte sich nur sehr kontrolliert nähern. Irgendwann brach der Damm und was sich dann zeigte, war für meine Klientin verstörend und lösend zugleich: Sie entdeckte, dass sich hinter dieser Tür nicht nur ihre Trauer über den Verlust ihres Kindes versteckte, sondern auch ihre Angst, weitere Verluste erleiden zu müssen, eine große Portion Wut auf die Ärzte, die ihren Sohn nicht retten konnten, und ihre ganze Verzweiflung angesichts ihres zerbrochenen Lebensglücks. Nun war es nicht mehr das eine riesengroße Trauergespenst, das da lauerte, sondern mehrere kleinere Gespenster, die sie sich nach und nach anschauen konnte. Diese Erkenntnis war für Frau K. der Schlüsselmoment auf ihrem Weg in die Heilung.

Trauer ist nach dem neuesten Stand der Emotionsforschung eine von zwölf Primäremotionen (Eilert 2020), genauso wie beispielsweise Angst, Schuld, Ärger, Überraschung oder Liebe. Diese Emotionen sind wie Urinstinkte, sie werden durch einen Reiz getriggert und lassen sich nicht bewusst unterdrücken. Auch wenn wir umgangssprachlich die beiden Begriffe synonym verwenden, unterscheiden Wissenschaftler zwischen „Emotion" und „Gefühl". Der Gehirnforscher Antonio Damasio beschreibt Emotionen als ein unbewusstes Handlungsprogramm, das automatisiert abläuft, Gefühle hingegen als bewusstes Erleben einer Emotion als Körperempfinden (Damasio 2004). Die Primäremotion Ärger kann sich dann beispielsweise in solchen

Gefühlsbeschreibungen äußern: „Ich koche vor Wut!", „Das bringt mich auf die Palme!", „Meine Laune ist im Keller!" …

In der Arbeit mit Trauernden erlebe ich häufig, dass der Begriff „Trauer", so wie im skizzierten Beispiel von Frau K., als Sammelbegriff für eine sehr vielfältige Gefühlsgemengelage verwendet wird. Ich möchte Sie daher in diesem Kapitel einladen, weitere Emotionen bzw. Gefühle etwas näher kennenzulernen, die sich sehr häufig zunächst hinter dem großen und oft als übermächtig empfundenen Gefühl der Trauer verstecken. Sie lernen, Ihre Gefühle zu differenzieren, den Unterschied zwischen Gefühlen und Bedürfnissen zu erkennen und damit einen Zugang zu möglichen Lösungen zu finden. Auch geht es darum, sich die gesamte Bandbreite an Gefühlen zu erlauben, denn viele Trauernde untersagen sich, beispielsweise Wut oder auch Freude zu empfinden.

Gefühle sind zum Fühlen da

Ich halte diesen differenzierten Blick auf die verschiedenen Gefühle für einen wesentlichen Meilenstein im Trauerprozess. „Gefühle wollen gefühlt werden" ist einer meiner Leitsätze, und zwar alle Gefühle. Jedes Gefühl ist es wert, wahrgenommen und gefühlt zu werden, denn ein jedes steht für ein Bedürfnis. Angenehme Gefühle entstehen, wenn ein Bedürfnis erfüllt ist, unangenehme Gefühle, wenn ein Bedürfnis verletzt wird bzw. nicht erfüllt ist. Angst beispielsweise reguliert unser Bedürfnis nach Sicherheit. Ärger entsteht, wenn uns z. B. Unrecht widerfährt, und er löst in uns die Energie aus, die wir benötigen, um wieder handlungsfähig zu werden.

Leider teilen wir Gefühle häufig in zwei Kategorien ein: in positive und negative. Die angenehmen laden wir gern in unser Leben ein, die unangenehmen möchten wir am liebsten voll und ganz aus unserem Leben verbannen. Es funktioniert aber nicht, nur die Freude haben zu wollen und den Rest auszugrenzen. In dem Moment, in dem Sie verinnerlichen, dass jede Emotion eine Aufgabe bzw. einen Sinn erfüllt und somit eine Daseinsberechtigung hat, können Sie gleich viel entspannter auch mit den unangenehmen Gefühlen umgehen.

Juli Scheld verwendet folgendes, sehr eindrückliches Bild: Gefühle sind wie Handwerker. Sie klingeln im Fall der unangenehmen Gefühle immer dann an Ihrer Tür, wenn ein Bedürfnis verletzt ist. Ihr Job ist, dieses Bedürfnis wiederherzustellen. Sobald sie diese Aufgabe erledigt haben, gehen sie auch wieder. Einen Wasserrohrbruch würden Sie vermutlich auch nicht ohne Installateur beheben, und der Schreiner wird Ihnen bei einer feuchten Wand nicht weiterhelfen können!

Gefühle verlaufen in Trauerprozessen oft in Wellen: Sie sind nicht plötzlich da, sondern rollen heran und ebben wieder ab. Sie zeigen sich durch körperliche Reaktionen, wie beispielsweise Herzklopfen oder Magendruck. Durch eine aufmerksame Körperwahrnehmung können Sie also mit der Zeit lernen, herannahende Gefühlswellen zu erkennen, und schon frühzeitig Bewältigungsmechanismen in Gang setzen.

Die vielleicht wichtigste Botschaft: Gefühle dauern nicht ewig. Erinnern Sie sich immer daran, dass hinter dem unangenehmen Gefühl ein nicht erfülltes Bedürfnis steckt. Sobald dieses Bedürfnis erfüllt ist (wenn der Handwerker also seinen Job erledigt hat), gehen sie wieder. Vielleicht hilft Ihnen das Bild der Welle dabei, sich leichter in ein Gefühl hineinbegeben zu können (den Handwerker also willkommen zu heißen), in dem Vertrauen, dass es auch wieder abebben wird.

Tatsächlich steckt darin eine Chance für Ihre eigene Persönlichkeitsentwicklung in dieser ganz besonderen Lebensphase: Sie stärken Ihre emotionale Intelligenz, indem Sie lernen, Ihre Bedürfnisse differenziert wahrzunehmen, zu verstehen und dadurch gut für sich und den eigenen Gefühlshaushalt zu sorgen. Und indem Sie dies für sich selbst lernen, können Sie auch bei anderen, bei Ihren Angehörigen, Ihren Freund:innen oder Kolleg:innen viel feinfühliger wahrnehmen und begreifen, was in ihnen vorgeht und was sie gerade benötigen. Viele meiner Klient:innen erkennen rückblickend, dass sie durch ihren Trauerprozess ihre Empathiefähigkeit deutlich stärken konnten.

Weitere Impulse zu diesem Thema finden Sie im Video „Dickes Fell oder dünne Haut?“ in der Mediathek zum Titel unter ↗ https://www.junfermann.de/titel/mit-der-trauer-leben-lernen/1337.

3.1 Ich habe etwas falsch gemacht – Schuldgefühle in der Trauer

Ich kenne keinen trauernden Menschen, der nicht irgendwann auf dem Weg durch die Trauer einer Schuldthematik begegnet. Vielleicht kommen Ihnen diese oder ähnliche quälende Gedanken vertraut vor:

- „Wenn ich dieses oder jenes noch getan hätte, würde sie heute noch leben.“
- „Die Ärzte hätten damals schon handeln müssen.“
- „Wenn er nur nicht das Auto, sondern den Zug genommen hätte, wie ich es ihm geraten habe.“
- „Ich hätte sie in dieser Nacht nicht allein lassen dürfen.“

Die Liste könnte vermutlich unendlich fortgesetzt werden. Trauernde richten Schuldvorwürfe nicht nur gegen andere, sondern sehr häufig auch gegen sich selbst.

Körperlich äußern sich Schuldgefühle durch eine innere Schwere, wie ein „Wackerstein im Bauch", Erstickungsempfinden, gesenkter Kopf und hängende Schultern, Schwitzen, Schlaflosigkeit, innere Unruhe, Magendruck.

„Ich habe etwas falsch gemacht": Regeln und Werte als Maßstab unseres Handelns

Für Frau G. ist Fürsorge für die Familienmitglieder ein hoher Wert in ihrem eigenen Wertesystem. Jahrelang hat sie ihren an Krebs erkrankten Partner hingebungsvoll gepflegt. Nun stirbt er just an dem Wochenende, an dem sie sich eine Auszeit genommen hat, um selbst wieder zu Kräften zu kommen. Lange Zeit fühlte sie sich schuldig, nicht bis zuletzt für ihren Partner da gewesen zu sein.

Die Trauerbegleiterin Chris Paul definiert Schuldgefühle als ein Konstrukt (Paul 2010). Wir konstruieren uns Zusammenhänge von Normen, Regeln und Wertesystemen. Viele dieser Regeln haben wir in unserer Kindheit gelernt und als Erwachsene übernommen. „Über Gefühle spricht man nicht" oder „Bevor du dich um dich selbst kümmerst, sorge erst für andere" sind solche zutiefst verinnerlichten Regeln. Andere Regeln lernen wir als Erwachsene in unterschiedlichen Kontexten kennen, z. B. als ungeschriebene Gesetze im beruflichen Umfeld. Ich erinnere mich an den Ausspruch meines Chefs in meiner ersten Stelle nach der Ausbildung, als ich mich um 17 Uhr nach einem Achtstundentag verabschiedete: „Ach, arbeiten Sie nur noch halbtags?" Die ungeschriebene Norm dieser Umgebung lautete: „Hier sind Überstunden normal. Die reguläre vertragliche Arbeitszeit zählt nicht." Sie können sich bestimmt vorstellen, dass mich fortan ein schlechtes Gewissen plagte, wenn ich pünktlich Feierabend gemacht habe.

Schuldgefühle werden also getriggert, wenn wir durch „falsches" Verhalten gegen Regeln verstoßen oder Werte verletzen. Sie verhindern nicht nur, dass wir Straftaten begehen, sondern sorgen dafür, dass wir unsere eigenen Werte hochhalten und nach ihnen leben. Auf das Beispiel bezogen: Frau G. fühlte sich als miserable Ehefrau, weil sie für zwei Tage nicht für ihren Mann da gewesen war. Dass sie sich an allen anderen Tagen quasi rund um die Uhr in liebender Fürsorge aufopferte, trat in ihrem Schuldkonstrukt völlig in den Hintergrund. Ihr Wertesystem wirkte wie ein Regelwerk, in dem es einen Paragrafen mit dem Wortlaut gab: „Du musst jederzeit und zuallererst für alle anderen da sein!" Gegen diese Regel hatte sie verstoßen, und deshalb quälte sie sich mit Schuldgefühlen.

Das Umfeld (und leider auch manche Therapeut:innen oder Trauerbegleiter:innen) möchte in einer solchen Situation die Schuld ausreden: „Du hast doch wirklich alles für ihn getan. Und sieh mal, dir ging es selbst so schlecht, es war wirklich nötig, dass du dich auch einmal um dich selbst kümmerst." Doch für die Betroffenen ist die Schuld real, schließlich haben sie gegen eine Regel verstoßen (ganz egal, woher sie kommt). Deshalb ist es wichtig, diese Gedanken zuzulassen. Erst das Entwirren des Schuldknäuels und Bewusstmachen der ungesunden Konstruktion aus Regeln, Tätern, Opfern und Richtern bringt Erleichterung.

Ein weiterer Zugang zur Schuld: das Bedürfnis dahinter erkennen

Die beschriebenen Konstruktionen von Schuldzusammenhängen nach Chris Paul sind ein eher kognitiver Ansatz, der gut erklärt, wie wir uns unsere eigene Wirklichkeit entwerfen. Lassen Sie uns nun auf die emotionale Ebene gehen und uns das Bedürfnis hinter der Schuld anschauen. Wir alle möchten im Rahmen der von uns als gültig erachteten Regeln und Normen authentisch und selbstbestimmt leben. Regelverstöße rufen daher den Handwerker auf den Plan, der uns an dieses eigene Werte- und Regelsystem erinnert. Er hilft uns, entstandenen Schaden zu reparieren und uns auszusöhnen mit uns selbst bzw. mit dem Gegenüber, dem wir Schaden zugefügt haben.

Von Kindesbeinen an lernen wir, uns an Regeln zu halten. Nicht nur an Gesetze aus den öffentlichen Gesetzbüchern, sondern gerade auch an die eigenen Regeln in der Familie, in Kindergarten und Schule. Wir ernten Lob, wenn wir uns an das halten, was Mama oder Papa, Erzieher:innen oder Lehrer:innen sagen. Mit zunehmendem Alter beginnen wir zu hinterfragen, was uns bisher vorgegeben wurde, und stellen zusätzliche eigene Werte und Regeln auf. Dadurch entwickeln wir unseren eigenen Wertekanon, nach dem sich unser Leben „gut" oder „richtig" anfühlt und mit dem wir authentisch, also unserem Selbst entsprechend, leben können.

Diese Sichtweise erklärt, warum Frau G. so schwer daran trägt, im (für sie) entscheidenden Moment des Todes nicht bei ihrem Mann gewesen zu sein. Ihre Wertvorstellung, fürsorglich und liebend für andere da zu sein, hat sie aus eigener Sicht massiv verletzt. Durch diese emotionale Brille betrachtet macht es keinen Sinn, ihr diesen Schuldvorwurf auszureden. Im Gegenteil: In dem Moment, in dem ich sie mit ihrem Schuldgefühl gesehen habe, mit all ihrer Liebe und Fürsorge wahrgenommen und bestärkt habe, dass sie so fühlen darf, konnte ich ihr bereits sehr viel Leidensdruck nehmen.

Schuldvorwürfe gegen andere als Ventil

Schuldvorwürfe gegenüber anderen, Ärzten, Pflegepersonal usw., sind oft ein Ventil, mit dessen Hilfe Druck aus der erlebten Ohnmacht und Hilflosigkeit abgebaut wird. Wenn der Schmerz über den Verlust übermächtig wird, wirkt die Zuweisung von Verantwortung bzw. Schuld entlastend. Es findet also eine Art Lastenausgleich bzw. eine Umverteilung der Last statt.

In der Praxis erlebe ich häufig, dass Schuldvorwürfe besonders dann entstehen, wenn beispielsweise bei einem Tod nach Suizid oder durch einen Verkehrsunfall wenig über die genauen Todesumstände bekannt ist. In diesen Fällen ist Informationsbeschaffung und Klärung der Situation essenziell, um die Angehörigen von ihrem Schuldgefühl zu entlasten.

Schuldzuweisungen als Lebensmuster

Für manche Menschen sind Schuldzuweisungen an andere eine Art Lebensmuster: Sie machen stets andere Menschen oder Umstände für ihre eigene Situation verantwortlich. Weil der Chef sie nicht mag, werden sie nicht befördert. Weil die Wohnung zu klein ist, können sie keine Ordnung halten. Weil die Kollegen so anstrengend sind, können sie abends nicht abschalten. Wer so gestrickt ist, lebt in einer Welt, in der es nur Täter und Opfer gibt. Dann schlägt der Tod schicksalhaft zu und die Rolle des Opfers ist (erneut) vorprogrammiert. Problematisch ist daran vor allem, dass in der Opferrolle die Verantwortung für das eigene Leben an andere abgegeben wird.

Meine Lieblingskörperübung, mit der Sie sich Ihren eigenen Handlungsbereich bewusst machen:

Strecken Sie die Arme in Schulterhöhe waagerecht zur Seite aus und stellen Sie die Hände senkrecht auf, als wollten Sie zwei Personen, die jeweils links und rechts neben Ihnen stehen, ein Stoppsignal geben. Drehen Sie sich nun mit dem Blick zu rechten oder linken Hand langsam um die eigene Achse. Wieder am Ausgangspunkt angekommen, haben Sie einen Radius um sich selbst gezogen. Dies ist Ihr „Tanzbereich“ – hier sind Sie für sich selbst handlungsfähig, hier tragen Sie die Verantwortung und hier hat Ihnen auch von außen niemand hineinzufunken. In diesem Radius liegen Ihr Schutzraum und Ihr Gestaltungsraum.

Um sich dies immer wieder körperlich vor Augen zu führen, können Sie die Übung täglich, beispielsweise nach dem Aufstehen, wiederholen.

Schuldgefühle liebevoll achten und auflösen

Während ich diese Zeilen schreibe und Begriffe wie Opfer, Täter, Richter, Regelverstoß verwende, wird mir bewusst, wie wichtig es gerade beim Thema Schuld ist, liebevoll und milde mit sich selbst zu sein. Das fängt mit der Sprache an: Es macht einen Unterschied, ob Sie sagen „Ich bin schuldig" oder „Ich *fühle* mich schuldig". Denn ganz sicher *sind* Sie nicht Ihre Schuld! Sie fühlen eine Schuld, und zwar weil Ihr Bedürfnis, Ihren Werten gemäß zu leben, nicht erfüllt ist.

Sie dürfen sich also einmal mehr in Selbstmitgefühl üben: Achten Sie Ihre Bedürfnisse, indem Sie ihnen Raum geben, sie wahrnehmen und damit Ihre Seele streicheln. Gehen Sie nicht in die Rolle des strengen Richters, sondern lassen Sie sich selbst gegenüber Milde und Großherzigkeit walten. Im Anhang finden Sie unter den Hinweisen zum Thema Achtsamkeit auch ein sehr hilfreiches Buch über das Selbstmitgefühl.

3.2 Von Angst bis Panik – wenn unser Sicherheitsbedürfnis bedroht ist

Der Verlust eines geliebten Menschen lässt unsere vertraute heile Welt zerbrechen. Ein entscheidendes Puzzlestück in unserem Lebenspuzzle fehlt. Damit ist unser Grundbedürfnis nach Sicherheit in unserem Leben massiv bedroht. Angst spüren wir immer dann, wenn unser Bedürfnis nach körperlichem oder psychischem Wohlbefinden bedroht ist. Das kann die Anwesenheit von etwas sein, das bedrohlich auf uns wirkt (z. B. das sichtbare Sterben eines geliebten Menschen), oder auch die Abwesenheit von etwas, das uns Sicherheit vermittelt (z. B. der Partner, der bisher der Fels in der Brandung war).

Angst zeigt sich körperlich auf sehr vielfältige Weise: durch einen Kloß im Hals, Mundtrockenheit, Enge im Hals- und Brustraum, starkes Herzklopfen, erhöhter Puls, leise bzw. belegte Stimme, Stammeln, kalter Schweiß (auf der Stirn, an den Händen), Frieren, Beben oder Zittern am Körper bzw. an den Gliedmaßen, Schreckhaftigkeit, Magendruck, flaues Gefühl oder Krämpfe in der Magengegend, Durchfall, Erbrechen, innere und äußere Anspannung, Kraftlosigkeit, weiche Knie, Leere im Kopf, Gedankenkreisen bzw. Unfähigkeit, einen klaren Gedanken fassen zu können.

Angst hat viele Facetten

In der Praxis erlebe ich vielfältige Ängste, die Trauernde in dieser sensiblen und fragilen Lebensphase entwickeln: Angst vor der Zukunft („Schaffe ich das allein?", „Werde ich jemals wieder Lebensfreude empfinden?"), finanzielle Ängste („Finde ich zurück in meinen / einen Beruf?", „Kann ich meinen Lebensstandard halten?"), Angst vor Neuem („Welche Unsicherheiten muss ich noch in mein Leben lassen?", „Schaffe ich all das, was ich bisher noch nie tun musste?"), Angst vor Wiederholung („Was, wenn ein weiteres Kind stirbt, wenn nach meinem Partner noch einer anderen nahen Person etwas zustößt?"), Angst vor der eigenen Sterblichkeit („Wie viel Zeit bleibt mir noch?", „Wie werde ich selbst sterben?"). Die Liste der offenen und ängstigenden Fragen ist schier unendlich: auch Angst, nicht mehr zur Gesellschaft dazuzugehören, Angst vor dem Alleinsein, vor Enttäuschung, vor anderen Menschen kann sich in der Trauer zeigen. Die bisher gefühlte Lebenssicherheit ist in ihren Grundfesten erschüttert. Manche Trauernde beschreiben, dass sie sich „wie aus dem Leben gefallen" fühlen.

Angst führt in Trauerprozessen häufig zu einer Art Schockstarre, weil etwas neu und zugleich unverständlich für uns ist. Wir fühlen uns orientierungslos. Es geht also darum, aus dieser Starre heraus wieder in eine Handlungsfähigkeit zu kommen und Vertrauen in die eigenen Fähigkeiten zu entwickeln.

Ihr Date mit einem Handwerker: Herr Angst

Stellen Sie sich nun vor, dass Herr Angst, Ihr Handwerker und Helfer in der Not, an Ihrer Tür klingelt. Er möchte die gefühlte Bedrohung abwenden bzw. einen erwarteten Schaden reduzieren. Sein Ziel ist es, Ihnen so den Rücken zu stärken, dass Sie wieder handlungsfähig sind und aktiv Bedrohung abwenden bzw. Schaden reduzieren können. Vor meinem inneren Auge ist Herr Angst ein stattlicher Kerl mit breiten Schultern, gelber Warnweste und einem vertrauenerweckenden Lächeln auf dem Gesicht. Vielleicht ist die Angst für Sie aber auch weiblich und die Handwerkerin sieht ganz anders aus. Wie auch immer: Bitten Sie ihn oder sie also herein und nehmen Sie gemeinsam auf Ihrem Sofa Platz. Hören Sie gut hin, denn er bzw. sie hat wichtige Nachrichten für Sie!

In erster Linie braucht es einen liebevollen Umgang mit Ihren Ängsten und eine Portion Mut, sich diesen zu stellen und sie wirklich zu durchfühlen. Erlauben Sie sich den Weg der kleinen Schritte, Sie müssen nicht mit einem großen Sprung den Krater der Angst überwinden. Vielfach hilft es, sich Informationen zu beschaffen, denn Unwissenheit schürt Unsicherheit. Wenn Sie beispielsweise von finanziellen Ängsten geplagt werden, sollten Sie sich ein genaues Bild über Ihre Einnahmen und Ausgaben machen, über bestehende finanzielle Verpflichtungen und Ihre steuerliche Situation. Besprechen Sie sich dazu mit Fachleuten, wie beispielsweise einem Bankberater oder einer Steuerberaterin. Dieses Sammeln aller relevanten Informationen führt oft zu einem deutlichen Abebben der Angst. Hilfreich kann auch sein, eine Person Ihres Vertrauens einzuweihen und sich von ihr zu solchen Gesprächen begleiten zu lassen.

„Mut ist Angst, die ein Gebet gesprochen hat" – dieses Bild vermittelt eine Idee, wie wir den nötigen Mut aufbringen können, unsere Ängste zu überwinden. In meiner Vorstellung könnte ein solches Gebet lauten: „Lass mich meine Angst spüren und gib mir Kraft für den nächsten Schritt." Nehmen wir als Beispiel die Angst vor neuen Situationen, z. B. wenn Sie nach dem Tod Ihres Partners allein für Haus und Hof verantwortlich sind. Vielleicht reicht der Mut heute noch nicht, die Bohrmaschine selbst zu bedienen oder die Nachbarn um Hilfe bei schweren Gartenarbeiten zu bitten. Aber morgen können Sie es wieder versuchen. Seien Sie milde mit sich selbst, wenn mutige Schritte nicht sofort gelingen. Dann ist die Zeit einfach noch nicht reif, aber der passende Moment wird kommen, ganz gewiss.

Die Steigerung der Angst – wenn Panik Sie ergreift

Manchmal reicht eine kleine Erinnerung, ein Bild, eine Melodie, ein Geräusch, um Ihr inneres Gleichgewicht von jetzt auf gleich aus den Fugen geraten zu lassen. Urplötzlich machen sich beängstigende Bilder in Ihrem Kopf breit, die Atmung beschleunigt sich, Herzrasen und Übelkeit kommen dazu, Ihre Hände zittern, Sie schwitzen wie bei einer Hitzewelle. Einerseits möchten Sie fliehen, schreien oder weinen und gleichermaßen sind Sie wie versteinert. Der Verstand scheint völlig ausgeschaltet. Sämtliche bekannten Reaktionsmechanismen versagen.

Was Sie auf diese Art erleben, ist eine Panikattacke, die sogenannte dysfunktionale Seite der Angst. Sie ist eine plötzliche Episode besonders intensiver Angst und kommt häufig dann vor, wenn der Tod des geliebten Menschen mit einer traumatischen Erfahrung einhergeht. Beispielsweise mit plötzlichen, dramatischen Todesumständen wie einem Suizid oder Verkehrsunfall.

Wenn Sie bereits mehrfach die Erfahrung einer Panikattacke gemacht haben, möchte ich Sie ermutigen, einen erfahrenen Arzt bzw. eine Therapeutin aufzusuchen, der / die mit Ihnen gemeinsam die Ursachen Ihrer Angst bzw. Panik erforscht und Sie unterstützt, traumatische Erfahrungen in Ihr Leben zu integrieren. Das ist nichts, was Sie allein schaffen müssen – nehmen Sie sich bitte selbst wichtig und holen Sie sich die Hilfe, die Sie benötigen.

In meinen Begleitungen erlebe ich, dass Herr oder Frau Angst eher Hausverbot erhält, als dass sie sich vom Sicherheitsbeauftragten an die Hand nehmen lassen. Wenn Ihnen das genauso geht, könnte diese Übung hilfreich sein:

Malen Sie sich vor Ihrem inneren Auge die personifizierte Angst aus. Ich schrieb ja schon, dass es für mich ein breitschultriger und vertrauenswürdiger Handwerker mit einer gelben Warnweste ist. Wie sieht für Sie der Mensch aus, der Ihnen Ihre verloren gegangene Sicherheit zurückgibt? Ist er ein Mann oder eine Frau? Groß oder eher klein? Haarfarbe? Welche Kleidung trägt er oder sie? Welches Handwerkszeug bringt er oder sie mit? Stellen Sie sich diesen „Sicherheitsbeauftragten" so konkret und so sympathisch wie möglich vor.

Nun könnten Sie ihm oder ihr sogar noch einen Namen geben, denn „Herr Angst" ist wirklich nicht gerade einfallsreich. Vielleicht heißt Ihre Angst künftig „Frau Meyer" oder „Herr Schütteler". Vielleicht sind Sie auch per Du und sagen „Valentina" oder „Ernst-Wilhelm" zu ihr oder ihm.

Das alles mag belustigend für Sie klingen – dann ist es genau gut so. Denn gerade, wenn wir verängstigt sind, geht jede Leichtigkeit im Leben verloren. Die Angst zu personifizieren kann wahrhaftig zu einem etwas unbeschwerteren Umgang mit ihr verhelfen und Ihnen ermöglichen, sich Ihren Ängsten zu stellen.

Wenn Sie weitere Impulse zu diesem Thema wünschen, hören Sie auch gerne die Podcastepisode 22 „Trauern in der Pandemie – vom heilsamen Umgang mit Deinen Ängsten" unter ↗ https://liebevoll-trauern.podigee.io/.

3.3 Von Ärger bis Wut – die ganze Bandbreite

Das vielleicht am häufigsten unterdrückte Gefühl in der Trauer ist der Ärger bzw. dessen Steigerungsform, die Wut (die entsteht, wenn der Ärger „seinen Job nicht machen kann"). Viele Trauernde möchten sich lange Zeit nicht eingestehen, dass sie im tiefsten Inneren eigentlich „stinkwütend" sind: auf die Ärzt:innen und Therapeut:innen, die den geliebten Menschen nicht retten konnten. Auf den Unfallverursacher, der nicht aufgepasst hat. Sogar auf den Verstorbenen, weil er nun von allem erlöst ist und die Angehörigen allein im Leben zurechtkommen müssen. Schließlich sind viele Trauernde auch sehr wütend auf sich selbst, weil ihnen so viele Dinge nicht gelingen wollen und sie den Weg zurück ins Leben nicht finden. Manchmal erlebe ich in meinen Begleitungen auch eine ganz pauschale Wut auf alles und jeden. „Mein ganzes Leben macht mich so wütend" ist ein Satz, den ich nicht selten höre.

Primäremotion: Ärger

Ärger entsteht immer dann, wenn jemand unsere Werte verletzt, wenn wir erleben, dass Unrecht geschieht oder wenn wir etwas, das uns wichtig ist, nicht erreichen können. Der Handwerker „Herr Ärger" hat dann die Aufgabe, diese Hindernisse bzw. Auslöser des Ärgers zu beseitigen. Er stillt damit unser Bedürfnis nach Selbstwirksamkeit, also danach, trotz des Hindernisses wieder handlungsfähig zu werden. Das Problem für Trauernde besteht oft darin, dass sie Dinge wollen, die nicht erfüllbar sind, wie z. B. den Verstorbenen wieder zurückzubekommen.

Viele Trauernde ignorieren ihren Ärger und sperren ihn gut weg, weil sie sich nicht die innere Erlaubnis geben, dass auch er eine Daseinsberechtigung hat. Auf diese Weise staut sich eine unbändige Wut an, die sich in dem Moment, in dem sie dies erkennen, unkontrollierbar anfühlt. Unsere Sprache bringt das gut zum Ausdruck: Wir könnten „heulen vor Wut", wir sind „blind vor Wut" oder jemand ist „außer sich vor Wut". Körperlich zeigt sich Wut durch innere Hitze, Röte im Gesicht oder Erbleichen, zusammengezogene Augenbrauen, angespannten Kiefer, zusammengebissene Zähne, vertiefte bzw. schnellere Atmung, erhöhten Blutdruck, laute Stimme, angespannte Muskulatur, geballte Fäuste.

Wut ist ein sehr kraftvolles Gefühl und genau deshalb bin ich froh, wenn sie sich in meinen Begleitungen (endlich) zeigt. Bis zu diesem Punkt führte der zunächst nicht wahrgenommene Ärger und später die unterdrückte Wut nämlich im Untergrund Regie. Eine ständige innere Unruhe, Schlafschwierigkeiten, körperliche Anspannung wie Verspannungen im Nacken oder Zähneknirschen sind Symptome, die darauf hindeuten. Ist die dahinter liegende Wut erst einmal erkannt, können wir ihre Energie im positiven Sinne nutzen und ins Tun kommen. Sie ermöglicht uns, entschlossener zu agieren. Wir nehmen wahr, was wir erreichen wollen, und sind dann in der Lage, den entscheidenden (ersten) Schritt zu gehen.

Wie sich die Wutwelle entwickelt

Erste Anzeichen einer heranrollenden Welle der Wut sind Gefühle von Frustration, Empörung oder Gereiztheit. Wir sind übel gelaunt, grantig, missmutig. Wir spüren eine Unruhe und vielleicht auch Ohnmacht, etwas dagegen tun zu können. Es fühlt sich an wie ein Vulkan kurz vor seinem Ausbruch. Vielleicht kennen Sie den Impuls, am liebsten eine Vase zerdeppern oder mit der Faust auf den Tisch hauen zu wollen. Tatsächlich würde Ihnen in dieser Phase ein solcher körperlicher Ausdruck Ihrer Wut kurzfristig ermöglichen, Druck abzubauen. Langfristig helfen solche Maßnahmen natürlich nicht. Dafür wäre es wichtig, sich den Trigger, also den Auslöser Ihrer Wut, genauer anzusehen.

Angestaute Wut beschreiben wir z. B. mit den Worten „Ich platze gleich". Spätestens jetzt ist der Moment gekommen, den Kreislauf der Wut zu unterbrechen. Dies gelingt, so paradox es klingen mag, am besten, indem Sie sich auf die Wut voll und ganz einlassen, sie wirklich durchfühlen. Machen Sie sich bewusst: Der Handwerker Wut sorgt gerade dafür, dass Sie sich trauen, für sich einzustehen und Ihre Kräfte für das zu mobilisieren, was Ihnen wirklich wichtig ist.

Wenn Sie die Wutwelle auf sich zurollen spüren, haben Sie verschiedene Möglichkeiten, den emotionalen Druck zu lindern:

- Kommen Sie in Bewegung, denn dadurch bauen Sie Stresshormone ab. Das muss nicht die ausgiebige sportliche Betätigung sein, ein Spaziergang von ca. 30 Minuten hilft bereits.
- Hören Sie Musik. Und zwar solche, die Ihnen gute Laune macht. Wenn es die Situation gerade zulässt, drehen Sie sie richtig laut auf, singen Sie lauthals mit oder tanzen Sie dazu. Auch damit bauen Sie Stresshormone ab.
- Ist der innere Druck gerade besonders groß, schlagen Sie mit der Faust mehrfach auf ein Kissen ein oder schreien Sie Ihre Wut heraus (das geht gut im Auto, wo Sie niemand hört – allerdings sollten Sie es nicht fahrend tun!). Damit lösen Sie Ihre Wut nicht, aber Sie öffnen ein Ventil, um Druck abzulassen.

Nun sollte Ihr Kopf wieder freier sein, um sich mit dem Handwerker Wut zu unterhalten.

Was können Sie tun, um wieder handlungsfähiger zu werden? Wofür möchten Sie sich nun einsetzen, um Ihre eigenen Werte zu leben und für sich selbst wirksam zu werden?

Diese weitreichenden Fragen zu beantworten gelingt vielleicht nicht auf die Schnelle. Nehmen Sie sich Zeit. Vielleicht nutzen Sie einen verregneten Sonntag, um auf Entdeckungsreise zu gehen. Auf eine Reise zum Ursprung Ihrer Wut, auf der Sie lernen werden, wie Sie diese in eine positive Kraft verwandeln können.

3.4 Scham – wenn wir uns falsch fühlen

Frau K. saß geknickt bei mir. Ich konnte an ihrer Körpersprache bereits erahnen, was los war. In sich zusammengesunken, mit hängenden Schultern und leiser Stimme berichtete sie mir, dass eine Freundin ihr vorwerfe, eineinhalb Jahre nach dem Tod ihres Mannes immer noch zu trauern. „Sag bitte ehrlich, Christine, bin ich noch ganz richtig oder ein Fall für die Klinik?", fragte sie mich unter Tränen.

*

Frau H. macht sich sechs Monate nach dem Tod ihres Partners Sorgen: „An manchen Tagen schaffe ich es noch nicht einmal, die kleinsten Aufgaben zu erledigen, ein Essen kochen zum Beispiel oder die Wohnung saugen." Sie schämt sich gerade mit Blick auf ihre Arbeitskolleg:innen, weil sie nicht das gewohnte Arbeitspensum leisten kann.

Ich könnte Ihnen eine ganze Liste mit ähnlichen Beispielen aufzählen, und ich vermute, Ihnen fallen weitere ein. Fast alle Trauernden erleben, dass ihre Trauer von außen bewertet wird. Wobei sie es eigentlich nie „richtig" machen können, denn sie trauern entweder zu viel oder zu wenig, sie trauern gar nicht oder ständig, zu laut oder zu leise, zu schnell oder zu langsam. Trauernden wird so das Gefühl vermittelt: Du bist nicht richtig so, wie du bist.

Wenn die Scham flüstert: „Du bist falsch!"

Im Gegensatz zur Schuld, die sagt „Ich habe etwas falsch gemacht", sagt die Scham „Ich *bin* falsch!": Ich weiche von dem ab, was andere von mir erwarten bzw. was ich selbst für mich als optimal empfinde; ich genüge mir selbst bzw. anderen nicht. Im positiven Sinne unterstützt Scham uns, uns selbst nicht so wichtig zu nehmen.

Im Trauerprozess zeigen wir uns mit Gefühlen, die für unser Gegenüber nicht immer leicht zu nehmen sind. Gerade dann bedürfen wir der Akzeptanz durch unser Umfeld, auch diese Seite unserer Identität zeigen zu dürfen. Die Zurückweisung von Freunden oder Kollegen löst daher häufig ein tiefes Gefühl von Scham aus. „Ich bin nicht o.k. und deswegen möchte niemand mehr etwas mit mir zu tun haben." – Trauernde fühlen sich oft wie Aussätzige. Selbstablehnung ist dann die dysfunktionale Form der Scham.

Etwas stimmt nicht mit mir

Ablehnung kommt nicht immer nur von außen. Trauernde sind oft Meister:innen darin, an sich selbst zu zweifeln. Das ist im Übrigen ein häufiger Auslöser, warum Menschen Kontakt zu mir aufnehmen: Sie möchten herausfinden, ob sie in ihrer Trauer überhaupt auf dem richtigen Weg sind, ob sie noch „ganz sauber ticken". Sie schämen sich dafür, dass sie immer noch nicht wieder im Leben angekommen sind, dass sie immer noch traurig sind, dass sie immer noch keine Lust auf Partys haben. Auch diese Liste ist unendlich fortführbar. Der durch den Verlust ohnehin schon geschmälerte Selbstwert läuft durch das Schamgefühl gegen null.

Aus diversen Studien wissen wir heute, dass Selbstablehnung, also die dysfunktionale Form der Scham, der häufigste Auslöser für Suizid ist. Wenn Menschen das Gefühl völliger Wertlosigkeit haben, scheint es der einzig logische Ausweg zu sein, sich das Leben zu nehmen. Sollten Sie bei sich selbst derartige Gedanken wiederkehrend feststellen, bitte ich Sie, sich einer vertrauten Person anzuvertrauen. Das kann ein guter Freund oder eine enge Freundin sein, aber beispielsweise auch Ihr Hausarzt, Ihre Therapeutin oder Ihre Trauerbegleitung.

Politur für die Seele

Vielleicht finden Sie sich in diesen Beschreibungen wieder. Dann möchte ich Sie gern darin bestärken, dass Sie ganz bestimmt gut so sind, wie Sie sind! In den Abschnitten 1.3 und 1.4 können Sie nachlesen, wie individuell Trauerprozesse verlaufen, dass es keine „richtige" oder „falsche" Trauer gibt und wie kurz oder lang sie andauert. Rufen Sie sich bitte immer wieder in Erinnerung, dass niemand Ihnen vorschreiben darf, wie Sie zu trauern haben. Sie sind ein einzigartiges Individuum und dürfen in Ihrer Trauer so sein, wie Sie nun einmal sind.

3.5 Ohnmacht und Hilflosigkeit

Häufig erleben Menschen durch den Tod erstmals in ihrem Leben eine Form von Kontrollverlust. Ein Mensch ist verstorben und sie konnten das nicht verhindern. Ihr bisheriges Leben konnten sie aus eigener Kraft steuern: Der Schulabschluss ist geglückt, sie haben einen passenden Beruf gefunden, die Familienplanung war erfolgreich, sie planten ihre Karriere und trieben diese erfolgreich voran. Und nun kommt der Tod ins Leben. Allem medizinischen und technischen Fortschritt zum Trotz fühlen wir uns am Lebensende hilflos ausgeliefert. Für den Tod und was danach mit uns Zurückbleibenden passiert fühlen wir uns nicht gerüstet. Wie eine Uraufführung ohne vorherige Generalprobe fühlt sich das an.

Körperliche Anzeichen von Ohnmacht können sein: starke Erregung, Erstarren, Schwäche oder Lähmung in der Arm- bzw. Beinmuskulatur, in sich zusammensinken, eine Mischung aus Kraftschub und Energie bei gleichzeitiger Kraft- und Antriebslosigkeit.

Die andere Seite der Trauer

Ohnmacht und Hilflosigkeit sind die dysfunktionale Seite der Trauer. Greifen wir noch einmal auf das Bild des Handwerkers zurück: Der Job von Herrn oder Frau Trauer ist es, Sie in Ihrem durch den Verlust auseinandergebrochenen Leben wieder handlungsfähig zu machen. Herr bzw. Frau Trauer ersetzt Ihnen nicht den geliebten Menschen, aber er bzw. sie sorgt dafür, dass Sie diese entstandene Lücke in Ihrem Leben annehmen und die Werte, für die der Verstorbene stand, weiterhin einen Platz in Ihrem Leben haben. Wenn Sie die Herrschaften also dauerhaft vor der Türe stehen lassen, fehlt Ihnen das Handwerkszeug, mit dem Sie zurück ins Leben finden. Die Folge ist ein Gefühl von Ohnmacht, nichts gegen diese riesengroße Traurigkeit tun zu können. Sie bleiben im Kontrollverlust stecken, weil derjenige, der Ihnen den passenden Schraubenschlüssel geben könnte, Däumchen drehend vor der Tür steht!

Handlungsspielräume (neu) entdecken

Der erste Schritt, wieder in die Handlungsfähigkeit zu kommen, ist also, auf das Sturmklingeln des Handwerkers zu hören, ihn hereinzubitten und zuzulassen, dass Sie nun eine Zeit lang gemeinsam wie in einer Wohngemeinschaft leben. Mit ziemlicher Sicherheit wird allein dadurch das lähmende Gefühl der Ohnmacht einem Hauch von Zuversicht weichen. Sie haben das Zepter in die Hand genommen. Noch wissen Sie vielleicht nicht, wie Ihre Schritte aussehen werden, aber der Anfang und damit ein entscheidender Schritt gegen die Ohnmacht sind gemacht.

Von nun an gilt jeden Tag aufs Neue: Entscheiden Sie sich für das, was Sie selbst beeinflussen können, anstatt den Kopf in den Sand zu stecken und passiv auf Besserung zu warten. In Abschnitt 5.1 habe ich ausführlich beschrieben, wie Sie auf diesem Weg wieder für sich selbst wirksam werden können.

Rainer Maria Rilke schreibt in einem Brief an einen jungen Dichter am 23.04.1903:

> „Es handelt sich darum, alles zu leben.
> Wenn man die Fragen lebt, lebt man vielleicht allmählich,
> ohne es zu merken,
> eines fremden Tages
> in die Antworten hinein."
>
> (Quelle: http://www.rilke.de/briefe/230403.htm)

Ist es nicht tröstlich, darauf vertrauen zu können, dass sich Antworten finden werden, auch wenn Sie sie heute noch nicht einmal im Ansatz kennen? Sie dürfen in Antworten hineinleben. Ihr Weg wird sich zeigen, sobald Sie losgehen.

Manchmal sind die Herausforderungen, vor denen wir stehen, so groß, dass wir sie wie einen unüberwindbaren Berg vor uns sehen. Wir möchten zwar den Gipfel erklimmen, doch aus lauter Angst, was alles auf dem Weg passieren könnte, gehen wir gar nicht erst los.

Vielleicht kennen Sie das Gefühl, sich vom „Großen und Ganzen" einschüchtern zu lassen. Daher meine Idee für Sie: Denken Sie im „Kleinen und Halben"! Stellen Sie sich diese beiden Fragen:

1. Welchen klitzekleinen, allerersten Schritt kann ich jetzt gehen?
2. Was brauche ich, um diesen ersten Schritt gehen zu können?

Wenn Sie beispielsweise Hilflosigkeit und Ohnmacht angesichts der Rückkehr in Ihren beruflichen Alltag nach längerer Krankschreibung spüren, könnten die Antworten folgendermaßen lauten:

1. Sie vereinbaren einen Gesprächstermin mit Ihrem Vorgesetzten oder der Personalabteilung, um über die Möglichkeiten einer Rückkehr an den Arbeitsplatz zu sprechen, die Ihren heutigen Bedürfnissen entgegenkommen.
2. Sie bereiten das Telefonat, in dem Sie diesen Gesprächstermin vereinbaren möchten, gut vor, z. B. indem Sie sich notieren, was Sie sagen möchten.

Wenn Sie weitere Impulse zu diesem Thema wünschen, hören Sie gerne die Podcastepisode 26 „Sonderfolge Corona: Trauer und Fremdbestimmung" unter ↗ https://liebevoll-trauern.podigee.io/.

3.6 Lebensfreude – wird sie jemals wieder möglich sein?

Sie wundern sich vielleicht darüber, dass nach den vielen unangenehmen Gefühlen in diesem Kapitel nun auch der Freude ein Abschnitt gewidmet ist. Ganz bewusst! Denn um die Antwort auf die Frage in der Überschrift vorwegzunehmen: Ja, sie *ist* möglich. Heute schon.

> *Frau L. kommt zu mir in die Praxis, weil sie nach dem Tod ihrer Mutter gar nichts mehr fühlen kann. Die „Fieberkurve" ihres Lebens schlage gar nicht mehr aus, weder Traurigkeit noch Freude erreichen ihr Herz. Sie fühlt sich wie versteinert.*

Ich erlebe viele Trauernde wie Frau L., die nichts mehr fühlen können. Für sie scheint es der „einfachere" Weg zu sein, sich von allen Gefühlen abzuschneiden, um die unangenehmen nicht fühlen zu müssen. Lesen Sie dazu gern in Abschnitt 1.1 nach, welche Auswirkungen im Detail nicht gelebte Trauer haben kann.

Gefühle wollen gefühlt werden, und zwar alle Gefühle. Wenn wir versuchen, uns von den unangenehmen Gefühlen zu distanzieren oder gar abzuschneiden, beschneiden wir gleichermaßen die angenehmen Gefühle am anderen Ende des Spektrums. Das bedeutet im Umkehrschluss: Sobald wir uns darauf einlassen, die schweren Gefühle zu durchfühlen, können wir auch die schönen Gefühle wieder in ihrer ganzen Intensität wahrnehmen. Die „Fieberkurve" unseres Lebens schlägt dann wieder in beide Richtungen aus. Wir leben und fühlen intensiver.

Herr P. ist nach dem Tod seiner Frau in tiefer Trauer. Als er zu mir in die Begleitung kommt, lerne ich ihn als einen sehr verzweifelten, aber auch warmherzigen und humorvollen Menschen kennen. Nach der ersten Sitzung gesteht er, dass es ihm gutgetan habe, mal wieder aus vollem Herzen gelacht zu haben. Ich frage ihn, was ihn bisher davon abgehalten habe. Seine Antwort: „Ich habe ein schlechtes Gewissen meiner Frau gegenüber, wenn ich wieder fröhlich bin. Ich empfinde das als Verrat an ihr."

Lebensfreude zu spüren ist in meiner Wahrnehmung ganz häufig eine Frage der eigenen Erlaubnis. Es gilt, die hinderlichen Glaubenssätze zu hinterfragen. Vielleicht kommen Ihnen folgende „Regeln" vertraut vor:

- „Wer trauert, hat nichts mehr zu lachen."
- „Nach dem Tod eines nahestehenden Menschen darf man im ersten Trauerjahr nicht feiern gehen."
- „Wenn ich aufhöre zu trauern, verliere ich meinen geliebten Menschen endgültig."

In Abschnitt 4.4 habe ich von der Entweder-oder-Haltung geschrieben und wie heilsam es ist, sich in einer Sowohl-als-auch-Haltung zu üben. Lesen Sie gern dort die ausführlichen Erläuterungen nach. Denn Ihr Leben ist bunt – es ist sowohl traurig als auch fröhlich. Sie können sowohl lachen als auch weinen, eine Erinnerung mag sowohl schmerzhaft als auch wohltuend sein. Und es gibt Momente, in denen wir diese Gegenpole genau gleichzeitig spüren.

Zufriedenheit als neues Lebensziel

Lebensfreude kennt viele Facetten: Begeisterung, Ausgelassenheit, Enthusiasmus, Genuss, Schwung, Leichtigkeit, Vergnügen, Übermut, Optimismus, Erleichterung und vieles mehr. Vielleicht kommen Ihnen diese Worte gerade sehr fremd vor, als hätten sie irgendwie nichts mehr mit Ihrem heutigen Leben zu tun. Leichtigkeit – unvorstellbar angesichts des schweren Verlusts. Begeisterung – wofür nur? Glück – so ein großer Begriff!

Lassen Sie mich eine kleine Brücke bauen: Wie wäre es, wenn ein Gefühl von Zufriedenheit Ihr neues Etappenziel wäre? Nur mal angenommen, Sie könnten es zulassen, die Palette Ihrer Gefühle zu erweitern: Vielleicht ist es am angenehmen Ende der Bandbreite die Zufriedenheit, die sich für Sie stimmig anfühlt? Die Sie zulassen können, ohne ein schlechtes Gewissen zu haben? Und wenn Sie nun darüber nachdenken, vielleicht entdecken Sie ja bereits Momente in Ihrem Alltag, in denen Sie einen Hauch von Zufriedenheit spüren können. Dann haben Sie bereits einen Anfang gemacht!

Sie haben in diesem Kapitel viel darüber gelesen, wie sich Gefühle in einer körperlichen Reaktion zeigen. Wir wissen heute aus diversen Studien, dass es andersherum ebenso möglich ist, mit bestimmten Körperhaltungen unsere Stimmung zu beeinflussen. Ein einfaches Beispiel, das Sie ausprobieren können: Sprechen Sie den Satz „Ich bin ein freundlicher Mensch" einmal mit einem traurigen Gesichtsausdruck und einmal mit einem Lächeln auf den Lippen. Sie werden hören und spüren, dass das transportierte Gefühl sich deutlich unterscheidet!

Dieses Wissen können Sie sich für Ihr Lebensgefühl im Alltag zunutze machen. Alle Körperhaltungen, denen eine Aufwärtsbewegung zugrunde liegt, stärken unsere Zuversicht und unseren Optimismus:

- Achten Sie also einmal darauf, ob Sie mit gesenktem Kopf oder erhobenen Hauptes durch den Tag gehen.
- Strecken Sie morgens nach dem Aufstehen die Arme in die Höhe, recken und strecken Sie sich ausgiebig und begrüßen Sie sich vor dem Spiegel mit einem freundlichen „Guten Morgen, schön, dass du da bist!". Sie können diesen Satz auch mit Lippenstift, Kajal oder Kreidestift an den Spiegel schreiben, aber ausgesprochen entfaltet er erst seine ganze Wirkung.
- Wie ist Ihre Sitzhaltung? Machen Sie sich mit rundem Rücken und hängenden Schultern eher klein (dann fühlen Sie sich auch klein) oder sitzen Sie aufrecht mit geradem, gestärktem Rücken?
- Hüpfen macht gute Laune! Die Anschaffung eines kleinen Trampolins könnte sich mit Blick auf Ihre Grundstimmung wirklich auszahlen!

Wie immer gilt: Nicht jeder Tipp ist für jede:n passend, aber Ausprobieren schadet nicht!

Wenn Sie weitere Impulse zu diesem Thema wünschen, hören Sie gerne die Podcastepisode 20 „Leichtigkeit & Trauer – passt das zusammen?" unter ↗ https://liebevoll-trauern.podigee.io/.

3.7 Wellenbrechertage: Was Sie bei der nächsten Trauerwelle tun können

Wellenbrechertage nenne ich solche Tage, an denen die Trauerwelle mit ihrer ganzen Wucht über Sie hereinbricht. Dabei kommt sie nicht immer mit Getöse wie im Atlantik angerollt und ist schon einige Zeit vorher spürbar. Häufig schleicht sie sich leise an, wie aufsteigendes Wasser in den Gezeiten der Nordsee. Nach und nach fühlt es sich so an, als verlören Sie langsam den Boden unter den Füßen. Doch dann ist er plötzlich da, der Tag, an dem nichts mehr geht; an dem Sie schon morgens beim Aufstehen am liebsten liegen bleiben würden. Sie fühlen sich wie gelähmt; im Strudel der Emotionen spielen Ihre Gedanken verrückt; die Gefühle tanzen auf den Wellen wie ein Ball, der hin- und hergeworfen wird, ohne dass Sie Einfluss nehmen können. Sie fühlen sich dünnhäutig und noch viel verletzlicher als sowieso schon. Übrigens kommen solche Wellenbrechertage immer wieder vor. Selbst nach Jahren, wenn Sie eigentlich meinen, Sie seien wieder stabil im Leben angekommen, kann eine Trauerwelle – durch ein besonderes Ereignis oder eine Erinnerung ausgelöst – Sie erwischen. Das hört sich jetzt vielleicht bedrohlich an, ist aber als eher beruhigender Hinweis gemeint: Es ist völlig normal, wenn Sie auch nach langer Zeit noch hin und wieder solche Tage erleben.

Wenn Sie die vorangegangenen Abschnitte 3.1 bis 3.5 gelesen haben, wissen Sie, dass es viele verschiedene Gefühle gibt, die in Ihrer Trauer stecken. Und so ist auch jeder Wellenbrechertag von verschiedenen Gefühlen geprägt: Manchmal entsteht die Welle, weil sich die Angst vor der Zukunft mal wieder in den Vordergrund drängt. Manchmal ist es die Wut über das Alleingelassensein, die eine Hauptrolle spielen möchte. Manchmal ist es die tiefe Traurigkeit und Verzweiflung, den geliebten Menschen nicht mehr hier im Leben zu haben.

Die wichtigste Regel, die nun gilt: Bitte nicht gegen die Welle ankämpfen! Haben Sie das im Meer schon einmal versucht? Wenn Sie sich mit aller Macht „dagegen schmeißen", halten Sie die Welle doch nicht auf. Im Gegenteil: Es kann passieren, dass Sie unter Wasser gedrückt werden. Als Kind hat uns das zwar Spaß gemacht, aber wir waren anschließend auch ganz schön geschafft! Gegen die Welle anzuschwimmen kostet viel Kraft, die Sie besser dazu nutzen, Ihre Gefühle neu zu sortieren und wieder in Ihre Mitte zu kommen.

Wie der Start in einen Wellenbrechertag aussehen könnte

Nehmen wir also an, Sie spüren bereits morgens im Bett, dass dieser Tag ein Wellenbrechertag sein wird. Vermutlich gehen Ihnen jetzt schon tausend Dinge durch den Kopf, die Sie eigentlich zu tun haben, und gleichzeitig ahnen Sie, dass Sie dazu gar keine Kraft haben werden. Entscheiden Sie zunächst, ob Sie – falls Sie berufstätig sind – in der Lage sind, arbeiten zu gehen. Es ist keine Schande, sich an solchen Tagen krankzumelden. Ein oder zwei Tage Ruhe ohne Zeitdruck und äußere Anforderungen können Sie darin unterstützen, wieder zu sich zu kommen. Andererseits ist die Tagesstruktur, die die Arbeit Ihnen vorgibt, vielleicht auch hilfreich für Sie. Das können nur Sie allein entscheiden.

Als Nächstes nehmen Sie sich bitte selbst den Druck angesichts der vielen Aufgaben, die auf Sie warten. Überlegen Sie, welche eine Sache Sie heute schaffen möchten. Werfen Sie jegliche To-do-Listen, seien sie auf Zetteln notiert oder in Ihren Kopf eingebrannt, über Bord. Dadurch haben Sie nicht diesen unüberwindbar scheinenden Berg vor sich, sondern nehmen sich ein machbares Aufgabenpaket vor. Und auch das ist wiederum sehr individuell. Diese eine Aufgabe kann die Zubereitung einer Mahlzeit für die Familie oder für Sie selbst sein, die Gassirunde mit dem Hund oder das Unkrautjäten im Vorgarten. Oder auch etwas ganz anderes, das zu Ihrem Leben und zu Ihrer heutigen Situation passt. Wenn Sie diese eine Aufgabe im Tagesverlauf geschafft haben, dürfen Sie sich stolz auf die eigene Schulter klopfen! Genießen Sie das gute Gefühl, das Ihnen vielleicht sogar den Schwung für weitere Aufgaben gibt. Schrauben Sie also gerade an solchen Tagen die eigenen Ansprüche herunter; seien Sie milde mit sich selbst. Auch dieser Wellenbrechertag geht vorüber, und morgen ist ein neuer Tag!

Ihre Trauer als Partner:in

Vielleicht haben Sie hier mal wieder Lust auf einen Perspektivwechsel: Wie wäre es, wenn Sie Ihre Trauer herzlich begrüßen? Daraus könnte sich ein spannendes Gespräch entwickeln, etwa so:

SIE: „Da bist du ja, liebe Trauer. Länger nicht gesehen. Was möchtest du mir heute sagen?“

TRAUER: „Ich habe dich ganz schön lange in Ruhe gelassen, was? Jetzt dachte ich, es sei an der Zeit, dass wir beide mal wieder Hand in Hand gehen. Ich befürchte nämlich, dass du mich sonst völlig vergisst.“

SIE: „Wie sollte ich dich vergessen? Gefühlt bist du viel zu oft bei mir.“

TRAUER: „Ach ja? Ich hingegen fühlte mich in den letzten Wochen etwas zurückgesetzt.“

SIE: „Was du als Zurücksetzung empfindest, bedeutete für mich, ein wenig durchatmen zu können. Du nimmst mir nämlich manchmal ganz schön die Luft. Was ist also heute dein Ziel? Möchtest du mir mal wieder meine Grenzen aufzeigen?“

TRAUER: „Du bist immer gleich so negativ! Ich möchte einfach ein wenig bei dir sein und dich ans Fühlen erinnern. Du hetzt von Termin zu Termin, ohne wirklich wahrzunehmen, wie es dir geht."

SIE: „Du hast gut reden! Hast du eine Ahnung, was bei mir los ist? Mein Leben muss ja irgendwie weitergehen."

TRAUER: „Ach du! Dagegen habe ich ja gar nichts. Ich möchte auch, dass dein Leben weitergeht. Aber ich wünsche mir, dass es mit mir gemeinsam weitergeht."

Vielleicht klingt das etwas „spooky" für Sie, mit Ihrer Trauer ins Gespräch zu kommen. Doch diese Personifizierung sorgt für eine gesunde Distanz: Sie *sind* nicht die Trauer. Oft fühlt es sich so an, als wären wir eins mit der Trauer. Tatsächlich ist es eben „nur" ein Gefühl, das neben vielen weiteren Gefühlen gerade zu Ihnen gehört. Aber Sie sind nicht dieses Gefühl! Spüren Sie den Unterschied?

Sie könnten Ihrer Trauer auch einen Namen geben. Vielleicht einen liebevollen Namen mit einem Augenzwinkern. Mir kommt da zum Beispiel Hannelore oder Amalia in den Sinn. Oder ist Ihre Trauer männlich? Horst oder Emil? So wird es leichter, sich vorzustellen, mit Hannelore oder Horst auf dem Sofa zu sitzen und ins Gespräch zu kommen.

Heilsame Selbstfürsorge

Wellenbrechertage sind immer auch ein Wink mit dem Garagentor, die eigenen Bedürfnisse besser zu achten. Sie sind der wichtigste Mensch in Ihrer Trauer. Wenn Sie sich bisher nicht erlauben, sich selbst wichtig zu nehmen, so erteile ich Ihnen hiermit ganz offiziell und mit Siegel die Erlaubnis! Zu gern drehen wir die Ursache-Wirkungs-Kette um nach dem Motto: Wenn ich anderen gefalle oder ihnen einen Gefallen tue, geht es mir gut. Nein! Erst wenn es Ihnen gut geht, können Sie sich überhaupt um andere kümmern und ihnen einen Gefallen tun. Von daher kann ich mich nur wiederholen: Überlegen Sie sich spätestens heute, an diesem Wellenbrechertag, wie Sie sich selbst etwas Gutes tun können. Für den einen ist das der Saunabesuch, für die andere der Kaffee mit einer Freundin und für Sie vielleicht eine Meditation in Stille. Was auch immer Ihre Seelenstreichler sind, am besten erstellen Sie eine Liste, die Sie an solchen Tagen nur noch zur Hand nehmen müssen (denn manchmal fällt einem in schlechten Momenten gar nicht ein, was jetzt gut sein könnte).

Das geht übrigens auch spielerisch: Schreiben Sie auf kleine Zettel jeweils einen Seelenstreichler, falten Sie ihn und geben Sie ihn in ein großes Glas. In einem dunklen Moment ziehen Sie einen Zettel aus diesem Glas. Wie schön, wenn Sie nun liebevoll aufgefordert werden: „Rufe Martina an und verabrede dich mit ihr auf ein Glas Wein" oder „Koche dir einen Tee und genieße 15 Minuten Ruhe ohne irgendeine

Ablenkung". Und wie gesagt: Das Entscheidende ist, dass Sie sich selbst erlauben, sich auf diese Art und Weise in Ihrer Trauer wichtig zu nehmen.

Schreiben als Ausdruck des Schmerzes

Die Besonderheit eines Wellenbrechertages liegt ja darin, von Gefühlswellen überwältigt zu sein. Dieses innere Chaos können Sie dadurch sortieren, dass Sie alles aufschreiben, was an Gedanken, Irritationen und Gefühlen in Ihnen feststeckt. Das braucht kein Konzept und keine Struktur. Schreiben Sie einfach drauflos. Denn so fließt der Schmerz förmlich mit der Tinte aus Ihnen heraus und gleichzeitig sortiert sich Ihr Gedankenkarussell. Manche Trauernde schreiben eine Art Trauertagebuch: Nach und nach füllt sich ein Heft und Sie können immer wieder nachlesen, welche Gedanken Sie vor einigen Wochen oder Monaten hatten. Mitunter verursacht das ein Schmunzeln, weil sich jetzt in der Retrospektive herausstellt, dass vieles gar nicht so katastrophal eingetreten ist, wie damals befürchtet. In jedem Fall erhalten Sie schwarz auf weiß Gewissheit, dass es trotz der gefühlten Ausweglosigkeit und Hoffnungslosigkeit immer weitergegangen ist. Ein nicht zu unterschätzender positiver Effekt!

Vielleicht haben Sie schon einmal von „Embodiment", der Wechselwirkung zwischen Körper und Psyche, gehört. Kognitionswissenschaftler haben in den letzten Jahren viele wertvolle Erkenntnisse gewonnen, wie unsere Körperhaltung auf unseren Gemütszustand wirkt und andersherum unser Gemütszustand in unserer Körpersprache manifestiert wird. Dr. med. Claudia Croos-Müller, Fachärztin für Neurologie, Nervenheilkunde und Psychotherapie, hat die wundervolle Body2Brain-ccm®-Methode entwickelt (Croos-Müller 2014, 2015, 2017). In vielen kleinen, leicht umzusetzenden Übungen bringt sie unseren Körper, unsere Gefühle und Gedanken in hilfreiche Bewegung, um damit Belastung und Stress abzuschütteln. Das sorgt nicht nur für Lebendigkeit, sondern gibt Ihnen auch Ihre Selbstwirksamkeit zurück, also das Gefühl, selbst etwas für eine Verbesserung Ihrer Psyche tun zu können. Im Anhang finden Sie eine Liste ihrer Body2Brain-Bücher zu verschiedenen Themen. Darüber hinaus gibt es einige Übungen auch als App für Ihr Smartphone.

An dieser Stelle möchte ich Ihnen eine Übung vorstellen, die insbesondere an Wellenbrechertagen hilfreich für Sie sein kann. Sie basiert auf der jahrtausendealten „Traditionellen Chinesischen Energielehre" und der Vorstellung, dass der Körper von Energiebahnen durchzogen ist, den sogenannten Meridianen. Bei einem gesunden Menschen fließt die Energie auf diesen Bahnen ausgeglichen. Krankheiten und auch psychische Probleme werden hingegen auf Energieblockaden in diesen Meridianen zurückgeführt. Durch Klopfakupressur können sie aufgelöst werden:

Klopfend den Schmerz mildern

„Mit den Fingerkuppen von Zeigefinger, Mittelfinger und Ringfinger beider Hände ‚klopfen' Sie die nachfolgenden vier Punkte ab, und zwar nacheinander und von oben nach unten. Beklopfen Sie jeden Punkt sieben- bis zehnmal mit schnellen Bewegungen (ca. eine Sekunde pro Klopfbewegung):

1 – zwischen den Augen (Nasenwurzel);
2 – unter der Nase;
3 – unter der Unterlippe;
4 – auf der Thymusdrüse (mitten auf der Brust)

Dann beginnen Sie wieder bei 1 und klopfen von oben nach unten weiter.

Sie klopfen so lange, bis die Gedanken zu anderen Alltagsthemen abschweifen und die negativen Gefühle ihre Kraft verloren haben.

Tun Sie dies auf jeden Fall für mindestens zwei Minuten."

(Wortmann 2015, Seite 79)

Anti-Stress-Tee

Wellenbrechertage sind besonders anstrengend und aufwühlend. Gerade dann tut Wärme gut! In den Zeltlagern des Pfadfinderstamms meiner Tochter bekommen Kinder mit Heimweh heißen Tee am Lagerfeuer! Die Wärme von außen und von innen beruhigt die Nerven. Während wir heutzutage eher zu einer Pille greifen, kannten frühere Generationen noch die wohltuende Wirkung und heilende Kraft von Kräutern durch Tees und Essenzen. Bei Schlaflosigkeit, innerer Unruhe und Erschöpfungszuständen sind insbesondere Baldrian, Lavendel, Melisse und Kamille bekannt für ihre beruhigende Wirkung. Aus diesen Kräutern können Sie sich einen entspannenden Tee mischen:

- 2 Teile Baldrian
- 2 Teile Melisse
- 1 Teil Kamille
- 1 Teil Lavendel

Mit kochendem Wasser übergießen, zehn Minuten ziehen lassen und abseihen. Trinken Sie diesen Anti-Stress-Tee wie eine Kur über mehrere Wochen abends vor dem Zubettgehen.

Wenn Sie weitere Impulse zu diesem Thema wünschen, hören Sie auch gerne die Podcastepisode 17 „Selbstmitgefühl in der Trauer" unter ↗ https://liebevoll-trauern.podigee.io/.

4. Wie sich Trauer auf unser Leben auswirkt

4.1 Was ist das Gute an Trauer?

Vielleicht macht diese Überschrift Sie gerade stutzig. Was soll bitte schön gut an der Trauer sein? Ihr ganzes Leben steht Kopf und jetzt sollen Sie auch noch eine positive Seite daran entdecken. Aber ja, es gibt sie! Und nein, ich möchte nicht alles durch eine rosarote Brille betrachten und auch nicht schönreden. Dennoch gibt es einige Aspekte, die – mit ein wenig Abstand betrachtet – wirklich positiv sein können.

Die meisten Trauernden – zumindest nach meiner Erfahrung in meinen Begleitungen – erkennen in der Rückschau, nachdem sie durch das schlimmste Tal der Tränen hindurchgegangen sind, welche erstaunliche persönliche Entwicklung sie genommen haben. Denn genau dann, wenn das Leben Kopf steht, bietet sich die Chance, sich selbst ganz neu kennenzulernen. Es ist ja nicht nur das große Gefühl Trauer, das Sie beschäftigt. Darin stecken noch vielfältige weitere tiefe Gefühle (ausführlicher lesen Sie dazu bitte Kapitel 3). Sie bekommen Zugang zu einer bisher ungeahnten Breite und Tiefe an Gefühlen. Ja, das ist schmerzhaft, aber gleichzeitig macht es Sie auch feinfühliger. Und zwar für Ihre eigenen Gefühle und oftmals damit auch für Ihre Mitmenschen. Sie entwickeln und stärken also Ihre Empathiefähigkeit.

Sich selbst (neu) erkennen

Viele Trauernde berichten mir, dass sie erst durch ihre Krise ihren wahren Wesenskern entdeckt haben.

> *Eine Freundin, die eine schwere Verlusterfahrung verarbeitet hat, beschrieb es einmal so: Sie kam sich vor wie eine Zwiebel, die Schicht für Schicht geschält wird, bis irgendwann beinahe nichts mehr von ihr übrig blieb. Genauso nackt und verletzlich kam sie sich in ihrer Trauer vor. Das Positive daran: Sie erkannte, was wirklich zu ihr gehört und was nicht. Sie konnte sich auf ihre eigenen Werte besinnen und den Neuaufbau ihres Lebens nach genau diesen Werten gestalten.*

In existenziellen Krisen ist es uns offensichtlich möglich, konsequenter als zuvor zu entscheiden und zu handeln. In diesen stürmischen Zeiten, die uns ohnehin alles abverlangen und viel Kraft von uns fordern, gelingt es uns leichter, auf die wirklich wesentlichen Dinge in unserem Leben zu fokussieren. Einmal mit der eigenen

Endlichkeit konfrontiert, möchten wir unsere kostbare Lebenszeit nicht mehr mit Nebensächlichkeiten vergeuden. So ist es dann auch oftmals möglich, lange schwelende Entscheidungsprozesse voranzutreiben und endlich eine Entscheidung treffen zu können.

Frau S. haderte schon vor dem Tod ihres Mannes viele Jahre mit ihrer beruflichen Situation. Als Juristin war sie in einer großen Versicherungsgesellschaft tätig, allerdings nicht in einem rechtsnahen Bereich. Während ihrer Ehe hatte sie sich damit mehr schlecht als recht arrangiert. Als ihr Leben dann nach dem plötzlichen Tod ihres Mannes Kopf stand, stellte sie auch ihre berufliche Situation ganz neu infrage. Sie reflektierte, was ihr wichtig ist und worauf sie künftig verzichten möchte. Schnell war klar, dass sie sich neu orientieren wollte. Heute ist sie mit einer 80-Prozent-Stelle als Wirtschaftsmediatorin in einer Anwaltskanzlei tätig – und damit sehr glücklich.

Den Erfahrungshorizont weiten

Ganz praktisch betrachtet, lernen viele Trauernde Fertigkeiten hinzu. Letztens sagte eine Klientin zu mir: „Wenn mir vor einem Jahr jemand gesagt hätte, dass ich einmal selbst die Winterreifen aufziehen werde, hätte ich denjenigen für verrückt erklärt. Jetzt habe ich es geschafft. Und ein bisschen stolz bin ich darauf auch.“ Natürlich soll dies kein Appell sein, künftig alles allein zu erledigen. Und es macht auch nicht unbedingt auf den ersten Blick Spaß, sich mit Dingen auseinanderzusetzen, die man früher anderen überlassen hat. Dennoch dürfen Sie stolz auf sich sein, wenn Sie sich an eine neue Herausforderung gewagt und diese bewältigt haben.

Reflektieren Sie Ihren bisherigen Weg durch Ihre Trauer:

- Welche neue Seite haben Sie an sich selbst entdeckt?
- Welche Werte leben Sie heute bereits konsequenter oder würden Sie gern noch konsequenter leben?
- Welche neuen Fähigkeiten haben Sie erworben und worauf sind Sie stolz?

Gerade in Zeiten der Trauer leidet unser Selbstwert. Diese Übung leistet einen kleinen Beitrag zu mehr Selbstbewusstsein und Selbstliebe. Sie dürfen es genießen, sich selbst auf die Schulter zu klopfen!

4.2 Verändert mich die Trauer?

Vielleicht sind Sie gerade an dem Punkt, sich am liebsten in Ihr altes Leben zurückbeamen zu wollen. Zurück in Ihr Leben, das damals noch vollständig und heil war. Der Verlust eines geliebten Menschen ist ein schwerer Einschnitt, der Ihr Leben in ein „Vorher" und ein „Nachher" teilt. Ihre neue Realität (siehe Abschnitt 1.2) bringt mit sich, dass Sie in Ihr vorheriges Leben, so wie es bisher war, nicht zurückkehren können. Aktive Trauerverarbeitung bedeutet daher auch, sich an die neuen Gegebenheiten anzupassen und neue Lebensperspektiven zu entwickeln.

Die Menschen in Ihrem Umfeld, Ihre Freunde, Bekannten, Kolleg:innen oder Nachbarn betrachten diesen Entwicklungsprozess von außen. Stellen Sie sich dazu das Bild von Zahnrädern vor: Ihre Welt, Ihr Zahnrad, steht still, aber die Welt und die Zahnräder Ihres Umfeldes drehen sich weiter. Nun greifen diese Zahnräder nicht mehr ineinander. Je länger Ihre eigene Welt stillsteht und sich die Welt im Außen weiterdreht, desto mehr entfernen Sie sich voneinander und das Ineinandergreifen der Zahnräder wird zunehmend anspruchsvoller.

Es könnte auch sein, dass Sie sogenannte Stöpselzieher in Ihrem Umfeld haben: Menschen, die auszuhalten Sie unendlich viel Kraft kostet. Menschen, die permanent Energie von Ihnen abziehen, weil sie keine Rücksicht auf Ihre Trauer nehmen. Vielleicht finden Sie in Ihrem Freundes- und Bekanntenkreis auch solche Menschen, die gerne den Stöpsel Ihrer Energiebadewanne ziehen. Doch genau das Gegenteil brauchen Sie jetzt: Sie benötigen Menschen in Ihrer Nähe, die Ihnen wohlgesinnt sind, die Sie unterstützen und Ihnen Kraft geben. Die also den Stöpsel Ihrer Energiebadewanne hüten und sichern!

Entwicklung heißt Veränderung

Ja, Trauer verändert Menschen! Denken Sie an die Notwendigkeit, eine neue Identität zu entwickeln (Abschnitt 1.2): Sie befinden sich in einem Entwicklungsprozess, den nicht alle Menschen in Ihrem Umfeld mitgehen wollen oder in Ihrem Tempo mitgehen können. In Krisenzeiten trennt sich oft die Spreu vom Weizen. Es erweist sich, wer die wahren Freunde sind, die auch jetzt, in der vielleicht schwersten Krise Ihres Lebens, zu Ihnen stehen. Wer die Menschen sind, die Sie in Ihrem Schmerz aushalten, auch über die ersten Wochen hinaus. Die eben nicht nur Freunde für Schönwetterzeiten sind. Dies zu erkennen und Menschen loszulassen, die Ihnen nicht (mehr) guttun, mag zusätzlich zum Trauerschmerz eine weitere leidvolle Erfahrung für Sie sein. In der Fachsprache bezeichnet man dieses Phänomen als „Sekundär- oder Folgeverlust", ausgelöst durch den Tod und die darauffolgende Trauer.

Doch wo sich Türen schließen, öffnen sich immer auch neue. Viele Trauernde machen eben auch die Erfahrung, dass neue Menschen in ihr Leben kommen oder näher an sie heranrücken, mit denen sich nun tiefe Freundschaften entwickeln.

Neue Beziehungsqualität

Gibt es vielleicht auch eine Möglichkeit, das Zerbrechen von Freundschaften zu verhindern? Grundsätzlich gilt ja, dass wir andere Menschen nicht verändern können. Wir können nur bei uns selbst ansetzen. Wenn Sie sich mit dem Vorwurf „Du bist so verändert!“ konfrontiert sehen, dann bitte ich Sie, keinesfalls den Versuch zu unternehmen, sich diesen äußeren Erwartungen, wieder so wie früher zu funktionieren, anzupassen. Stehen Sie dazu, dass Sie eben nicht mehr der oder die Alte sind. Vielleicht gelingt es Ihnen, eine Brücke zu bauen, indem Sie Ihr Inneres nach außen kehren und Botschaften folgender Art an Ihr Umfeld senden:

- „Ja, ich weiß, ich bin gerade eine Herausforderung für dich, weil ich nicht mehr so funktioniere wie bisher.“
- „Ja, ich komme mir selbst gerade ganz fremd vor.“
- „Gib mir bitte Zeit, in meinem neuen Leben anzukommen, und respektiere meine Art und Weise, dies zu tun.“
- „Bitte bewerte meine Trauer nicht und akzeptiere, dass ich mich ab und an zurückziehen muss.“

Geduld ist eine Qualität, die in diesen besonderen Zeiten von beiden Seiten gefordert ist. Wenn Sie also Ihr Umfeld bitten, geduldig mit Ihnen und Ihren Veränderungen umzugehen, so ist auch von Ihnen eine Portion Geduld gefordert. Denn führen Sie sich immer vor Augen: Die Menschen in Ihrem Umfeld, Ihre Familie, ihre engeren und weiteren Freunde oder Kollegen handeln nicht aus bösem Willen heraus, sondern aus besten Wissen und Gewissen und ganz häufig auch aus Unsicherheit heraus. Die meisten Menschen erleben in ihrem Leben nur wenige einschneidende Verluste. Sie haben also wenig bis keine Erfahrung im Bewältigen solcher Krisen. Geben Sie ihnen die Chance, mit Ihnen gemeinsam zu wachsen. Gerade deshalb ist es so wichtig, gemeinsam im Gespräch zu bleiben und solche Brücken, wie oben beschrieben, zu bauen.

Beziehungen verändern sich, und zwar ein Leben lang. Bedenken Sie dabei bitte auch, dass nicht jede Veränderung auf Ihre Trauer zurückzuführen ist. Manche Beziehung stand vielleicht auch schon vor Ihrem Verlust auf dem Prüfstand. In solchen Fällen wirkt eine Krise unter Umständen wie eine Art Katalysator, das heißt, notwendige Anpassungen geschehen umso schneller und entschiedener.

Versuchen Sie, die Kraft der Veränderung positiv für sich zu nutzen. Notieren Sie in einem ersten Schritt,

- welche Menschen Sie nach wie vor in Ihrem Leben haben möchten und warum das so ist;
- welchen Beziehungen Sie mit Geduld begegnen möchten, um zunächst abzuwarten, wie sie sich unter der Belastung entwickeln;
- welche Menschen gerade neu in Ihr Leben treten oder näher an Sie heranrücken. Welche Gabe bringen sie mit, die Sie anzieht?

Überlegen Sie nun, wie Sie Ihr neues Leben gestalten möchten. Welcher Mensch möchten Sie sein? Welches Beziehungsgeflecht möchten Sie leben?

Für die Menschen, von denen Sie sich verabschieden möchten: Schreiben Sie auf, wofür Sie ihnen in der gemeinsam erlebten Zeit dankbar sind. Diese Würdigung trägt dazu bei, dass Sie in Frieden loslassen können.

Wenn Sie weitere Impulse zu diesem Thema wünschen, hören Sie gerne die Podcastepisode 21 „Körperliche Auswirkungen von Trauer“ unter ↗ https://liebevoll-trauern.podigee.io/.

4.3 Was die heutige Trauer mit vergangenen Trauererfahrungen zu tun hat

Trauer steht nie für sich allein, sondern ist im Kontext früherer Verlusterfahrungen zu betrachten. Wenn Sie schon einmal erlebt haben, dass ein Verlust mit schmerzhafter Trauer verbunden war, die Sie bewältigen konnten und an der Sie gewachsen sind, werden Sie auf diese Ressource in Ihrer aktuellen Trauersituation zurückgreifen können. Positive Erfahrungswerte geben Ihnen Zuversicht, auch diesmal den Verlust verarbeiten zu können.

Haben Sie selbst bisher noch keinen Verlust im näheren Umfeld erlitten, kommt es darauf an, wie Ihnen enge Bezugspersonen, wie beispielsweise Ihre Eltern oder Großeltern, Trauer vorgelebt haben. Haben Sie erlebt, dass Tränen normal sind und einfach zum Leben dazugehören? Durften Sie als Kind zu Beerdigungen mitgehen, um die heilsame Wirkung von Abschiedsritualen zu spüren? Konnten Sie erleben, dass auf tiefe Traurigkeit im Ausnahmezustand auch wieder Lebensfreude, Lachen und Normalität folgen?

Ebenso kann es sein, dass Ihre aktuelle Trauersituation auf einen nicht verarbeiteten Verlust aus der Vergangenheit stößt. Hier kumuliert sich dann der Schmerz, alte

Wunden brechen zusätzlich auf. Diese Konstellation zu erkennen ist nicht immer leicht. Genau deshalb ist es so wichtig, sich vergangene Verlusterlebnisse und die dazugehörigen Trauerprozesse näher anzuschauen.

Frau W. suchte mich auf, weil sie nach dem Tod ihres Vaters auch nach fast zwei Jahren nicht in ihre Kraft kam. Ihre Verzweiflung war groß, sie fragte sich bereits, ob irgendetwas mit ihr nicht stimme, denn schließlich sei ihr Vater einen friedlichen Tod aus Altersgründen gestorben. Der ganz normale Gang der Dinge. Eigentlich. Es stellte sich heraus, dass sie ihre geliebte Mutter schon als junge Frau im Alter von 17 Jahren verloren und diesen Verlust nie richtig verarbeitet hatte. Ihr Vater hatte damals versucht, für seine Tochter stark zu sein. Er gestand sich – in guter Absicht – keine Trauer zu, zumindest gab es für Frau W. keine sichtbaren Anzeichen von Trauer. Auch Rituale, wie beispielsweise die gemeinsame Grabpflege oder ein bewusstes Erinnern an die wunderbare Frau und Mutter, fanden nicht statt. Ihr früher Tod wurde tabuisiert.

Der Weg in Richtung Heilung führte daher für Frau W. über Rituale, die die Trauer um die Mutter ebenso würdigten wie ihren aktuellen Schmerz um ihren Vater.

Das Beispiel zeigt, wie sehr wir auf alte Erfahrungen zurückgreifen. Sie wirken wie eine Art Blaupause für unsere heutigen Herausforderungen. Dabei gilt hier insbesondere, dass es nicht nur um Erfahrungen nach Verlusten aufgrund von Tod geht. Es kann auch sein, dass Ihnen in Ihrer aktuellen Trauer nach dem Tod eines geliebten Menschen Ihre nicht verarbeitete Trauer um Ihre Partnerschaft nach Trennung bzw. Scheidung im Weg steht oder auch der Schmerz um einen ungewollten Arbeitsplatzverlust noch einmal angesehen werden möchte. Am Ende dieses Abschnitts finden Sie eine Einladung („Lebenslinie"), Ihre bisherigen Verlusterfahrungen und Ihre Bewältigungsstrategien zu visualisieren.

Transgenerationale Trauer

Aktuelle Forschungsergebnisse der Epigenetik zeigen, dass sich zum einen Traumata vorhergehender Generationen bis heute auswirken und zum anderen nicht gelebte Trauer auf nachfolgende Generationen übertragen kann. Ein Satz meiner Ausbilderin im Familienbiografischen Coaching, Mechthild Batzke, öffnete mir dazu die Augen: „Manche Erlebnisse sind zu groß, um sie in einer Generation verarbeiten zu können" (Batzke 2017).

Dies gilt in besonderem Maße für die Generation der sogenannten Kriegskinder, also der Menschen, die den Zweiten Weltkrieg als Kind erlebt haben. Sie sind in einem Umfeld aufgewachsen, in dem über Gefühle nicht gesprochen wurde. Ihre Eltern haben einander wichtige Fragen nicht gestellt, z. B. „Was hast du als Soldat getan?“ oder „Was hast du als Frau erlebt?“. Für die Sorgen ihrer Mütter dienten die Kriegskinder als Vertrauensperson, da der Vater im Krieg bzw. in der Gefangenschaft war. Es fand also in vielen Familien ein Rollentausch statt. Die Kinder hingegen wurden oft mit ihren eigenen Nöten, Sorgen und Ängsten alleingelassen. Oder diese wurden mit der Botschaft „Dein Leid ist nichts im Vergleich dazu, was deine Eltern erlitten haben“ kleingeredet. Wer Krieg und Gefangenschaft bzw. Flucht überlebt hatte, kannte nur ein Bedürfnis: irgendwie wieder einen Weg ins Leben finden. Das ging meist nur, indem die traumatischen Erlebnisse verdrängt wurden und damit einhergehend auch der differenzierte Ausdruck von Gefühlen unterdrückt wurde.

Kurzum: Eine ganze Generation hat sich von ihren Gefühlen abgeschnitten. Wir wissen heute, dass diese nicht verarbeiteten Verlusterlebnisse und das Verdrängen schmerzhafter Gefühle wie der Trauer bis in heutige Generationen hinein Auswirkungen haben. Die Generation der Kriegsenkel bezeichnet dies oft als emotionalen Nebel oder eine bleierne Schwere, die sie als Kinder im Elternhaus erlebt haben.

Je nachdem, welcher Generation Sie als Leser:in angehören, können Sie sich nun fragen, welche Auswirkungen nicht verarbeitete Traumata oder Verlusterlebnisse in Ihrer Familie Einfluss auf Ihr heutiges Leben haben könnten. Sollten Sie diesen Zusammenhängen näher auf den Grund gehen wollen, empfehle ich Ihnen den Besuch eines Experten im Thema Familienbiografie. Er oder sie kann solche Verstrickungen im Familiensystem lösen und in die Heilung bringen. Geeignete Adressen, auch zur besonderen Kriegsenkelthematik, finden Sie im Anhang.

Die gute Nachricht, auch bei diesen transgenerationalen Themen, lautet: Es ist nie zu spät zu trauern! Es gibt wunderbare Möglichkeiten, in Frieden mit Themen zu kommen, die in vorhergehenden Generationen entstanden sind, oder auch in einen heilsamen Prozess der Trauerverarbeitung älterer Verlusterlebnisse einzusteigen.

Lebenslinie

Mithilfe dieser Übung können Sie Ihre eigenen bisherigen Erfahrungen mit Lebenskrisen reflektieren und vorhandene Ressourcen identifizieren. Sie benötigen dazu:

- ein Seil oder einen längeren Wollfaden,
- unterschiedliche Materialien wie Steine, Murmeln, Muscheln oder auch Kastanien, Blätter, Eicheln, Erbsen oder Perlen etc.,
- kleine Zettel oder Karten.

Legen Sie mit dem Seil bzw. Faden Ihren bisherigen Lebensweg von der Geburt bis heute. Vermutlich verläuft er nicht geradlinig, sondern enthält Kurven, Knoten, Richtungswechsel und vieles mehr. Kennzeichnen Sie markante Lebensereignisse mit einem Gegenstand aus

Ihrem Materialfundus, und zwar sowohl positive (Schulabschluss, Hochzeit, Geburt eines Kindes u. Ä.) als auch schwierige (Sitzenbleiben, Umzug, Wegzug der besten Freundin, Tod, Trennung u. Ä.). Notieren Sie nun, welche Fähigkeit Ihnen in der jeweiligen Situation geholfen hat oder welche Sie erlernen konnten, und legen diesen Zettel zu dem jeweiligen Ereignis.

Am Ende dieser Übung verfügen Sie mit den Zetteln über eine Liste Ihrer Ressourcen, die Ihnen auch in Ihrer aktuellen Trauersituation zur Verfügung stehen. Schließen Sie die Übung ab, indem Sie sich eine dieser Ressourcen herausnehmen, die Sie ab sofort stärker in Ihr Bewusstsein rücken möchten. Wie – ganz konkret – können Sie diese Fähigkeit in Ihrer heutigen Trauer für sich noch besser nutzen?

Wenn Sie weitere Impulse zu diesem Thema wünschen, hören Sie gerne auch die Podcastepisoden 25 „Wenn sich alte Trauer zeigt“, 31 „Trauer und Familiengeheimnisse und 34 „Trauer und Familienbiographie“ unter ↗ https://liebevoll-trauern.podigee.io/.

4.4 Wenn Sie außer Schmerz nichts mehr fühlen können

„Den Schmerz annehmen“ lautete eine der sechs Notwendigkeiten der Trauer, die ich Ihnen in Abschnitt 1.2 vorgestellt habe. Mein Lieblingssatz dazu lautet: Es gibt nur den Weg durch den Schmerz hindurch, nicht an ihm vorbei. Was aber, wenn Sie dauerhaft nur noch Schmerz fühlen können? Wenn sich gar kein anderes Gefühl und schon gar kein angenehmes einstellen möchte? In Kapitel 3 finden Sie eine Zusammenstellung möglicher weiterer Gefühle, die sich in Ihre Trauer mischen können. Dieses Kapitel hilft Ihnen, wenn Sie vom Schmerz so eingenommen sind, dass Sie nichts anderes mehr fühlen können.

Trauer kann in der Tat wie ein Betäubungsmittel wirken. Vielleicht haben Sie sogar das Gefühl, dass der Schmerz immer schlimmer wird. Das liegt daran, dass Ihre Psyche Sie anfangs vor der vollen Wucht des Schmerzes geschützt hat und die Realität erst nach und nach durchsickert. Ich stelle mir das wie den Zwiebellook vor, den wir tragen, wenn das Wetter von kalt bis warm alle Temperaturen am Tag bereithält: Je näher der Schmerz an Sie herankommt, desto heißer wird es für Sie und desto mehr Zwiebelschichten legen Sie ab. Irgendwann stehen Sie mit der innersten Schicht ziemlich „nackt“ da. Sie fühlen sich dem vollen Schmerz ausgeliefert, was einem Gefühl von Betäubtsein nahekommen kann.

Hat Schmerz einen Nutzen?

Nun ist es so, dass jeder Schmerz, jedes Problem auch eine positive Seite hat. In der Coaching-Sprache nennen wir das den sogenannten verdeckten Gewinn. Was ist also daran gerade gut, dass Sie nur noch Schmerz fühlen? Diese Frage mögen Sie als Provokation empfinden: Was soll denn gut daran sein, dass Sie im Schmerz verbleiben und keine Anstrengungen unternehmen, aus ihm herauszukommen? Die Antwort können Sie nur in sich selbst entdecken. Dies hier sind ein paar Vermutungen – allesamt Antworten, die mir Klient:innen gaben:

- Vielleicht sind Sie so nach Außen als Trauernde erkennbar und finden Beachtung? Wenn Sie so etwas wie Lebensfreude fühlten, wäre das an Ihr Umfeld ein Signal, dass die Welt wieder in Ordnung ist und man sich nicht mehr so intensiv um Sie kümmern müsste.
- Vielleicht fühlen Sie sich über den Schmerz mit Ihrem geliebten verstorbenen Menschen verbunden? Das würde bedeuten, wenn Sie den Schmerz nicht mehr fühlen, ist auch die Verbindung weg?
- Vielleicht fühlen Sie den Schmerz als gerechte Strafe dafür, dass Sie zu wenig für Ihren geliebten Verstorbenen getan haben? Wenn Sie nicht mehr so intensiv in den Schmerz hineingehen, wäre das dann eine Art Freispruch von Ihrem Schuldgefühl?

Sie merken es schon: Es gibt unterschiedliche „verdeckte Gewinne“, die Sie darin bestärken, im Schmerz zu verharren. Es entwickelt sich eine Art Schmerzspirale, die gar nicht so einfach wieder zu verlassen ist.

Nach meiner Erfahrung steckt die Lösung auf der mentalen und auf der körperlichen Ebene.

Wieder ins Fühlen kommen

Schauen wir uns zunächst die meist etwas einfachere, die körperliche Ebene an. Lassen Sie Ihren Körper wieder spüren, dass er existiert und differenziert fühlen kann – hier einige Beispiele:

- Gehen Sie barfuß über eine nasse Wiese, die sich frisch und kühl anfühlt.
- Gehen Sie barfuß durch Schnee und spüren Sie seine stechende Kälte. Nehmen Sie anschließend wahr, wie sich Ihre Füße zunächst prickelnd, dann zunehmend warm anfühlen.
- Duschen Sie kalt und entdecken Sie, wie wach Sie dadurch werden.
- Gehen Sie spazieren. Nehmen Sie bewusst die verschiedenen Gerüche an der Straße, im Wald, am Feld wahr. Spüren Sie Ihren Atem, wenn Sie das Tempo erhöhen.

- Melden Sie sich zu einem Sportkurs an: Walken, Yoga, Gymnastik – was auch immer Ihr Ding ist. Auch wenn es sich komisch anhört: Genießen Sie den Muskelkater, denn er zeigt Ihnen, dass Ihr Körper fühlt!
  Sollte Ihnen der Gedanke eines Sportkurses Angst machen, so finden Sie auf YouTube diverse angeleitete Workouts, die Sie daheim ohne Zuschauer oder fremde Menschen ausprobieren können. Auch hier ist – ich spreche aus Erfahrung! – Muskelkater oft vorprogrammiert!

Sie finden bestimmt das, was zu Ihnen am besten passt. Über die körperliche Wahrnehmung kommen Ihre Gefühle in Fluss und es wird möglich, die Vielfalt der Gefühle wieder zu spüren.

Fühl doch mal!

Neben den oben genannten Beispielen kommt unser größtes Organ, die Haut, zu jedem Zeitpunkt mit irgendetwas in Berührung – und wir nehmen es gar nicht wirklich wahr. Meist spüren wir nur, wenn etwas unangenehm ist: die kalten Fliesen unter unseren nackten Füßen, den kratzigen Rollkragen oder den zu heißen Sand im Hochsommer am Strand. Dabei gibt es so viel Angenehmes zu fühlen, wenn wir einmal bewusst darauf achten. Die warme Teetasse in unseren Händen, das kühle Bierglas an einem heißen Sommerabend, ein besonders kuscheliger Winterpullover oder das samtig-weiche Sofakissen zum Beispiel.

Strecken Sie also im wahrsten Wortsinn Ihre Fühler aus und staunen Sie, was es alles zu erspüren gibt!

Sowohl als auch statt entweder oder

Vielleicht haben Sie sich auch schon dabei ertappt, dass Sie in Kategorien von „entweder" bzw. „oder" denken. Entweder bin ich traurig oder glücklich. Entweder weine ich oder ich lache. Entweder bin ich angespannt oder zufrieden. Dieses Schwarz-Weiß-Denken raubt Ihnen den Zugang zu der ganzen Bandbreite Ihrer Gefühle, da Sie sich ständig zwischen Gefühlen entscheiden müssen. Mein Weltbild lebt vom „Sowohl-als-auch" – ich muss mich nicht entscheiden, denn ich kann in einem Moment traurig und kurz darauf glücklich sein, ich kann lachen und manchmal sogar gleichzeitig weinen und ich kann angespannt und zugleich zufrieden sein. In meiner Welt macht genau diese Vielfalt mein Leben bunt.

Frau A. hat zwei Jahre nach dem Tod ihres Mannes endlich den Mut gefunden, den geliebten gemeinsamen Urlaubsort an der Ostsee aufzusuchen. Dort war sie einerseits tieftraurig, dass ihr Mann nun nicht mehr dabei sein kann. Andererseits durchströmten sie Gefühle tiefer Dankbarkeit, dass sie ihrem Mann an diesem Ort nach wie vor nahe sein kann.

*

Herr J. ist an den ersten beiden Todestagen seiner Tochter regelrecht vor den Gefühlen geflohen, indem er sich in Arbeit stürzte und von früh bis spät ablenkte. Am dritten Todestag war er so weit, dass er sich seinen Gefühlen stellen konnte: Er war tieftraurig, weinte viel, und doch erinnerte er gemeinsam mit seiner Frau die vielen lustigen Momente mit ihrer Tochter. Es war ein Tag voller gemischter Gefühle.

Jemals wieder glücklich?

Vielleicht treibt Sie die Frage um, ob Sie jemals aus diesem unendlichen Schmerz wieder herausfinden und so etwas wie Lebensfreude empfinden können. Meine – zugegebenermaßen etwas provokante – These: Ja, und zwar dann, wenn Sie sich bewusst dazu entscheiden! Von allein legt sich der Schalter nicht um. Es braucht Ihr Zutun und vielleicht ist dazu im Moment die Zeit einfach noch nicht reif. Dann ist das auch in Ordnung. Irgendwann werden Sie die Kraft haben zu fragen: Möchte ich den Rest meines Lebens auf diese Art und Weise verbringen oder möchte ich etwas verändern und ins Leben zurückfinden? Dabei könnte helfen, nicht das ganz große „Glück" anzustreben, sondern im ersten Schritt erst einmal Zufriedenheit. Für mich ist der Begriff Glück in den letzten Jahren etwas überstrapaziert worden. In jeder Buchhandlung finden Sie meterweise Glücksliteratur. Es wird suggeriert, dass Glück der einzig erstrebenswerte Zustand im Leben ist. Vielleicht geht es Ihnen ähnlich: Mir ist „Glück" etwas zu glatt gebügelt. Mein Leben darf Unebenheiten, Knicke und Kniffe enthalten. Ich empfinde sogar eine tiefe Zufriedenheit, wenn ich genau diese Knitterstellen für mich akzeptieren kann.

Was macht Ihr Leben bunt? Nehmen Sie sich am Abend fünf Minuten Zeit und schauen Sie ganz genau auf diesen Tag:

- An welchen Stellen gab es ein „Sowohl-als-auch"? Welche auf den ersten Blick widersprüchlichen Gefühle zeigten sich?
- Welche dieser Gefühle sind Ihnen gar nicht so sehr willkommen? Warum ist das so?

Schließen Sie folgende körperliche Übung an:

Stellen Sie sich mit beiden Beinen fest auf den Boden. Verschränken Sie Ihre Arme, als wenn Sie sich selbst umarmen würden (Hände auf die gegenüberliegenden Schultern legen). Sprechen Sie nun laut folgende Sätze – ersetzen Sie dabei die kursiv gedruckten Wörter durch Ihre persönlichen Gegensatzpaare:

- „Ich nehme meine *Trauer* und meine *Lebensfreude* an."
- „Ich nehme meine *Verzweiflung* und meinen *Mut* an."
- „Ich nehme meine *Resignation* und meine *Zuversicht* an."
- „Ich nehme mein *Weinen* und mein *Lachen* an."
- „Ich nehme meine *Schatten* und mein *Licht* an."
- „Ich nehme meine *Scham* und meinen *Stolz* an."
- Usw.

Diese Übung eignet sich auch gut als Start in den Tag. Sie stärken damit Ihre Sowohl-als-auch-Haltung und Ihre Selbstakzeptanz.

Weitere Impulse zu diesem Thema finden Sie im Video „Warum Aushalten eine Ressource ist" unter ↗ https://www.junfermann.de/titel/mit-der-trauer-leben-lernen/1337.

4.5 Wenn Trauer den Schlaf raubt

Frau K. hat durch einen tragischen Unfall ihre Tochter verloren. Als ich sie kennenlerne, ist das ein gutes Jahr her. Sie hat ihre Arbeit seit einiger Zeit wiederaufgenommen. Es gelingt ihr weitestgehend, für ihre beiden weiteren Kinder und für ihren Mann da zu sein. Sie selbst empfindet es positiv, dass sie gelernt hat, ihren Alltag zu bewältigen.

Sie sucht meine Begleitung auf, da sie eine tiefe Erschöpfung spürt. Im ersten Gespräch berichtet sie mir von massiven Schlafschwierigkeiten. Keine Nacht schlafe sie mehr als drei Stunden, gerade das Einschlafen bereite ihr große Probleme. Sobald sie im Bett versucht, zur Ruhe zu kommen, lasten plötzlich alle Gedanken an ihre Tochter schwer auf ihr, die sie tagsüber erfolgreich verdrängt hat. Sie gerate ins Grübeln, warum der Unfall nicht verhindert werden konnte, was sie anders hätte machen müssen. Sie wälze sich dann teilweise bis zu zwei Stunden hin und her, ohne in den Schlaf zu finden. Schließlich schlafe sie erschöpft ein, um viel zu früh, noch vor dem Wecker, wieder aufzuwachen. Beinahe jede Nacht sei es das gleiche Spiel.

Dies ist nur eins von vielen Beispielen aus meiner Praxis, denn die meisten Trauernden leiden unter Schlafschwierigkeiten und spüren dadurch einen erheblichen zusätzlichen Leidensdruck. Dabei ist das Geflecht aus Ursache und Wirkung durchaus vielschichtig (siehe Abbildung 4.1), weshalb sich viele Trauernde in einem ungesunden Teufelskreis befinden.

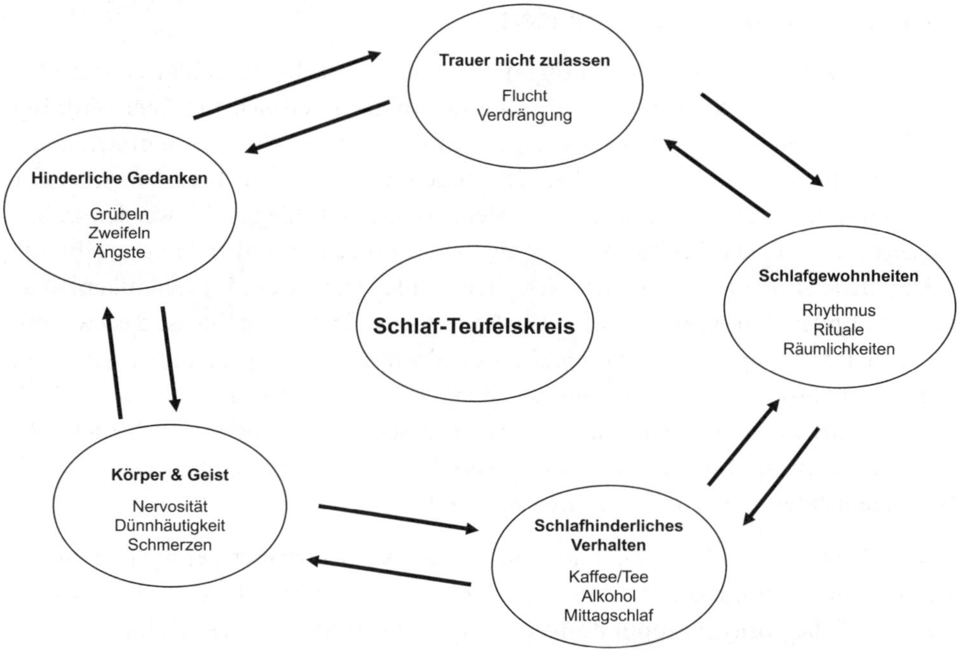

Abbildung 4.1: Trauernde befinden sich in einem schlafraubenden Teufelskreis

Abbildung 4.1 macht deutlich, dass manche Ursache wiederum weitere schlafverhindernde Faktoren auslöst. Trauer löst eine gewisse Nervosität und Dünnhäutigkeit aus; manche Menschen, die ohnehin zum Grübeln neigen, tun dies in Zeiten der Trauer verstärkt. Andere fliehen – wie im Beispiel von Frau K. – tagsüber vor ihrer Trauer und werden nachts von schweren Gedanken eingeholt. Vielleicht wird das Ganze noch durch schlafhinderliche räumliche Bedingungen oder übermäßigen Kaffee- oder Alkoholkonsum unterstützt.

An welcher Stelle des Kreislaufs befinden Sie sich gerade? Erkennen Sie sich an verschiedenen Stellen wieder? Dann ist dieses Kapitel genau das richtige für Sie!

Ob tatsächlich im medizinischen Sinne eine Schlafstörung vorliegt, kann nur in Zusammenarbeit mit einem Arzt beispielsweise durch ein Schlaftagebuch abgeklärt werden. Ebenso sollten Sie körperliche Ursachen, wie Schnarchen oder Atemaussetzer (sogenannte Schlafapnoe), untersuchen lassen. In diesem Kapitel geht es weniger um Schlafstörungen im medizinischen Sinne als vielmehr um subjektiv empfundene Schlafschwierigkeiten, die Sie zusätzlich zu Ihrer Trauer als Belastung empfinden. Dies können sowohl Einschlaf- als auch Durchschlafprobleme sein.

Wenn Grübeln den Schlaf verhindert

Grübeln ist in meiner Wahrnehmung die häufigste Ursache für Schlafschwierigkeiten bei Trauernden. So wie bei Frau K. aus dem obigen Beispiel: Tagsüber verdrängt sie ihre belastenden Gedanken, sie kann sich durch ihren Alltag erfolgreich ablenken. Im Moment der Ruhe melden sich diese Gedanken jedoch zu Wort, sie fordern quasi ihr Recht ein, gedacht zu werden. So, wie Gefühle gefühlt werden wollen, möchten auch Gedanken gedacht werden! Verdrängen ist daher keine nachhaltig erfolgreiche Strategie. Ehe wir uns versehen, landen wir wieder im Gedankenkarussell und finden den Ausstieg nicht. Wir unterliegen dem Trugschluss, dass weiteres Denken die Lösung bringen könnte. Es muss doch eine Lösung zu finden sein, wenn wir nur intensiv und lange genug nachdenken. „Viel hilft viel" trifft auf Grübeln jedoch leider nicht zu. Denn die Krux ist: Wir suchen mit kognitiven Mitteln eine Lösung für ein emotionales Problem. Um ein Bild aus der Medizin zu bemühen: Wir behandeln einen Armbruch mit einer Knie-OP!

Zudem lenkt uns Grübeln vom Hier und Jetzt ab, wir bekommen gar nicht mehr mit, was um uns herum passiert. Unsere Gedanken sind derart auf das Problem fixiert, dass mögliche positive Empfindungen völlig ausgeblendet werden. Denn unser Gehirn kann nur eine Sache gleichzeitig. Entgegen landläufiger Meinungen ist es nicht multitaskingfähig!

Warum ist es nun so schwierig, aus dem Gedankenkarussell auszusteigen – dies wäre doch die augenscheinlich einfachste und schnellste Lösung? Zwei Gründe halten uns im Wesentlichen davon ab: Wir geben die Hoffnung auf Besserung nicht auf und fühlen uns gleichermaßen machtlos. Zum einen hoffen wir von Gedanke zu Gedanke, dass wir doch noch eine Lösung für unser Problem oder eine Antwort auf unsere Fragen bekommen. Zum anderen fühlen wir uns diesen Gedankenspiralen hilflos ausgeliefert. Es erscheint uns unmöglich, auf unsere Gedanken Einfluss nehmen zu können; sie fühlen sich unkontrollierbar an. Wenn wir dann noch vor dem Schlafengehen bereits befürchten, dass es sowieso wieder nichts wird mit dem erholsamen Schlaf, ist der Teufelskreis des Nicht-eingreifen-Könnens perfekt.

Hilfreiche Rezepte gegen Grübeln

So wie im Beispiel von Frau K. beginnen viele grübelnde Fragen mit „warum": Warum ist das passiert? Warum ist das *mir* passiert? Warum war das Hindernis ausgerechnet auf dieser Fahrbahn? Diese Fragen richten sich auf die Vergangenheit, die wir nicht mehr ändern können. Daher werden wir auf manche solcher Warum-Fragen niemals eine (valide) Antwort finden. Versuchen Sie einmal, statt nach dem „Warum" nach dem „Was" zu fragen: Was fühle ich gerade oder was fühlte ich damals? Was macht das mit mir? Was brauche ich jetzt?

Spüren Sie den Unterschied? Mit solchen Fragen bleiben Sie bei sich, Sie nehmen das Zepter wieder selbst in die Hand und richten Ihre Aufmerksamkeit auf eine mögliche Lösung statt auf das Problem.

Eine weitere gute Möglichkeit, aus dem Grübelkarussell auszusteigen, ist das „Auslagern" der Gedanken, indem Sie sie aufschreiben. Nehmen Sie sich – am besten vor dem Schlafengehen – Zeit, um all das zu notieren, was Sie in dem Moment oder an diesem Tag belastet hat. Ihre Sorgen und Ängste fließen durch das Aufschreiben über die Tinte förmlich aus Ihnen heraus, was oft auch die feststeckenden Gedanken in Fluss bringt. Der positive Nebeneffekt: Beim Schreiben sortieren sich die Gedanken. So mancher Knoten entwirrt sich dadurch.

Die wirksamste „Medizin": Achtsamkeit

Den stärksten und vor allem nachhaltigsten Hebel im Umgang mit Grübeleien hat das Thema Achtsamkeit. Keine Sorge: Ich möchte Ihnen nun nicht empfehlen, jeden Morgen erst einmal eine Stunde zu meditieren und dafür den Tag um fünf Uhr zu beginnen. Achtsamkeit ist in aller Munde, vielfach verkommt sie jedoch leider zu einem Modewort oder wird missbraucht als ein Mittel zur Selbstoptimierung. Das ist wirklich schade, denn ein achtsamer Umgang mit sich selbst bedeutet eben genau *nicht,* negative Gefühle auszuschließen, sondern sie liebevoll anzuschauen und zu integrieren.

Lassen Sie mich dazu ein wenig ausholen. Jon Kabat-Zinn, einer der Begründer der modernen Achtsamkeitslehre, definiert Achtsamkeit als die Bewusstheit, die sich durch gerichtete, nicht wertende Aufmerksamkeit im gegenwärtigen Augenblick einstellt (Kabat-Zinn 1990). Achtsamkeit ist also ein bewusster Prozess. Während wir im Alltag – und gerade auch in der Trauer – in einem Autopilotmodus unterwegs sind, schalten wir diesen in einer achtsamen Lebensweise mehr und mehr aus und werden uns dessen bewusst, was gerade in, um und mit uns passiert. Achtsamkeit verbindet uns immer wieder neu mit dem Hier und Jetzt. In einem kontinuierlichen Trainingsprozess können wir lernen, nicht nur unsere Gefühle, sondern auch unsere körperlichen Reaktionen und Gedanken wahrzunehmen. Mithilfe eines „inneren Beobachters" nehmen wir Situationen wie aus der Vogelperspektive wahr, und zwar im besten Fall völlig frei von Bewertungen.

Schauen wir uns noch einmal das obige Beispiel von Frau K. an. Sie liegt also abends im Bett und der Grübelmotor springt an. Sie könnte nun ihre innere Beobachterin aktivieren, nennen wir sie Luna. Luna sieht: Frau K. ist unruhig; ihr Puls schlägt schneller als sonst; sie erinnert sich an ihre Tochter; sie denkt an den Tag des Unfalls. Luna schildert Frau K. diese Beobachtungen:

Dein Puls schlägt schneller als vor dem Schlafengehen.

Du denkst an deine Tochter.

Du erinnerst die genauen Abläufe des Unfalltages.

Vielleicht spüren Sie jetzt bereits, dass es durch Lunas Vogelperspektive möglich ist, etwas Abstand zur Situation zu bekommen. Denn genau diese Distanz braucht es, um in die entscheidende Handlungsfähigkeit zu kommen: Frau K. beginnt beispielsweise mit einer Atemübung, die es ihr ermöglicht, ruhiger zu werden. Sie lässt die belastenden Gedanken an den Unfalltag weiterziehen und erinnert sich bewusst an schöne gemeinsame Erlebnisse mit ihrer Tochter.

Achtsamkeit bedeutet also ein Innehalten und Ankommen im jetzigen Moment, dem einzigen Moment, den wir aktiv beeinflussen können. Sich in Achtsamkeit zu üben ist daher für Trauernde nicht nur hilfreich, um Schlafprobleme in den Griff zu bekommen, sondern auch ganz grundsätzlich, um die eigene Handlungsfähigkeit zu stärken.

Die gute Nachricht für Sie: Sie können sich Tag für Tag in einer achtsamen Lebensweise üben – dafür ist es nie zu spät. Im Anhang finden Sie Literaturhinweise, mit deren Hilfe Sie sich selbst ins Thema einarbeiten können.

Empfehlen kann ich Ihnen auch die Teilnahme an einem achtwöchigen MBSR-Kurs. MBSR ist die Abkürzung für „Mindfulness Based Stress Reduction“ und bedeutet übersetzt Stressbewältigung durch die Übung der Achtsamkeit. Es ist ein Trainingsprogramm, das 1979 von Prof. Dr. Jon Kabat-Zinn und seinen Mitarbeiter:innen an der Universitätsklinik von Massachusetts (USA) entwickelt wurde. MBSR verbindet die positiven Wirkungen von Achtsamkeit und Meditation mit den Erkenntnissen der modernen Medizin und Stressforschung. Die Wirksamkeit von Achtsamkeitsübungen wurde inzwischen wissenschaftlich nachgewiesen, gerade auch für Veränderungen im Umgang mit belastenden Gefühlen.

Im Anhang finden Sie den Link zum Verband der Achtsamkeitslehrenden. Dort können Sie nach Kursangeboten in Ihrer Region suchen.

Hören Sie gern auch die Podcast-Episode 32 „Mit Achtsamkeit der Trauer begegnen“ – ein achtsamer Spaziergang durch den Wald unter ↗ https://liebevoll-trauern.podigee.io/.

Schlafhygiene – die eigenen Gewohnheiten überprüfen

Nach meiner Erfahrung beruhen Einschlaf- und Durchschlafprobleme häufig auch auf räumlichen Gegebenheiten und / oder Lebensgewohnheiten, die nicht schlafförderlich sind. Daher greife ich an dieser Stelle einige solcher Rahmenbedingungen auf, anhand derer Sie Ihre eigenen Schlafgewohnheiten überprüfen und so Stellschrauben für einen erholsameren Schlaf identifizieren können.

Ihr Schlafzimmer

Nach Möglichkeit sollte das Schlafzimmer der ruhigste Raum der Wohnung sein. Denn wer ohnehin einen leichten Schlaf hat, wird durch äußere Lärmquellen, wie beispielsweise eine stark befahrene Straße oder ein frequentiertes Treppenhaus, immer wieder aus dem Schlaf gerissen.

Ihr Schlafzimmer sollte ein Wohlfühlraum für Sie sein – keine Abstellkammer für Bügelwäsche und auch nicht gleichzeitig Ihr Arbeitsraum. Denn ein aufgeräumter, von Ablenkungen freier Raum fördert Ihren erholsamen Schlaf. Schlafexperten sagen, das Schlafzimmer darf ausschließlich zum Schlafen und für sexuelle Aktivitäten genutzt werden.

Sie sollten Ihr Schlafzimmer gut abdunkeln können. Unser körpereigenes Schlafhormon ist das Melatonin. Es wird jedoch nur im Dunkeln gebildet. Gerade in den Jahreszeiten, in denen es abends lange hell ist und morgens bereits sehr früh wieder hell wird, sind gute Verdunklungsmöglichkeiten in Ihrem Schlafzimmer wichtig. Auch Lichtquellen wie ein digitales Display am Wecker oder die Straßenlaterne vor dem Fenster können zu einer geringeren Bildung von Melatonin führen. Aus dem gleichen Grund ist es kontraproduktiv, Fernseher bzw. Handy am Bett zu haben (abgesehen davon, dass die Versuchung, noch „mal eben" die Nachrichten oder sozialen Medien zu checken, oft zu einer erheblichen Zeitverzögerung führt!).

Die Temperatur in Ihrem Schlafzimmer sollte nicht unter 16 Grad liegen, als optimal gelten 17 bis 18 Grad. Vermeiden Sie Zugluft. Wenn Sie aufgrund der Lärmbelästigung das Fenster nachts schließen müssen, sorgen Sie vor dem Zubettgehen für ein mindestens 15-minütiges Stoßlüften bei weit geöffnetem Fenster. Regulieren Sie Ihr Bettklima über eine Winter- bzw. Sommerbettdecke, denn sowohl starkes Schwitzen als auch Frieren kann Sie vom Schlafen abhalten.

Ihre Lebensgewohnheiten

Viele unserer selbst gemachten Schlafstörer kennen wir ja eigentlich und hoffen dennoch, dass wir unsere innere Uhr überlisten können. Der Espresso nach dem Abendessen hat für den einen keinerlei Auswirkung auf den Schlaf, der andere liegt jedoch die halbe Nacht wach. Finden Sie also heraus, bis zu welcher Uhrzeit Sie koffein- bzw. teeinhaltige Getränke wie Kaffee, Tee (auch grüner Tee) oder Cola trinken können, ohne nachts auf dem Tisch zu tanzen. Diese Grenze ist von Mensch zu Mensch unterschiedlich.

Vermeiden Sie schweres, fettes Essen am Abend, da sonst Ihr Körper statt zu schlafen mit dem Verdauungsprozess beschäftigt ist. Scharfe Gewürze können Sodbrennen begünstigen und eine durch stark gewürzte Speisen deutliche erhöhte Trinkmenge am Abend lässt Sie nachts häufiger für Toilettengänge wach werden. Aber auch das Gegenteil kann das Einschlafen erschweren: Gehen Sie nicht mit knurrendem Magen ins Bett.

Auch Bewegungsmangel kann schlafhinderlich sein, denn dann nehmen Sie Ihr natürliches Bewegungsbedürfnis förmlich als körperliche Unruhe mit ins Bett. Gehen Sie Ihren Tagesablauf einmal durch und überprüfen Sie, inwieweit Ihnen etwas mehr Bewegung guttun könnte. Damit ist nicht zwingend Sport gemeint, ein ausgiebiger Spaziergang oder Treppengänge anstelle von Aufzugfahrten können bereits für eine körperliche Auslastung sorgen, die Ihnen abends das Einschlafen erleichtert.

Sollten Sie sportlich aktiv sein, so planen Sie anschließend mindestens eine Stunde ein, um vor dem Zubettgehen wieder runterzukommen. Sport fördert die Ausschüttung des Hormons Cortisol, dem Gegenspieler des Melatonins. Wenn der Körper beim Sport auf Hochtouren lief, braucht es etwas Zeit, den hohen Cortisolspiegel im Körper wieder abzubauen.

Schlafförderliche Rituale

Sorgen Sie möglichst für einen regelmäßigen Schlaf- / Wachrhythmus. So lernt Ihr Körper, dass zu einer bestimmten Zeit Schlafen bzw. Wachen angesagt ist. Versuchen Sie, in der letzten Stunde vor dem Zubettgehen zu entspannen, z. B. indem Sie sich belastende Gedanken von der Seele schreiben oder in die Badewanne gehen. Schlafforscher haben herausgefunden, dass uns der letzte Gedanke vor dem Einschlafen noch weit in den Schlaf hinein begleitet und dann auch oft der erste Gedanke nach dem Aufwachen ist. Nutzen Sie dies, indem Sie vor dem Einschlafen bewusst positive Gedanken wie einen Film an sich vorüberziehen lassen.

Auch eine kleine Spazierrunde um den Block vor dem Zubettgehen kann helfen. Neben dem bereits erwähnten MBSR-Training können Sie sich auch andere Entspannungstechniken wie autogenes Training oder Progressive Muskelentspannung nach Jacobsen aneignen. Finden Sie heraus, was zu Ihnen und Ihrer Lebenssituation passt. Verschiedene Abendrituale auszuprobieren lohnt sich allemal!

Versuchen Sie, möglichst erst dann ins Bett zu gehen, wenn Sie müde sind. Wenn Sie länger wach liegen, stehen Sie noch einmal auf, um beispielsweise zu lesen, zu bügeln oder zu schreiben. Nur so verknüpft Ihr Körper dauerhaft Ihr Bett mit Schlafen.

Schlafförderlich wirken Hausmittel wie Lavendelöl (einige Tropfen auf das Kopfkissen oder im Diffuser vernebelt) oder ein Glas Milch (Milch enthält die nachweislich schlafördernde Substanz Tryptophan). Im Ausnahmefall, wenn die körperliche Erschöpfung zu groß ist, kann es sinnvoll sein, vorübergehend ein leichtes, pflanzliches Schlafmittel zu verwenden. Tun Sie dies jedoch bitte nur in Absprache mit Ihrem Hausarzt oder Apotheker.

Noch ein Wort zum Thema Mittagsschlaf: Bei chronischem Schlafmangel ist die Versuchung groß, sich mittags oder nachmittags hinzulegen. Dies kann jedoch Ihre nächtlichen Schlafprobleme begünstigen, weil Sie dann abends einfach nicht müde genug zum Einschlafen sind. Wenn Sie also in Ihr Mittagsloch fallen, gibt es zwei bessere Alternativen zum klassischen ausgiebigen Mittagsschlaf: ein kurzer Spaziergang, der Ihr Gehirn wieder mit frischem Sauerstoff versorgt und somit Ihre Lebensgeister weckt. Oder ein kurzes Powernapping: Machen Sie es sich auf dem Sofa oder einem bequemen Sessel gemütlich. Stellen Sie sich den Wecker auf 20 Minuten oder nehmen Sie einen Schlüsselbund in die Hand. Sobald Sie in die Tiefschlafphase wechseln, entspannen sich Ihre Muskeln und der Schlüssel fällt Ihnen aus der Hand. Dies ist das Signal aufzustehen! Noch kurz recken und strecken und Sie haben wieder etwas Energie getankt, um die zweite Tageshälfte zu bewältigen.

Worin auch immer Ihre Schlafschwierigkeiten begründet sind: Gehen Sie ihnen, im Zweifel auch mithilfe Ihres Hausarztes, auf den Grund. Ihre Trauer kostet Sie ohnehin viel Kraft. Umso wichtiger ist es, dass Sie alles dafür tun, um Ihren Akku immer wieder aufzuladen. Eine fürsorgliche und gesunde Schlafhygiene ist dafür bereits die halbe Miete.

Die folgende Übung stammt aus dem Buch *Wege in den erholsamen Schlaf* von Konstanze Wortmann (2015, Seite 105).

Hinweis: (...) bedeutet eine Pause von drei Sekunden. Die alte Methode, ruhig „21, 22, 23" in Gedanken zu zählen, kommt dem sehr nahe.

(...) (...) (...) bedeutet dementsprechend neun Sekunden Pause.

Den Schlaf mit offenen Armen empfangen (SSS) – Kurzfassung / Tageszähmer

„Stellen Sie sich in einen aufrechten Stand. (...) Die Füße stehen parallel, die Knie sind leicht gebeugt, die Arme ruhen bequem an den Seiten. (...) Die Atmung fließt weich, einfach, leicht, in aller Ruhe. (...) Nehmen Sie sich Zeit für jeden einzelnen Atemzug. (...) Lassen Sie die Einatmung sanft einströmen und die Ausatmung sanft ausströmen. (...)

Atmen Sie sanft und langsam ein und drehen Sie Ihre hängenden Arme für die Dauer der Einatmung mit den Handflächen nach vorn. (...) Die Schultern bleiben locker.

(...) Atmen Sie sanft aus und drehen Sie Ihre hängenden Arme für die Dauer der Ausatmung mit den Handflächen nach hinten. (...) Nehmen Sie sich Zeit für jeden Atemzug. (...) (...) (...)

Synchronisieren Sie diese Bewegung mit ihrer Atmung, sodass Sie beim Einatmen die Handflächen sanft nach vorn bewegen und für die Dauer der Ausatmung die Handflächen wieder nach hinten bewegen. (...) (...) (...) Die Atmung ist Ihr Navigator. Praktizieren Sie diesen Ablauf über einige Atemzyklen. Dann ruhen Sie sich aus. (...) (...) (...) Sie tun nichts und spüren nur nach.

Beginnen Sie nach der Pause von Neuem. Nehmen Sie sich Zeit für die Pausen. Nach jeder aktiven Phase folgt eine passive Phase um nachzuspüren. Zu empfehlen sind drei Durchgänge."

4.6 Was nährt mich? Ernährung in der Trauerkrise

Frau H. hat durch einen tragischen Unfall ihren Mann verloren. In den ersten Wochen und Monaten danach steht ihr überhaupt nicht der Sinn nach Essen. Alles kommt ihr so sinnlos vor, wofür denn bitte schön etwas zu sich nehmen? Da sie ohnehin sehr schlank ist, baut sie in kürzester Zeit körperlich völlig ab. Neben Bananen ist Astronautennahrung aus der Apotheke das, was sie in dieser Zeit über Wasser hält.

*

Frau K. versucht nach dem plötzlichen Tod ihres Mannes tapfer, den Familienalltag mit ihren Kindern auch in Bezug auf die Mahlzeiten aufrechtzuerhalten. Aber nicht nur, dass ihr Mann immer die Hoheit über die Küche hatte, ihr fehlt neben der Erfahrung vor allem die Kraft zum Einkaufen und Kochen. Glücklicherweise wird die Familie von zwei wundervollen, aufmerksamen Freundinnen regelmäßig mit frisch gekochtem Essen umsorgt.

Was auf den ersten Blick banal klingt, ist für viele Trauernde tatsächlich ein großes Thema: die Nahrungsaufnahme in einer Zeit, in der im Vergleich zum Tod alles andere nichtig erscheint. Die einen sind Frustesser und stopfen blindlings alles in sich hinein, sie essen sich regelrecht eine Art Schutzpanzer an. Anderen – und zwar in meiner Wahrnehmung den allermeisten – vergeht in der Trauer jeglicher Appetit, nichts schmeckt mehr, jegliche Freude am Essen ist verloren gegangen. Es scheint, als ob der Seelenschmerz sich bleischwer auf die Geschmacksnerven und den Magen gelegt habe. Essen war vor dem Tod des geliebten Menschen oft mit Genuss verbunden – und was soll man jetzt noch genießen, wo das Leben eine Vollbremsung vollzogen hat? Darf Genuss überhaupt noch einen Platz im Leben haben? Viele Trauernde plagt ein schlechtes Gewissen, wenn sie sich etwas gönnen, z. B. einen Besuch in einem guten Restaurant. Wer nach dem Tod des Partners bzw. der Partnerin allein zurückbleibt, sieht oft gar keinen Sinn darin, für eine Person aufwändig zu kochen. Viele haben früher gemeinsam geplant, eingekauft, geschnibbelt, gekocht und gegessen; dieses freudvolle Gemeinschaftserleben fehlt und reißt eine schmerzhafte Leere in den Alltag.

Ich möchte an dieser Stelle keinen Ernährungsratgeber schreiben. Es geht mir weder darum, eine bestimmte Ernährungsweise zu empfehlen, noch mit erhobenem Zeigefinger eine gesunde Lebensweise anzumahnen. Meine Ideen für Sie setzen auf einer ganz anderen Ebene an, nämlich bei der Frage, was Sie nun in dieser schmerzvollen Zeit wirklich nähren kann und wie Sie dies für sich herausfinden. Ein undogmatischer, eher pragmatischer Ansatz ohne schlechtes Gewissen liegt mir am Herzen. Fachliche Unterstützung habe ich für dieses Kapitel von Patricia Görgl aus Innsbruck erhalten, die als Ernährungscoach Menschen dabei unterstützt, wieder ihrem Bauchgefühl zu vertrauen (↗ http://www.patricia-goergl.com). Von ihr stammt auch das im Anhang genannte Kochbuch *Bowl Power* (unter ihrem Mädchennamen Patricia Schatzlmayr veröffentlicht).

Vom Grundbedürfnis zur Lebensenergie

Essen gehört in der Maslow'schen Bedürfnispyramide zu den Grundbedürfnissen der untersten Stufe (wie z. B. auch Schlaf, siehe Abschnitt 4.5), noch vor dem Bedürfnis nach Sicherheit (Wohnen, Arbeit, Einkommen). Essen sichert unser Überleben. Daher kommt der Ernährung eine wichtige, nämlich existenzielle Bedeutung zu.

In unserer heutigen Zeit gibt es viele, oft vehement vertretene Ernährungsphilosophien, von Veganismus über Paleo, Vollwertkost bis zu Low Carb oder Ayurveda. All diese Varianten mögen ein gutes Ziel verfolgen und auf ihre Art gesund sein, aber vielleicht geht es Ihnen auch manchmal so wie mir: Ich möchte nicht ständig vorgeschrieben bekommen, was ich darf bzw. nicht darf und was ich muss oder soll. Ich möchte ganz häufig einfach das zu mir nehmen, worauf ich gerade Lust habe und was mir gut schmeckt, weil ich spüre, dass es mir genau jetzt guttut. Und gerade in Ihrer Trauer dürfen Sie sich auf eben das besinnen, was Ihnen guttut!

Vielleicht haben Sie aus Ihrem Umfeld schon Sätze gehört wie: „Du musst mal wieder etwas Anständiges essen, sonst kommst du ja ganz auf den Hund." Natürlich wissen wir vom Kopf her, was gesund ist. Dass nichts essen keine Option sein darf. Dass ganz grundsätzlich Gemüse besser ist als Pommes und Obst mehr Nährstoffe enthält als Schokolade. Wir wissen, dass Essen nicht nur bloße Nahrungsaufnahme ist, sondern uns Energie gibt, die wir für unseren Alltag so dringend benötigen. Der Kopf weiß es und doch ist es in Zeiten der Trauer noch schwieriger, danach zu leben. Ich möchte Sie ermuntern, wieder Lust und Freude nicht nur am Essen, sondern auch an den Nahrungsmitteln selbst zu entwickeln.

Wie Trauer und Ernährung zusammenhängen

Appetitlosigkeit und eine indifferente Geschmackswahrnehmung sind typische Folgen von Trauer. Viele Trauernde klagen über Verdauungsprobleme, die sich teils durch Verstopfung, teils durch Durchfall äußern. Der Körper ist gestresst, die Nährstoffversorgung im Darm ist blockiert. Auch Kurzatmigkeit und eine erhöhte Anfälligkeit für Erkältungskrankheiten treten häufig in der Trauer auf.

Einen interessanten Erklärungsansatz für diese Phänomene finden wir in der Traditionellen Chinesischen Medizin (TCM). Sie ist eine Heilkunst, die sich in China seit mehr als 3000 Jahren entwickelt hat und in der die Ernährung eine zentrale Rolle einnimmt. Übrigens wird in China häufig zur Begrüßung die Frage gestellt „Haben Sie heute schon gegessen?" – Ernährung hat dort eine essentielle Bedeutung für das Wohlbefinden und so entspricht diese Frage in etwa unserer Begrüßung mit „Wie geht es Ihnen?". Als ich das hörte, dachte ich sofort: Wie schön wäre es, wenn

Trauernde häufiger gefragt würden „Hast du heute schon gegessen?“. Was für eine umsorgende, kümmernde Frage!

Aber zurück zur TCM und der sogenannten Fünf-Elemente-Ernährung. Körper, Geist und Seele bilden nach dieser Lehre eine Einheit und werden von Energie, dem sogenannten Qi durchströmt. Unsere Ernährung hat maßgeblichen Einfluss, ob dieses Qi fließt oder ins Stocken gerät. Dann nämlich kommt es zu einer körperlichen Schwäche, zu emotionalen Ungleichgewichten oder Krankheiten. Die fünf Elemente Holz, Feuer, Metall, Wasser und Erde sind jeweils einer Jahreszeit und einer Geschmacksrichtung zugeordnet. Ein hochwertiges, nährendes Gericht enthält idealerweise von jedem Element, also jedem Geschmack, etwas.

Gleichzeitig unterstützt jedes Element bestimmte Emotionen und auch Funktionskreise in unserem Organismus. Trauer wird durch das Element Metall unterstützt, das dem Herbst zugeordnet ist. Wie passend! Der Herbst ist die Jahreszeit des Loslassens, die Blätter fallen, die Natur zieht sich zurück, so, wie wir Menschen in Zeiten der Trauer in eine innere Einkehr gehen. Wir richten unseren Blick nach innen, um unsere Kräfte zu schonen und neue Energie zu finden. Die Natur macht uns das auf wunderbare Art vor.

In der TCM wird davon ausgegangen, dass sich Emotionen irgendwo im Körper manifestieren. Der dem Element Metall zugehörige Funktionskreis ist Lunge und Dickdarm. Somit erklärt sich, warum Trauernde oft Verdauungsschwierigkeiten haben, anfällig für Erkältungen, Bronchitis & Co. sind oder über Kurzatmigkeit klagen. Interessanterweise arbeitet unsere Sprache auch mit solchen körperlichen Bildern: Uns „bleibt die Luft weg“, wenn uns etwas schockiert, oder eine belastende Situation „schlägt uns auf den Magen“.

Freude am Essen – werde ich sie jemals wiederfinden?

Wie so oft im Leben finden wir den Zugang dazu weniger über die rationale als vielmehr über die emotionale Ebene. Dabei können Ihnen folgende Fragen helfen:

- Was haben Sie als Kind besonders gern gegessen?
- Wenn Sie an Mahlzeiten in Ihrer Kindheit zurückdenken: An welche Rituale erinnern Sie sich besonders gern?
- Welche Gerichte wärmen Ihr Herz?

Diese Nahrungsmittel aus Kindheitstagen triggern Ihre müden Geschmacksnerven und vielleicht spüren Sie jetzt schon bei den ersten Gedanken, dass Ihnen das Wasser im Mund zusammenläuft? Das wohlige Gefühl von damals holen Sie sich ins Hier und Jetzt und schaffen damit wahre Seelennahrung. Eine Bekannte berichtete mir, dass sie sich eine warme Vanillemilch zubereitet, wenn sie traurig ist. Mir fallen spontan Milchreis und Grießbrei mit Zimt und Zucker ein. Beides kochte meine Mutter mir, wenn ich krank war oder sie mich besonders verwöhnen wollte. Zimt gehört übrigens in der Fünf-Elemente-Ernährung zu den Gewürzen, die dem Element Metall zugeordnet sind – also hilfreich in der Trauer!

Nach diesen Einstiegsfragen lade ich Sie ein, einen nächsten Schritt zu gehen:
- Wonach sehnen Sie sich?
- Was nährt Sie? Was füllt Ihren Energiespeicher?

Vielleicht ist es Wärme – dann könnten beispielsweise Zutaten für Suppen und Eintöpfe auf Ihrer Einkaufsliste stehen. Vielleicht sehnen Sie sich nach Leichtigkeit – dann suchen Sie eher nach leckeren Rezepten für abwechslungsreiche Salate. Vielleicht brauchen Sie Kraft – dann wären Hülsenfrüchte, gute Kohlenhydrate oder Kraftsuppen eine passende Wahl.

Bowl for soul

Patricia Görgl wählt die Bowl, eine kleine Schüssel oder Müslischale, als Symbol für nährende Mahlzeiten (Schatzlmayr 2017). Sie ist groß genug, um gute Lebensmittel der verschiedenen Elemente zu vereinen, und klein genug, um sich nicht zu überfordern. Eine Bowl ist handlich, die Zutaten lassen sich darin gut vermengen und das Essen bleibt in ihr länger heiß als auf einem flachen Teller.

In Patricia Görgls Kochbuch oder auch im Internet unter dem Suchbegriff „Bowl Rezept“ finden Sie Anregungen für jeden Geschmack, für Ihr Frühstück oder für warme Mahlzeiten.

Hier nun noch eine Liste von Nahrungsmitteln, die nach der Fünf-Elemente-Ernährung in Zeiten der Trauer besonders stärkend wirken:
- Hülsenfrüchte: Bohnen aller Art sind tolle pflanzliche Eiweiße. Um Hülsenfrüchte besser zu verdauen, verwenden Sie Gewürze wie Fenchel, Kümmel, Anis oder Bohnenkraut.
  In der TCM werden Bohnen zur Stärkung der Nierenenergie empfohlen, um die Lebensessenz zu unterstützen.
- Beeren: Beeren sind kleine Wunder. Sie enthalten viele Vitamine und sind reich an Antioxidantien. Sie stärken außerdem das Immunsystem und das Herz.
- Grünes Blattgemüse: Es ist reich an Chlorophyll – der grüne Pflanzenfarbstoff ist ein toller Energiespender und versorgt uns mit einer ganzen Reihe von Mineralstoffen.

- Hafer: „Der Hafer sticht“ – aus dem Volksmund kennen wir diesen Spruch. Hafer ist ein tolles Lebensmittel, um Kräfte aufzubauen. Die darin enthaltenen Vitamine unterstützen unser Nervenkostüm und regen den Stoffwechsel an. Hafer gilt außerdem als guter pflanzlicher Eiweißlieferant.
- Wurzelgemüse: Ein toller Unterstützer, um wieder zu Kräften zu kommen. Die erdende und wärmende Wirkung baut den Körper wieder auf.
- Kraftsuppen wärmen Körper und Seele.
- Eier: Sie sind aus Sicht der TCM wahre Kraftspender. Sie werden sehr gerne verwendet, um Kräfte wiederaufzubauen und die Lebensenergie zu unterstützen.
- Pseudogetreide: Das sind Körner, die dem Getreide sehr ähnlich sind, jedoch zu einer anderen Pflanzenfamilie gehören. Dazu gehören Quinoa, Buchweizen und Amaranth. Diese „Getreide“ sind tolle Energielieferanten und dazu glutenfrei. Sie sind eine prima Alternative zu herkömmlichem Getreide und sind nebenbei noch sehr gut verträglich.
  Tipp: Quinoa sollten Sie sehr gut waschen. Die enthaltenen Saponine sorgen sonst dafür, dass er seifig schmeckt. Dazu einfach in ein feines Sieb geben und so lange waschen, bis das Wasser klar ist. Sie können übrigens alle Getreidesorten vorher waschen, um sie von evtl. Rückständen, Bitterstoffen etc. zu reinigen.
- Gewürze: Ingwer, Chili, Muskat, Curry, Knoblauch, Zimt – jeweils in hömöopathischen Dosen. Gewürze eignen sich hervorragend, um den Organismus wieder in Schwung zu bringen. Gerade in der Trauer stecken Emotionen und Gefühle regelrecht im Körper fest. Aus Sicht der TCM lösen diese Gewürze Stagnationen und bringen das Qi (Lebensenergie) wieder zum Fließen.

Fazit: Alles erlaubt?

Ich würde eher sagen: Alles kann, nichts muss. Machen Sie Ihre heruntergekommene Ernährung nicht zu einem (weiteren) Problem in Ihrem Leben. Ihre Trauer und die Folgen, die der Verlust für Ihr Leben hat, sind schon schwerwiegend genug, darum sollten Sie Ihre Essgewohnheiten mit einer Portion Gelassenheit betrachten. Natürlich macht immer die Dosis das Gift. Aber Sie dürfen Frieden schließen mit der Fertigpizza, die Ihnen an manchen Tagen das Leben zwischen Arbeit, Kindern und Trauer erleichtert! Und auch die Schokolade darf ein Seelentröster in dieser Zeit für Sie sein!

Sollten Sie regelmäßig gar keinen Antrieb zum Kochen verspüren, laden Sie sich Ihre beste Freundin, Ihren engsten Freund oder eine liebe Nachbarin ein und kochen Sie gemeinsam Ihre Lieblingsgerichte. Am besten in größeren Mengen, damit Sie einen Teil für später einfrieren können.

Nutzen Sie die Motivation aus diesem Kapitel, um sich ein paar Gedanken zu machen:

- Welches Lieblingsessen aus Ihrer Kindheit werden Sie als nächstes zubereiten?
- Was aus der Liste der stärkenden Nahrungsmittel mögen Sie gern? Stöbern Sie in Kochbüchern oder im Internet nach Rezepten mit diesen Bestandteilen.

Erstellen Sie eine Einkaufsliste und machen Sie einen Essensplan für die kommende Woche. Überlegen Sie, mit wem Sie demnächst gemeinsam kochen und essen möchten.

Powerballs mit Nüssen, Feigen und Kokosraspeln

Wahre Energiebooster für kraftlose Zeiten!

Zutaten:

30 g Macadamianüsse
20 g Mandeln, enthäutet
100 g Datteln, entsteint
50 g Feigen, getrocknet, geviertelt
½ EL Kakaopulver
¼ TL Zimt
1 EL Kokosöl
1 EL Ahornsirup
50 g Kokosraspel

Alle Zutaten bis auf die Kokosraspel in den Mixer geben und klein hacken, bis eine konsistente Masse entsteht. Diese Masse ca. eine Stunde kalt stellen.

Kleine Portionen mit dem Löffel abstechen und mit den Händen kleine Kugeln formen. Diese direkt in Kokosraspeln rollen und einzeln auf ein Tablett legen.

5. Mit der Trauer weiterLEBEN

5.1 Wie geht eigentlich „heilsames Trauern“?

Dieses komplette Buch handelt vom heilsamen Trauern. Sie finden hier viele unterschiedliche Facetten, wie Sie aus diesem unfassbaren Schmerz, der Ihr ganzes Sein umfasst, heraus in die Heilung kommen. Daher möchte ich in diesem speziellen Kapitel die Essenz herausfiltern und auf den Punkt bringen.

Heilsam ist alles, was dazu beiträgt, dass Sie den Schmerz fühlen und ihn als zu Ihrem Leben dazugehörig annehmen. Die Trauer gehört genauso in Ihren Lebensrucksack wie *alle* anderen Gefühle auch: die Lebensfreude, der Ärger, die Gelassenheit, die Einsamkeit, die Angst, die Dankbarkeit etc. – einfach alles darf dazugehören und beREICHert Ihr Leben. In Kapitel 3 finden Sie eine ausführliche Darstellung der verschiedenen Gefühle, die sich in diesem großen, diffusen Gefühl Trauer oft verstecken.

Heilsam ist, wenn Sie auf das Leben zutrauern. Das mag rauf und runter und auch schon mal rückwärtsgehen, aber unter dem Strich sollte die Richtung nach vorne und auf das Leben ausgerichtet sein. Dazu ein kleines Beispiel: Wenn Sie Ihren Partner verloren haben und täglich zum Abendbrot seinen Platz am Tisch mitdecken, dann ist das so lange in Ordnung, wie dies für Sie ein Symbol der nach wie vor vorhandenen Verbundenheit darstellt. Ich kenne Trauernde, die auf diese Weise ihrem Partner von ihrem Tag berichten – das ist weder spooky noch bemitleidenswert, andere gehen dafür auf den Friedhof. Wenn Sie aber mit einem solchen Ritual bei jedem Abendessen ausschließlich weinen und sich immer tiefer in destruktiven Gedanken verstricken, weil der andere Platz leer bleibt, sollten Sie es kritisch hinterfragen.

Heilsam ist alles, was Ihnen guttut! Und der entscheidende Punkt dabei ist: was *Ihnen* guttut und nicht, was andere meinen, was Ihnen guttun könnte. Ich wäre stolz auf Sie, wenn Sie jeden Morgen auf der Bettkante säßen und sich fragten: Was kann ich mir heute Gutes tun? Welchen kleinen Schritt kann ich heute auf das Leben zugehen? Ja, das Leben ist auch in der Trauer leider kein Wunschkonzert und nicht jede Idee lässt sich gleichermaßen noch am selben Tag umsetzen. Darum geht es auch nicht. Es geht um die kleinen Dinge, die Ihre Seele streicheln und dazu beitragen, dass Sie aus Ihrem Gefühlschaos und Gedankenkarussell aussteigen können. Bewegung zum Beispiel bringt Sie wortwörtlich in Schwung. Ein kleiner Spaziergang lädt Sie ein, Schritt für Schritt vorwärtszugehen. Leichte sportliche Betätigung lässt Sie Ihren Körper wieder spüren. Beim Schaukeln werden Glückshormone ausgeschüttet.

Oder gehen Sie in den Wald. Nicht umsonst gilt Waldbaden in Japan als Medizin, es gibt dort sogar eine fachärztliche Spezialisierung in „Waldmedizin". Was auf den ersten Blick nach einem der vielen neumodischen Wellnesstrends klingt, erweist sich als wissenschaftlich erwiesene Heilkraft. Die Atmosphäre des Waldes, die Stille bzw. regelmäßigen Geräusche durch Vögel oder Blätterrauschen, das gedämpfte Licht lassen uns zur Ruhe kommen. Der Wald wirkt entschleunigend und genau das tut uns in der Trauer gut. Wenn Sie viel innere Unruhe und Rastlosigkeit spüren, sollten Sie den Wald als heilsamen Gefährten aufsuchen.

Der Baum – beständig und doch ständig in Veränderung

Suchen Sie sich einen Baum in Ihrer Nähe, vielleicht einen besonders markanten Baum, an dem Sie auf Ihren Spaziergängen oder auf dem Weg zur Arbeit immer vorbeikommen. Beobachten Sie diesen Baum genau über die Jahreszeiten hinweg. Schauen Sie ihm zu, wie sich im Frühling das erste zarte Grün zeigt, das zu einem immer dichteren Laubdach wird und im Sommer mit sattem Grün Schatten spendet. Erleben Sie bewusst, wie sich im Herbst das Laub verfärbt, nach und nach immer bunter wird und die ersten Herbstwinde die Blätter davonwehen. Wie Ihr Baum schließlich nackt dasteht, die kahlen Äste in den Himmel streckt und vielleicht sogar von Schnee bedeckt wird. All das können Sie in inneren Bildern festhalten oder auch fotografieren und in Ihren Kalender oder ein Heft kleben.

Der Baum macht Ihnen vor, wie es gehen kann, sich auf veränderte äußere Rahmenbedingungen einzustellen. Dass neues Leben möglich ist, obwohl es lange Zeit nach einem kargen Dasein aussieht. Und dass es für dieses neue Leben nötig sein kann, Ballast abzuwerfen und in einer Ruhephase Kraft zu schöpfen.

Indem Sie diesen einen Baum zu Ihrem steten Begleiter machen, kann er Ihnen in seiner Beständigkeit Gelassenheit und Trost spenden.

Heilsam ist alles, was Ihre Selbstverantwortung stärkt. Viele Trauernde fühlen sich getrieben von ihren eigenen Ansprüchen und den Anforderungen, die das Umfeld an sie stellt. Fragen Sie sich daher bei allem, was Sie tun, ob es wirklich das ist, was Ihrem Herzen entspricht, oder ob Sie damit anderen gefallen oder deren Erwartungen gerecht werden wollen. An meinem Kühlschrank hängt eine Postkarte mit dem Satz: „Geh Deinen Weg und lass die anderen reden." Genau darum geht es: Es ist *Ihr* Weg und es sind *Ihre* Entscheidungen, die nur *Sie selbst* treffen können. Oft haben wir in unserer Kindheit den Satz gehört „Was sollen die anderen nur denken?". Genau diese Außenorientierung steht uns nun im Weg. Daher möchte ich Sie ermutigen, sich von diesen äußeren Zwängen zu befreien. Sie, und nur Sie, sind der Experte bzw. die Expertin Ihres Lebens und Ihrer Trauer.

Manchmal mag die Zeit für eine Entscheidung noch nicht reif sein. Dann ist es besser, keine Entscheidung zu treffen als eine Entscheidung, mit der Sie mehr die Erwartungen anderer erfüllen als Ihre eigenen Bedürfnisse befriedigen.

Packen Sie Ihren eigenen Lebensrucksack!

Wie beim Kofferpacken legen Sie sich zunächst einmal alles zurecht. Das können Gefühle sein, aber auch Fähigkeiten, Erfahrungen oder Know-how:

- Was gehört in Ihren Lebensrucksack?
- Was möchten Sie gern dazupacken?
- Was darf – vielleicht zumindest eine Zeit lang – außen vor bleiben?

Packen Sie nun Ihrer heutigen Situation entsprechend: Was gehört nach ganz unten, was darf obenauf liegen, was benötigen Sie in den Seitentaschen griffbereit?

Diese heutige Momentaufnahme mag in einem Monat schon etwas anders aussehen, dann packen Sie neu! Wichtig ist, dass Sie ein Gefühl dafür bekommen, dass alles dazugehören und seinen Platz haben darf. Diese Akzeptanz Ihrer vielfältigen, bunten Gefühls- und Ressourcenwelt ist ein wesentlicher heilsamer Schritt.

Weitere Impulse zu diesem Thema finden Sie im Video „Kleine Kraftquellen mit großer Wirkung" unter ↗ https://www.junfermann.de/titel/mit-der-trauer-leben-lernen/1337.

5.2 Wie Sie die Trauer in Ihr Leben integrieren können

Wie gehen Sie mit etwas um, das Teil Ihres Lebens ist, obwohl Sie es gar nicht wollen? Mir fällt dazu meine Schulzeit ein. Ich bin nicht besonders gern zur Schule gegangen. Lernen fand ich in den meisten Fächern langweilig und in der Pubertät habe ich mich mit aller Kraft dagegen aufgelehnt. Erst kurz vor dem Schulabschluss begann ich, diesen Kampf aufzugeben. Mir wurde klar, dass es Schule nicht ohne Lernen gibt, und je mehr ich das einfach akzeptierte, desto leichter wurde es.

So ähnlich funktioniert es auch mit Ihrer Trauer. Sie möchten sie nicht in Ihrem Leben haben, klar. Sie tut weh. Sie zwingt Sie, etwas zu realisieren, das Sie lieber negieren möchten. Aber die Trauer ist nun einmal da, weil der Verlust Realität ist. Je mehr Sie gegen Ihre Trauer ankämpfen, desto anstrengender ist Ihr Leben.

Annehmen und aushalten ist die Devise! Vergegenwärtigen Sie sich immer wieder, dass Ihre Trauer eine ganz normale, gesunde Reaktion auf einen Verlust ist. Leider funktioniert unser Leben nicht ganz so, wie es unsere Gesellschaft gerne hätte: immer erfüllt von hochglanzpoliertem Glück auf der ewigen Suche nach dem noch perfekteren Lebensstil. Es gilt also auszuhalten, dass unser Leben auch dunklere Phasen des Unglücklichseins enthält. Mehr noch: Es gilt zu akzeptieren, dass es genau diese Phasen sind, die unser Leben bereichern und uns stark machen. In Abschnitt 4.4 habe ich Ihnen die Sowohl-als-auch-Haltung erläutert. Sie ist es, die Ihnen ganz besonders dabei hilft, aushalten und akzeptieren zu lernen.

Trauer ist Liebe

Und noch ein wichtiger Aspekt auf dem Weg zur Integration der Trauer in Ihr Leben: Würdigen Sie die Trauer als Zeichen Ihrer Liebe. Trauer ist die Kehrseite der Liebe. Wäre da nicht so viel Liebe, würden Sie nicht so tief trauern. Ganz bestimmt haben Sie schon gespürt, dass die Liebe mit dem Tod Ihres geliebten Menschen nicht endet. Sie lieben weiter! Ihr unendlicher Schmerz ist nichts anderes als Ihre tief empfundene und nun verwundete Liebe. Je mehr Sie diese Zusammenhänge verstehen, je mehr diese wirklich in Ihr Bewusstsein eindringen, desto häufiger zeigt sich Ihnen in der Trauer auch Ihre Liebe. Sie ist das verbindende Band zwischen Ihnen und Ihrem geliebten Menschen.

Vielleicht erinnern Sie sich an das Bild der Hängematte aus Abschnitt 1.2 über die Notwendigkeit, den Schmerz anzunehmen. Lassen Sie sich immer wieder in Ihre Trauer hineinfallen wie in eine Hängematte, um dann spüren zu können, wie der Schmerz leichter wird.

> *Frau B. verbindet mit dem Bild der Hängematte insbesondere ein Gefühl von Geborgenheit. Im Garten ihrer Großeltern, wo sie als Kind viele Ferienwochen verbracht hatte, hing zwischen zwei großen Bäumen eine Hängematte. Dorthin zog sie sich mit ihren Kuscheltieren und Büchern zurück und fühlte sich geborgen wie in einer Höhle. Heute stellt sie sich vor, in dieser geborgenen Hängematte ihre Trauer auch schützen zu können vor den „Angriffen“ und Bewertungen ihres Umfelds. Sie hat gelernt, ihre Trauer als einen wertvollen Teil ihres Lebens zu sehen, der ihres Schutzes bedarf. Genau dabei hilft ihr das Bild der Hängematte.*

Trauer im Arbeitskontext

Sofern Sie berufstätig sind, gehört zur Integration der Trauer in Ihr Leben auch, einen für Sie stimmigen Umgang damit an Ihrem Arbeitsplatz zu finden. Rund um die Beerdigung stellen viele Arbeitgeber ihre Beschäftigten für ein paar Tage frei, zudem lassen Trauernde sich oft für einige Tage krankschreiben, bauen Überstunden ab oder reduzieren vorübergehend ihre Stunden.

Fakt ist, dass Trauer viel Kraft kostet und oftmals Konzentrationsschwierigkeiten zur Folge hat. Sie sollten daher gut überlegen, ob eine frühe Rückkehr an Ihren Arbeitsplatz wirklich sinnvoll ist.

Manchen Trauernden hilft es, möglichst schnell ihre Arbeit wiederaufzunehmen. Ihnen gibt der geregelte Tagesablauf Struktur und sie haben das Gefühl, nicht den ganzen Tag im Schmerz zu versinken. Das Gespräch mit den Kolleg:innen, und sei es nur der Small Talk, lenkt von den eigenen Problemen für eine Zeit lang ab. Die Arbeit als solche vermittelt das Gefühl, gebraucht zu werden und etwas zu schaffen. Im Gegensatz dazu haben viele Trauernde im Privaten das Gefühl, gar nichts mehr schaffen zu können; da sind der berufliche Erfolg bzw. das Abarbeiten von Aufgaben Balsam für die Seele. Aber Vorsicht: Es kann auch ein Davonlaufen vor dem Schmerz sein, gerade wenn Sie sich noch mehr in die Arbeit stürzen als zuvor. Dann holt der Schmerz Sie irgendwann umso heftiger ein. Prüfen Sie also genau, was die Motivation für Ihren schnellen Wiedereinstieg ins Berufsleben ist: gesunde Tagesstrukturen oder kopflose Beschäftigungstherapie? Heilsame Kontakte im Team oder betriebsames Davonlaufen vor dem Schmerz?

Eine längere Auszeit

Vielleicht haben Sie auch schon gespürt, dass Ihre Trauer alle Kraft von Ihnen fordert und gar keine Ressourcen für Ihre Arbeit bleiben. Dann ist es völlig in Ordnung, wenn Sie sich für eine Zeit lang krankschreiben lassen, vielleicht sogar für einen längeren Zeitraum. Bleiben Sie zu Hause und widmen Sie sich voll und ganz Ihrer Trauer. Es darf Zeiten in Ihrem Leben geben, in denen Sie nicht wie gewohnt funktionieren. Vielleicht sitzen Sie stundenlang auf dem Sofa und starren ins Leere. Vielleicht wandern Sie ziellos durch Ihre Wohnung. Vielleicht gehen Sie in die Küche, um etwas zu holen, und wissen dort schon nicht mehr, was es war. Das ist alles völlig normal!

Während einer längeren Krankschreibung (oder auch, wenn Sie nicht berufstätig sind) hilft eine grobe Tagesstruktur, sich nicht ganz im Meer der Trauer zu verlieren. Sollten Sie Kinder haben, die noch bei Ihnen zu Hause leben, fällt diese Struktur leichter, da der Rhythmus der Kinder auch Ihren Rhythmus bestimmt. Ohne solche äußeren Strukturen sollten Sie versuchen, bewusste Zeiten für das Aufstehen, zwei oder drei Mahlzeiten und eine kleine Bewegungseinheit einzuplanen. Damit meine ich keine sportlichen Übungen. Für den Anfang reicht eine Runde um den Block, die Sie Schritt für Schritt ausweiten können zu einem längeren Spaziergang. Bewegung und frische Luft sorgen für einen klaren Kopf und stoppen Ihr Gedankenkarussell.

Was bei der Rückkehr an den Arbeitsplatz zu beachten ist

Im Anschluss an eine längere Krankschreibung sollten Sie mit Ihrem Arbeitgeber und mit Ihrem Arzt über eine schrittweise Wiedereingliederung sprechen. Von 0 auf 100 ist meist keine besonders gute Idee und beiden Seiten ist nicht damit geholfen, wenn Sie nach kurzer Zeit bereits wieder am Ende Ihrer Kräfte sind. Aus meiner langen Zeit in der Personalentwicklung eines großen Konzerns weiß ich, dass viele Ärzte die Wiedereingliederung auf einen recht kurzen Zeitraum von oft nur zwei oder drei Wochen verteilen. Sinnvoller, weil langfristig erfolgreicher, ist es, diesen Zeitraum des schrittweisen Hochfahrens Ihrer Stundenzahl auf mindestens sechs Wochen zu strecken. Das könnte z. B. so aussehen, dass Sie jeweils zwei Wochen lang auf 40, 60 und 80 Prozent Ihrer Arbeitszeit arbeiten, also insgesamt über einen Zeitraum von sechs Wochen mit reduziertem Stundenumfang berufstätig sind.

Dazu ist es erforderlich, dass Sie möglichst von Beginn an mit Ihrem Arbeitgeber im Gespräch sind. Ob Ihr direkter Vorgesetzter, Ihr Bereichsleiter, der Betriebsrat oder die Personalabteilung Ihr Ansprechpartner ist, hängt von den Strukturen des Betriebes ab. Meine Empfehlung lautet: Suchen Sie sich eine Person Ihres Vertrauens und besprechen Sie mit ihr mögliche Optionen des Wiedereinstiegs. Manchmal ist es auch möglich, dass Ihre Aufgaben vorübergehend auf mehrere Schultern verteilt werden, sodass Sie nur die Arbeiten übernehmen, die Sie mit Ihrer Konzentrationsfähigkeit gut schaffen können. Mit ein bisschen gutem Willen von beiden Seiten finden sich oft gute, einvernehmliche Lösungen, die Sie in dieser besonderen Lebensphase unterstützen. Nach meiner Erfahrung finden sich solche Lösungen einfacher, wenn Sie schon früh mit offenen Karten spielen und das Gespräch aktiv suchen.

Grundsätzlich werden Sie, was den Umgang mit Ihrer Trauer angeht, im Betrieb ein Abbild unserer Gesellschaft vorfinden. Sie werden Kolleg:innen und Führungskräfte erleben, die den Kontakt zu Ihnen eher meiden, und andere treffen, die sich aufrichtig nach Ihrem Befinden erkundigen und sich über eine ehrliche Antwort freuen. Trauer am Arbeitsplatz oder gar Tränen am Schreibtisch sind noch mehr tabu als in unserer Gesellschaft ohnehin schon. Ich empfehle Ihnen, selbst aktiv zu werden, indem Sie Ihren Kolleg:innen eine Brücke bauen. Beispielsweise können Sie sagen: „Bitte behandelt mich ganz normal. Ich bin nicht ansteckend. Ich freue mich über ein Stückchen Normalität in meinem gar nicht mehr normalen Leben. Mit Weggucken verletzt ihr mich viel mehr als mit vielleicht etwas unsicherem Nachfragen. Und wenn ich gerade in meinem Anderssein etwas anstrengend für euch bin, dann bitte ich um Nachsicht."

Eine kleine Imaginationsübung, die Ihnen zu einem entspannteren Umgang mit Ihrer Trauer verhilft: Stellen Sie sich vor, Sie sind mit Ihrer Trauer in Ihrem Lieblingscafé verabredet. Sie bestellen für sich und für Ihre Trauer Ihr Lieblingsgetränk und ein leckeres Stück Kuchen dazu. Nun kommen Sie miteinander ins Gespräch.

- Was sagen Sie Ihrer Trauer, was Sie ihr immer schon einmal sagen wollten? Was antwortet sie?
- Welche Bitte äußern Sie? Was antwortet Ihre Trauer?
- Welches Commitment, welche Vereinbarung treffen Sie mit Ihrer Trauer? Worauf kann sie sich einlassen?

Verabreden Sie schließlich, wann Sie sich erneut zu einem solchen Gespräch treffen werden, und tragen Sie sich das als Termin in Ihren Kalender ein.

Vielleicht kommt Ihnen diese Übung spooky vor. Die Trauer zu personalisieren und mit ihr ins Gespräch zu kommen hilft Ihnen einerseits, einen gesunden Abstand zu Ihrer Trauer zu bekommen (denn Sie *sind nicht* Ihre Trauer). Zum anderen erlangen Sie ein Stück Handlungsfähigkeit zurück, wo Sie bisher eher gefühlt haben, Ihrer Trauer ausgeliefert zu sein.

Wenn Sie weitere Impulse zu diesem Thema wünschen, hören Sie auch gerne die Podcastepisode 23 „Trauer am Arbeitsplatz“ unter ↗ https://liebevoll-trauern.podigee.io.

5.3 Passen Leichtigkeit und Trauer zusammen?

Die Themen Sterben, Tod und Trauer sind in unserer Gesellschaft aus meiner Sicht in den letzten Jahrzehnten entemotionalisiert worden. Kein Platz für große Gefühle. Nicht für Tränen der Trauer und auch nicht für Freudentränen.

Neulich sprach ich im Rahmen der Planung einer Bestattung mit einer Pastorin. Sie lehnte den Musikwunsch der Angehörigen („Time to say goodbye“) ab, weil „das ja alles nur noch schlimmer mache“. Sie meinte, dann würden die Angehörigen ja nur noch weinend vor ihr sitzen. Ich war erst einmal sprachlos …

*

In einer Trauerfeier für eine ältere, offensichtlich etwas „schrullige“ Person ergriff ihr Patenkind das Wort. Sie erzählte in herrlichem Ruhrpott-Slang eine Geschichte von „Tante Mariechen“, die die komplette Trauergemeinde, mich als Bestatterin eingeschlossen, zum Lachen brachte. Welch eine erfrischende Auflockerung!

Vielleicht haben Sie sich auch schon gefragt, ob das überhaupt geht – als trauernder Mensch zu lachen. Ob Sie das überhaupt dürfen. Eine Klientin sagte mir einmal, sie empfinde es als Verrat an ihrem verstorbenen Mann, wenn sie auch nur ansatzweise an irgendetwas Spaß habe. Dieses schlechte Gewissen ist zunächst einmal normal. Denken Sie an Abschnitt 4.4 und die Entweder-oder-Haltung. Dieser Gedanke kommt dann auf, wenn Sie meinen, entweder nur Trauer oder nur Spaß empfinden zu können. Wenn Sie jedoch eine Sowohl-als-auch-Haltung einnehmen, wird klar, dass beides möglich ist und möglich sein darf. Vielleicht benötigen Sie dazu eine explizite Erlaubnis – und zwar auf zweierlei Arten. Zum einen die Erlaubnis Ihres geliebten Menschen. Die bekommen Sie ganz bestimmt. Er erlaubt Ihnen nicht nur, wieder glücklich zu werden, sondern wünscht sich nichts sehnlicher. Vermutlich fordert er Sie sogar auf, sich wieder dem Leben zuzuwenden, aber Sie sind taub auf diesem Ohr! Hören Sie also mal genau hin!

Zum anderen dürfen Sie – was ich für noch wichtiger halte – sich selbst die Erlaubnis geben, aus sich heraus wieder zu leben. Jeder Mensch trägt diesen Wunsch nach einem gelingenden Leben in sich. In Zeiten der Trauer ist er jedoch häufig verschüttet. Schaufeln Sie ihn frei und lassen Sie diesen Wunsch wieder zu. Vielleicht hilft Ihnen dabei folgender Gedanke: Sie lassen Ihren geliebten Menschen nicht in Ihrem alten Leben zurück, sondern nehmen ihn in Ihrem Herzen mit in Ihr neues Leben. Er ist immer bei Ihnen und sieht Ihnen „von oben“ dabei zu, wie Sie sich am Leben freuen. Ist das nicht eine heilsame Vorstellung?

Leben ist Fülle

Von Christian Morgenstern stammt der Satz: „Zwischen Weinen und Lachen schwingt die Schaukel des Lebens.“ Was für ein schönes Bild von Leichtigkeit und Fülle. Lachen ist gesund, sagt nicht nur der Volksmund, sondern ist mittlerweile wissenschaftlich erwiesen. Es ist eine menschliche Grundregung, wie das Weinen auch. Abschied nehmen, Bestattung, Trauer sind enorme Herausforderungen und Stressfaktoren, bei denen man auf die Idee kommen könnte, es gebe nichts zu lachen. Wenn ich als Bestatterin mit Angehörigen darüber spreche, ob sie ihren geliebten Menschen in eigener Kleidung beerdigen möchten, erzähle ich immer gern, dass für mich meine sogenannten Bettsocken ganz wichtig wären. Das sind dicke Socken, die ich für die ganze Familie stricke, weil wir alle mit kalten Füßen nicht einschlafen können. Sofort schleicht sich eine Prise Leichtigkeit in das Beratungsgespräch, weil wir alle schmunzeln müssen. So lässt sich entspannter darüber sprechen, was wohl für den Verstorbenen ein wichtiges Kleidungsstück in der letzten Ruhestätte sein könnte.

Wenn wir lachen, tritt für einen Moment das Schwere in den Hintergrund. Warum sollten wir das nicht in Zeiten der Trauer bewusst nutzen? Humor wirkt wie ein Ventil, um den vielfältigen Gefühlen nach einem Verlust Raum zu geben. Humor kann somit ein Schwimmreifen sein, mit dessen Hilfe Sie wieder zurück ins Leben schwimmen.

Erinnerungen zum Schmunzeln

Sich dankbar erinnern ist eine der sechs Notwendigkeiten der Trauer nach Alan D. Wolfelt (siehe Abschnitt 1.2). Sich dabei gerade auch an Ereignisse zu erinnern, bei denen Sie gemeinsam mit Ihrem geliebten Menschen gelacht haben, wirkt besonders kraftvoll. Diesen Menschen in der Erinnerung noch einmal lachen zu hören ist eben nicht nur schmerzhaft, sondern setzt auch heute noch in der Retrospektive Glückshormone in Ihnen frei.

Im Coaching sprechen wir von der sogenannten Problemtrance, wenn Menschen sich in ihrem Problem verstricken, nur noch in diesem Problem denken und die Trauerspirale sie immer weiter hinunterzieht. Sie befinden sich wie in einem Trancezustand, unfähig, sich daraus aktiv zu befreien. Auch nach einem Verlust stellt sich die Frage: Wie viel Macht möchten Sie der Trauer über Ihr Leben geben? Wie stark darf die Trauer über Ihr Leben bestimmen? Ich bin sicher: Wenn Sie dem Humor in Ihrem Leben ebenfalls einen Platz einräumen, sorgt er für das passende Gegengewicht, damit die Trauer nicht das alleinige Hausrecht hat. Wie so oft im Leben, ist auch das Ihre bewusste Entscheidung!

Welche Erinnerungen an Ihren geliebten Verstorbenen zaubern Ihnen ein Lächeln aufs Gesicht? Worüber konnten Sie gemeinsam lachen?

Visualisieren Sie diese Situationen entweder mit Fotos, die Sie zu einer „Collage der Freude“ zusammenstellen, oder mit Gegenständen, die Sie beispielsweise auf einem Tablett sammeln.

Sie geben damit diesen Momenten voller Leben einen Platz in Ihrem heutigen Alltag. Und das ist eben nicht nur schmerzhaft, sondern auch heilsam.

Wenn Sie weitere Impulse zu diesem Thema wünschen, hören Sie auch gerne die Podcastepisode 20 „Leichtigkeit & Trauer – passt das zusammen?“ unter ↗ https://liebevoll-trauern.podigee.io/.

5.4 Vom Umgang mit Tränen

Viele Trauernde erleben gerade in der Anfangszeit, nicht weinen zu können. Der Tod ihres geliebten Menschen scheint sie in eine Art Schockzustand zu versetzen, den viele meiner Klient:innen als ein Gefühl „wie in Watte gepackt“ beschreiben. Zudem gibt es bis zur Beerdigung viel zu organisieren, da bleibt oft kein Platz für Tränen.

Andere versinken von Beginn an in einem Meer von Tränen. Sie fühlen den Schmerz des Verlustes bis in die letzte Haarspitze. Trauer ist eben sehr individuell.

Tränen sind nach meiner Erfahrung nicht kalkulierbar. Nach dem Tod meines Vaters stellte ich mir manche Situationen im Vorfeld sehr unangenehm vor, weil ich davon ausging, in Tränen ausbrechen zu müssen. Oft kam es dann aber gar nicht dazu – vielleicht genau deshalb, weil ich mich innerlich darauf vorbereitet hatte. Dafür gab es andere Situationen, in denen sich völlig unerwartet alle Schleusen öffneten.

Die meisten Sitzungen mit meinen Klient:innen beginnen mit Weinen. Und das ist gut so! Da hat sich etwas angestaut, das sich nun im geschützten Raum seinen Weg bahnt. Denn ganz häufig erleben Trauernde, dass nach einer gewissen Zeit ihr Umfeld nicht mehr so sichtbar mit ihrer Trauer konfrontiert sein möchte. Daher halten sie ihre Tränen zurück, bis sie eine „gute Gelegenheit“ zum Weinen haben. Das bringt Erleichterung und löst förmlich den innerlich entstandenen Druck.

Tränen waschen die Seele rein, heißt es im Volksmund. Sie bringen die Trauer im wahrsten Wortsinn ins Fließen. Vielleicht haben Sie das auch schon einmal gespürt: Eigentlich wollten Sie nicht weinen, aber dann konnten Sie sich doch Ihren Tränen hingeben und fühlten sich hinterher erleichtert. Tränen erfüllen also eine wichtige Funktion: Sie lösen ein Stück weit Ihre Trauer, bringen in Bewegung, was ins Stocken geraten ist. Meist können Sie anschließend auch wieder freier atmen, da das Zurückhalten von Tränen Stress verursacht, der mit einer sehr flachen, oberflächlichen Atmung einhergeht.

Frau N. erzählte mir, welchen Weg sie gefunden hat, um ihren Tränen einen für sie passenden Raum zu geben. Sie ist als Abteilungsleiterin einer großen Vertriebseinheit tätig, also für viele Menschen und große Budgets verantwortlich. Tagsüber geht sie in ihrer Arbeit auf. Aber ihr ist auch bewusst, dass dort kein Platz für Trauer ist, der sie sich nach dem Tod ihrer Tochter stellen muss und möchte. Sie kanalisiert ihre Trauer in der Art, dass sie abends nach der Arbeit ganz bewusst Situationen schafft, in denen sie weinen muss – indem sie sich beispielsweise Fotos anschaut oder die Lieblingsmusik ihrer Tochter laut aufdreht. Dann haben ihre Tränen freien Lauf und sie kann den angestauten Druck aus dem Funktionsmodus abbauen.

Das ist eine Möglichkeit von vielen, Tränen ins Fließen zu bringen. Mehr dazu finden Sie in der Übung, zu der ich Sie am Ende dieses Abschnitts einladen möchte.

Zu den eigenen Tränen stehen und Brücken bauen

Warum schämen wir uns oft, in der Öffentlichkeit zu weinen? Es fällt uns schwer, uns in Gegenwart anderer, gerade wenn wir sie nicht so gut kennen, zart und verletzlich zu zeigen. Doch versuchen Sie es einmal durch eine andere Brille zu betrachten: Mit Ihren Tränen bauen Sie eine Brücke zu Ihrem Gegenüber. Ihr Umfeld ist oft verunsichert, wie es mit Ihnen umgehen soll. Wenn Sie nun Ihre Tränen ständig zurückhalten, ist dies schwer einzuordnen. Geht es Ihnen vielleicht gerade ganz gut? Möchten Sie vielleicht nicht angesprochen werden? Oder sind Sie nur nach außen stark? Ihre Tränen signalisieren Ihrem Umfeld hingegen: Ja, ich bin traurig und es ist o.k., dass du meine Traurigkeit siehst. Ihr Verhalten ist klarer „lesbar“ und so fällt es vielen Menschen leichter, mit Ihnen in Kontakt zu gehen, ein Gespräch zu beginnen oder Sie einfach nur still in den Arm zu nehmen. Keine sichtbare Reaktion zu zeigen führt nach meiner Erfahrung eher dazu, dass Menschen sich nicht trauen, Sie auf Ihren Verlust anzusprechen.

Wenn es Ihnen schwerfällt zu weinen, gibt es verschiedene Möglichkeiten, Ihre Tränen ins Fließen zu bringen – Musik und Bilder wirken dabei besonders lösend:

- Hören Sie Musik, die Sie mit Ihrem geliebten Menschen verbindet. Meistens gibt es ja bestimmte Lieder, die an besondere Anlässe erinnern (an den ersten Kuss oder eng umschlungen getanzten Blues, an gemeinsam besuchte Konzerte oder die Musik, die lautstark aus dem Kinderzimmer schallte, etc.). Sammeln Sie diese in einer Playlist. Drehen Sie die Musik richtig laut auf und wenn Sie mögen, tanzen Sie dazu.
- Schauen Sie Bilder aus der gemeinsamen Zeit an.
- Besuchen Sie eine Trauergruppe oder nehmen Sie Unterstützung in Form von Einzeltrauerbegleitung an. In solch einem geschützten Raum ist es vielen Trauernden überhaupt erst möglich, ihren Tränen freien Lauf zu lassen.

Im Anhang finden Sie Links, mit denen Sie Angebote in Ihrer Nähe finden können.

Weitere Impulse zu diesem Thema finden Sie im Video „Ein Plädoyer für Tränen“ unter ↗ https://www.junfermann.de/titel/mit-der-trauer-leben-lernen/1337.

5.5 Warum Sie nicht loslassen müssen

Haben Sie schon einmal den Satz zu hören bekommen: „Du musst jetzt mal loslassen, sonst kehrst du ja nie ins Leben zurück"? Eine Aussage, die häufig Trauernden gesagt wird in der guten Absicht, durch die Loslösung vom Verstorbenen werde der Weg frei für ein zufriedenes Weiterleben.

Sigmund Freud legte den Grundstein für diese, wie wir heute wissen, irrige Annahme mit der Aussage, es sei „Aufgabe des Trauerns, alle Energie vom Verstorbenen abzuziehen" (Freud 1969). Bis heute verbreiten leider mitunter Vorträge, Kondolenzbriefe, Trauergruppen und auch Ärzte diese Notwendigkeit des Loslassens. Dann heißt es, es sei am Gesündesten, den Verstorbenen und alles, was mit ihm zusammenhängt, aus dem Leben zu verbannen.

Frau S. hat durch einen plötzlichen Herztod ihren Mann und Vater ihrer drei Kinder verloren. Da Trauerbegleitung leider nicht von der Krankenkasse bezuschusst wird, suchte sie sich parallel zur Begleitung bei mir einen Therapeuten, um somit regelmäßiger und öfter professionelle Unterstützung zu bekommen. Für meine Klientin war es ein großes Thema, ob und wann sie sich von den Anziehsachen ihres Mannes trennen kann oder soll. Der Therapeut, der keine Zusatzqualifikation in Trauerbegleitung besaß, gab ihr wenige Wochen nach dem Tod als Hausaufgabe, sich von allem zu trennen. Sie solle die Kleidung verschenken oder verkaufen, damit sie nicht mehr täglich beim Öffnen des Kleiderschrankes an ihn erinnert werde. Sehr verzweifelt brachte meine Klientin das Thema in die nächste Sitzung mit. Es fühlte sich für sie überhaupt nicht stimmig an, in einer „Hauruckaktion" den Schrank leer zu räumen. Ich fragte sie, was sie sich vorstellen könne. Sie fühlte noch gar keine Notwendigkeit, die Sachen wegzugeben. Einige Wochen später erzählte sie mir, dass sie den Inhalt des Kleiderschranks in Kisten verpackt in den Keller gebracht habe. So hat sie die Kleidung aus dem Blickfeld, kann aber noch in Ruhe überlegen, was sie überhaupt damit machen möchte. Dies war ein erster machbarer Schritt für sie, sich von äußeren Dingen zu lösen. Auf ihre Art und in ihrem Tempo.

In Abschnitt 5.6 erfahren Sie übrigens mehr dazu, wie Sie Kleidung für die Herstellung von Erinnerungsstücken verwenden können.

Ein neuer Ansatz: in Beziehung bleiben

Die aktuellere Trauerforschung verfolgt einen ganz anderen Ansatz, der für Trauernde enorme Erleichterung bringt. Es geht nicht darum, den Verstorbenen loszulassen. Ganz im Gegenteil. Da die Liebe das verbindende Band auch nach dem Tod bleibt, ist es Ihre Aufgabe, dem geliebten Menschen einen neuen Platz in Ihrem Leben einzuräumen. Der Psychologe Roland Kachler manifestiert dies in seinem sogenannten beziehungsorientierten Ansatz (2014). Im Leben wie im Tod geht es um Beziehung. Ihr geliebter Mensch wird nicht zurückkommen, aber Sie dürfen mit ihm in Verbindung bleiben und sich gleichzeitig ein neues Leben aufbauen.

Das bedeutet auch, Ambivalenzen auszuhalten: Wenn Verbundenheit über den Tod hinaus spürbar ist, warum tut sie dann so unendlich weh? Wenn ich die Realität des Todes anerkenne, wie kann ich meinen geliebten Menschen dann spüren? Es braucht Zeit, diese Widersprüche anzunehmen und zu begreifen, dass eine andere Form der Verbundenheit möglich ist. Keine körperlich spürbare, sondern eine Herzensverbindung. Trauerwege sind eben nicht immer logisch und faktisch nachweisbar oder sichtbar.

Die neue Beziehung gestalten

Wie im Leben auch unterliegt Ihre neue Beziehung zu Ihrem geliebten Menschen durchaus Schwankungen. Es darf auch Ablösungsversuche geben. Zeiten, in denen Sie selbst oder andere Menschen oder Dinge wichtiger werden. Wie schon zu Lebzeiten braucht es ein gesundes Austarieren von Nähe und Distanz. Denn auch das ist eine Parallele zum Leben: Ihre Verbundenheit zu sich selbst ist von großer Bedeutung. Auch und gerade jetzt dürfen Sie sich selbst nicht aufgeben. Ich möchte sogar so weit gehen: Nur über eine gute und stabile Verbindung zu sich selbst können Sie eine neue Beziehung zu Ihrem geliebten Menschen aufbauen.

Manchmal besteht auch die Gefahr der Überhöhung oder Idealisierung des verstorbenen Menschen. Dann sehen Trauernde nur noch die positiven Eigenschaften, denen niemand das Wasser reichen kann. Keiner ist so hübsch, so intelligent, so belesen, so sportlich, so humorvoll wie die verstorbene Partnerin, das Kind, die Schwester oder der Vater. Damit machen Sie jedoch nicht nur sich selbst, sondern auch Menschen in Ihrem Umfeld das Leben schwer. Versuchen Sie, Ihren geliebten Menschen in Gänze zu erinnern, mit seinen wundervollen und liebenswerten Eigenschaften und eben auch mit seinen Ecken und Kanten, die er oder sie ganz sicher auch hatte.

Vielleicht stellen Sie sich gerade die Frage, wie das nun ganz praktisch funktionieren kann mit der neuen Beziehung zu Ihrem geliebten Menschen. Anfangs besteht die Verbindung vielleicht darin, dass Sie im T-Shirt Ihres Mannes schlafen, den Anrufbeantworter nicht löschen, den Ihre Frau besprochen hat, das Buch offen liegen lassen, in dem Ihre Tochter auf dem Sofa gelesen hat, oder indem Sie den Ring Ihres Partners oder Ihrer Partnerin tragen.

Manche Trauernde treffen regelmäßige Verabredungen mit ihren geliebten Menschen:

> *Herr L. nimmt sich einmal pro Woche regelmäßig eine Stunde nur für sich und seine verstorbene Tochter. Dann geht er auf die Halde und fühlt sich ihr in dem weiten Blick über das Ruhrgebiet besonders nah. Es ist ihm ein lieb gewonnenes Ritual geworden.*
>
> *
>
> *Frau N. erzählt jeden Abend vor dem Schlafengehen ihrem verstorbenen Mann von ihren Erlebnissen des Tages. Manchmal schimpft sie mit ihm, weil sie Dinge allein erledigen musste, um die er sich früher gekümmert hat. Manchmal dankt sie ihm, dass er ihr nun viel Handlungsspielraum überlassen hat.*

Probieren Sie einfach aus, was und wie viel Ihnen guttut. Vielleicht ist Ihr Weg heute ein anderer als in einigen Monaten oder Jahren. Fragen Sie sich daher: Was fühlt sich *heute* für Sie stimmig an, um in Verbindung mit Ihrem geliebten Menschen zu bleiben? Bestimmt hilft Ihnen dabei auch Ihre Erinnerung an gemeinsame Zeiten: Wie hat sich Ihre Liebe zu Lebzeiten ausgedrückt? Welcher Ort, welche Rituale symbolisieren Ihre Liebe? Welche Formen, Zeichen und Gesten der Liebe gab es? Vielleicht sind das Ansatzpunkte, um ein verbindendes Element im Hier und Jetzt zu schaffen. Und denken Sie daran: Es ist völlig o.k., wenn es wohltuend und schmerzhaft zugleich ist.

Eine Spur aufnehmen

Eine weitere Möglichkeit der neuen Verbindung besteht darin, die Spur des Verstorbenen aufzunehmen. Vielleicht können Sie eine Aufgabe zu Ende bringen, die Ihr geliebter Mensch begonnen hat. Vielleicht können Sie sich eine besondere Eigenschaft, die Ihren geliebten Menschen ausgemacht hat, zu eigen machen. Beispielsweise seine liebenswerte Art, den Zusammenhalt in der Nachbarschaft zu pflegen. Vielleicht übernehmen Sie in Erinnerung an Ihren geliebten Menschen ein Ehrenamt, z. B. in der Hospizarbeit oder in dem Sportverein, in dem Sie zuvor gemeinsam aktiv waren. Vielleicht widmen Sie Ihre Masterarbeit Ihrem verstorbenen Vater oder pflanzen einen Obstbaum für Ihre Mutter, die mit Ihnen so gern Marmelade eingekocht hat.

Das Symbol Ihrer Liebe

Die Liebe zu Ihrem verstorbenen Menschen ist einzigartig, so, wie Sie und auch dieser Mensch einzigartig sind. Ich lade Sie ein, sich in diese besondere Liebe hineinzufühlen. Was hat sie so einzigartig gemacht? Welche Gesten der Liebe, welche typischen Sätze oder kleinen Rituale erinnern Sie? Wo spüren Sie diese Liebe körperlich – durch ein Kribbeln im Bauch, Wärme in Armen oder Beinen oder durch ein hüpfendes Herz?

Überlegen Sie sich nun ein Symbol, das für Ihr ganz persönliches Liebesgefühl steht. Das kann ein Gegenstand sein oder ein Bild oder auch eine Erinnerung an einen konkreten Ort. Idealerweise schaffen Sie einen Ort, beispielsweise in Ihrer Erinnerungsecke, wo Sie dieses Symbol ablegen. Vielleicht ist es auch etwas, das Sie immer mit sich tragen können, beispielsweise ein Foto in Ihrer Brieftasche.

Das Symbol Ihrer Liebe erinnert Sie nun jederzeit daran, dass Sie in Liebe mit Ihrem verstorbenen Menschen verbunden sind.

Weitere Impulse zu diesem Thema finden Sie im Video „Erinnern – danken – loslassen“ unter ↗ https://www.junfermann.de/titel/mit-der-trauer-leben-lernen/1337.

5.6 Die Erinnerung wachhalten

Sich dankbar an den geliebten Menschen zu erinnern ist eine der sechs Notwendigkeiten der Trauer, die ich in Abschnitt 1.2 näher beschrieben habe, also eine Aufgabe, die das Leben Ihnen nach einem Verlust stellt. Dabei stellt die Erinnerung die Verbindung zwischen der Vergangenheit und dem Jetzt her. Die Verbindung zwischen der Zeit, in der Ihr geliebter Mensch körperlich bei Ihnen war, und der Gegenwart, in der Sie ihm nun einen neuen Platz einräumen. Im letzten Abschnitt ging es maßgeblich um diese neue Art der Beziehung.

Unsere Trauerkultur kennt gerade in der Anfangszeit einige hilfreiche Erinnerungsrituale. So wird häufig bei der Trauerfeier ausführlich die verstorbene Person als Mensch mit seinen Charaktereigenschaften, seinem Lebensweg und seinen Erfolgen gewürdigt. Auch die anschließende Raue (Beerdigungskaffee) ist eine gute Gelegenheit, in lockerer Runde gemeinsame Erinnerungen zu teilen, Anekdoten über den Verstorbenen zu erzählen und ihn somit noch einmal in die Mitte zu holen.

Über diese Gelegenheiten der ersten Zeit hinaus findet leider immer weniger Austausch statt. Vielleicht haben Sie es auch in Ihrem Umfeld erlebt: Menschen trauen sich immer weniger, den Namen des Verstorbenen zu erwähnen und über ihn zu sprechen. Aus Unsicherheit oder Betroffenheit oder weil sie Ihnen nicht wehtun möchten.

Gute Gelegenheiten, um die Erinnerung auch über die ersten Wochen hinaus wachzuhalten, sind Jahrestage und Geburtstage. Bitten Sie z. B. anlässlich des Geburtstags oder des ersten Todestages Freunde, Nachbarn oder Kollegen, die Ihren geliebten Menschen kannten, Ihnen ihre persönlichen Erinnerungen zu schildern. So kommen noch einmal ganz unterschiedliche Facetten zutage und die erfahrene Wertschätzung tut Ihrer trauernden Seele gut. Vielleicht treffen Sie sich mit engen Freunden in einem Lokal, das Sie früher gemeinsam häufig besucht haben, und nehmen durch das Erzählen von Anekdoten den Verstorbenen mit an den Tisch. Wichtig finde ich dabei, den geliebten Menschen nicht auf sein Leiden oder Sterben zu reduzieren, sondern – auch und gerade bei langen Leidenswegen – das Leben vor der Krankheit zu würdigen und eben auch frühe Erinnerungen mehr in den Vordergrund zu holen.

Angst vor dem Vergessen

Manche Trauernde haben Angst davor, ihren geliebten Menschen zu vergessen. Sich nicht mehr genau an die Stimme oder den Geruch erinnern zu können. Nicht mehr jede Minute einer bestimmten Situation zu erinnern. Ihre große Sorge ist, dass der geliebte Mensch nicht mehr nur körperlich verschwunden ist, sondern auch die Erinnerungen allmählich schwinden. Aber mal ganz ehrlich: Können Sie sich wirklich vorstellen, gar keine Erinnerung mehr zu haben an einen Menschen, den Sie von ganzem Herzen lieben? Ja, gewiss ändern sich Erinnerungen mit der Zeit. Unser Gedächtnis sortiert nach Wichtigkeit: Unwichtiges tritt in den Hintergrund, Wichtiges und Herausragendes wird als „typisch" zusammengefasst und abgespeichert. Manches bekommt eine neue Bewertung, was auch gut so ist. In der Retrospektive relativiert sich der eine oder andere Konflikt, der zu Lebzeiten eine „große Nummer" für Sie war. So können Sie nun eher Frieden damit schließen. Aber: Niemals werden Sie Ihren geliebten Menschen vergessen. Niemals!

Wenn die Erinnerungen omnipräsent sind

Manchmal ist der Grat schmal zwischen der heilsamen, wohldosierten Erinnerung und einer überfordernden omnipräsenten Erinnerung. Das gilt gerade für die erste Zeit, in der Sie zu Hause noch alles so belassen, wie es zu Lebzeiten war. Wenn das Kinderzimmer unangetastet bleibt, wenn alle Bilder nach wie vor in der Wohnung sichtbar sind, wenn im Schrank noch die Kleidung des Verstorbenen liegt oder im Wandkalender die Termine für alle Familienmitglieder stehen. Wenn Ihnen also immer und überall, ob Sie wollen oder nicht, Erinnerungen an Ihren geliebten Menschen über den Weg laufen.

Sobald Sie merken, dass Ihnen so viel Präsenz nicht guttut, sollten Sie sich auf die Suche nach dem für Sie stimmigen Umgang mit all diesen Erinnerungen machen. Den allgemein gültigen „goldenen Weg“ gibt es nicht. Meine Idee für Sie lautet: Spüren Sie bei allen Gegenständen nach, welches Maß Ihnen guttut. Also beispielsweise bezogen auf Fotos: Wie viele Bilder möchten Sie sichtbar halten und wo sollten diese stehen? Manche Trauernde richten sich eine kleine Gedenkecke mit ein, zwei Fotos, einigen Erinnerungsstücken und einer Kerze ein. Darüber hinaus gibt es in ihrer Wohnung keine Fotos. Andere stellen an mehreren, für sie bedeutsamen Stellen ein Foto des geliebten Menschen auf: am Frühstücksplatz, am Lieblingssessel, auf dem Schreibtisch und auf dem Nachttisch. Probieren Sie aus, welche Anzahl und Orte für Fotos sich für Sie stimmig anfühlen.

Frau R. nahm das Foto ihres Mannes im DIN-A2-Format, das bei der Trauerfeier aufgestellt wurde, anschließend mit nach Hause. Zunächst war es für sie völlig in Ordnung, von ihrem Mann in Lebensgröße angelächelt zu werden. Mit der Zeit spürte sie jedoch, dass es ihr immer schwerer fiel, an dem Bild vorbeizugehen. Sie thematisierte dies in einer Sitzung bei mir, weil sie das schlechte Gewissen bereits bei der Vorstellung plagte, das Bild nun wegräumen zu müssen. Gemeinsam überlegten wir, wie sie nun mit diesem für sie sehr wertvollen Erinnerungsstück umgehen könnte. Es fiel ihr sehr schwer, das Bild überhaupt nur anzufassen. Sie hing es schließlich in einem Zimmer unter dem Dach auf, wo sie gern Mittagschlaf hält. Dort spürt sie nun die Gegenwart ihres Mannes, die zwar schmerzhaft ist, aber gleichermaßen auch heilsam.

Dieses Beispiel zeigt, dass manche Entscheidungen reifen müssen. Lassen Sie sich bitte nicht von außen drängen. Wie schon gesagt, manchmal meint das Umfeld genau zu wissen, was gut für Sie ist. Nehmen Sie sich die Zeit, erst dann über den Verbleib von Dingen zu entscheiden, wenn Sie sich dafür bereit fühlen. Bis dahin können Sie Übergangslösungen finden.

Besonderer Erinnerungsschmuck

Die Bestattungsbranche hat heutzutage einige sehr schöne Möglichkeiten, ganz persönliche Erinnerungen zu gestalten. Zwei davon möchte ich Ihnen vorstellen, auch wenn diese vielleicht für Ihre aktuelle Verlustsituation zu spät kommen. Für die Zukunft wissen Sie Bescheid und vielleicht können Sie in der Zwischenzeit Ihren Freunden entsprechende Hinweise geben.

1. Finger- bzw. Fußabdruck: Es gibt inzwischen einige Anbieter, die einen Ring oder Kettenanhänger mit Finger- oder bei Kindern auch Hand- oder Fußabdrücken gestalten. Dazu ist es natürlich erforderlich, dass der Bestatter einen entsprechenden Abdruck möglichst kurz nach dem Tod abnimmt (die Haut verändert sich im Zeitverlauf). Das geht theoretisch mit jeder Stempelfarbe, jedoch bieten viele Schmuckhersteller spezielle Stempelkissen oder auch Wachsmodelle an, mit denen sich der Abdruck besser verarbeiten lässt. Viele Angehörige tragen mit großer Dankbarkeit und einem wohligen Gefühl der Verbundenheit den Schmuck mit dem Fingerabdruck ihres geliebten Menschen.
2. Diamant aus Asche oder Haaren des Verstorbenen: zugegebenermaßen eine recht teure Variante. Viele Bestattungsunternehmen kooperieren mit Firmen, die Erinnerungsdiamanten herstellen. Einige Monate später – der Herstellungsprozess braucht Zeit – können Sie den Diamanten in Händen halten. Ein Juwelier kann ihn dann in ein Schmuckstück einarbeiten oder Sie legen ihn einfach schön dekoriert in Ihre Erinnerungsecke. Auch dies ist ein sehr persönliches Erinnerungsritual, das zu Herzen geht.
   Gerade beim Tod eines Partners bietet sich noch eine weitere Möglichkeit der liebevollen Verbindung durch Schmuck an. Natürlich können Sie den Ehe- oder Freundschaftsring Ihres Partners einfach zusätzlich tragen. Eine besondere Verbindung entsteht dadurch, dass Sie aus beiden Ringen einen neuen Ring fertigen lassen. Ich kenne auch einige Trauernde, die die Eheringe ihrer Eltern zu einem neuen Ring umarbeiten lassen, den sie dann in inniger Verbundenheit tragen. Kreative Juweliere haben oft sehr schöne Ideen, wie Ringe zu neuem Schmuck verarbeitet werden können.

Je nach kreativer Ader bzw. Lust und Laune lassen sich mit mehr oder weniger Aufwand wunderschöne Erinnerungsstücke herstellen. Heilsam für Ihre Trauer ist dabei nicht nur das Endprodukt, sondern auch der Herstellungsprozess selbst. Daher kann ich Sie nur ermutigen, sich auf solche „Bastelarbeiten" einzulassen, auch wenn Sie von sich behaupten, zwei linke Hände und zehn Daumen zu haben! Es kommt überhaupt nicht auf Perfektion an!

- **Erinnerungsglas:** Kaufen Sie ein hübsches, großes Glas. Schreiben Sie Erinnerungen auf einzelne bunte Zettel, die Sie zusammenfalten und in das Glas legen – das ist auch eine schöne gemeinsame Arbeit für die ganze Familie. Zu besonderen Anlässen können Sie die Zettel herausholen und erneut lesen. Vielleicht fallen Ihnen dann noch weitere Erinnerungen ein, die ins Glas wandern können.
- **Erinnerungsboote:** Schreiben Sie Ihre Erinnerungen auf ein DIN-A4-Blatt, gern auch als Brief an Ihren geliebten Menschen, und falten Sie daraus ein Schiffchen (eine Faltanleitung finden Sie ganz einfach im Netz, wenn Sie „Anleitung Papierschiff falten" in die Suchmaschine eingeben). Schicken Sie dieses Boot auf einem Fluss oder See oder am Meer auf die Reise – sinnbildlich reist es so zu Ihrem geliebten Menschen.

- **Erinnerungsarmband:** Sie benötigen verschiedene Perlen aus Glas, Holz oder Kunststoff, ganz so, wie sie Ihnen gefallen. Dazu noch ein Band oder Gummi, auf das Sie die Perlen aufziehen. Machen Sie es sich gemütlich und tauchen Sie in die Erinnerungen an Ihren geliebten Menschen ein. Markante Ereignisse oder liebenswerte Situationen, was auch immer Ihnen in den Sinn kommt, werden dann jeweils durch eine Perle symbolisiert und auf das Band aufgezogen.
  Alternativ zu einem Armband könnte eine Kette oder ein Schlüsselanhänger entstehen.
- **Erinnerungscollage:** Kleben Sie Bilder auf etwas festerem Tonpapier zu einer Collage. Sie können sie thematisch sortieren, z. B. nach Urlaubsorten, gemeinsamen Hobbys, das letzte gemeinsame Jahr etc.
- **Erinnerungskissen:** Aus Kleidung Ihres geliebten Menschen können Sie Kissen nähen. Besonders leicht ist das mit Hemden oder Blusen möglich. Schneiden Sie aus Vorder- und Rückenteil ein Quadrat in der gewünschten Größe zzgl. Nahtzugabe aus und nähen Sie rechts auf rechts einmal im Quadrat. Die Knopfleiste dient als Öffnung, um das Innenkissen hineinzugeben. Wenn Sie möchten, können Sie (bevor Sie die äußeren vier Nähte schließen) parallel zur Knopfleiste ein Verzierband aufnähen. In Stoffgeschäften finden Sie eine große Auswahl solcher Bänder.
  Ich habe zum ersten Todestag meines Vaters solche Kissen aus seinen Hemden für die ganze Familie angefertigt und jeweils passende Bänder eingenäht. Für meine Mutter, die aus Bayern kommt, ein blau-weißes Band mit roten Herzen. Für meine Tochter, die viele Erinnerungen an Urlaube mit ihrem Opa auf Föhr hat, ein Band mit Schafen usw.
- Natürlich lassen sich alle möglichen weiteren Dinge aus Kleidung des Verstorbenen nähen: Taschen, Etuis, Flickendecke und noch vieles mehr. Im Internet finden Sie auch Profis, die wunderschöne Stofftiere aus Kleidungsstücken nähen. Das ist gerade für Kinder, die ein Geschwister, Eltern- oder Großelternteil verloren haben, eine wundervolle Möglichkeit, der Trauer und gleichzeitig der Verbundenheit eine Ausdrucksform zu geben. Im Anhang finden Sie einige Anbieter.

Wenn Sie weitere Impulse zu diesem Thema wünschen, hören Sie gern die Podcastepisode 19 „Erinnerungskultur“ unter ↗ https://liebevoll-trauern.podigee.io/.

6. Einsamkeit

Für alle Trauernden, die ihren Partner oder ihre Partnerin verloren haben, ist Einsamkeit ein großes Thema. Eine Klientin, die ihren Mann nach fast 40 Jahren Ehe beerdigen musste, beschrieb es einmal so: „Ich fühle mich wie amputiert. Da fehlt ein Arm, der mich hält, der mich umarmen konnte, an dem ich mich abstützen konnte." Eine andere Klientin sprach davon, dass sich nach dem Tod ihres Partners das Nachhausekommen wie ein Fallen in ein leeres, dunkles Loch anfühle. Da sei nun niemand mehr, der auf sie warte, schon mal den Tisch für das Abendessen decke oder die Weinflasche öffne.

Und doch erlebe ich auch Trauernde, die besser mit dem Alleinsein zurechtkommen. Nicht, weil sie sich ständig unter Menschen flüchten oder die Beziehung zu Lebzeiten schon schwierig war, sondern weil sie eine andere Haltung dazu entwickeln konnten oder es vielleicht immer schon – auch in der Partnerschaft – Zeiten des Für-sich-Seins gab. Doch was zuvor eine selbst gewählte Entscheidung war, ist nun ein erzwungenes Alleinsein, und genau das macht es häufig so schwierig. Der Schriftsteller Hans Krailsheimer bringt es auf den Punkt: „Allein sein zu müssen ist das Schwerste, allein sein zu können das Schönste" (Quelle: Zitate.de).

Wie kann es denn gelingen, trotz der erzwungenen äußeren Rahmenbedingungen eine innere Haltung zum Alleinsein zu entwickeln, die sich mehr nach „können" als nach „müssen" anfühlt?

6.1 Sich selbst genug sein

Alleinsein und Einsamkeit – ist das eigentlich dasselbe? In meinen Augen ist es das nicht. Alleinsein ist für mich eine sachliche Zustandsbeschreibung. Ich sitze allein auf dem Sofa. Ich fahre allein in Urlaub. Ich bin allein zu Hause. Einsam sein enthält dagegen eine Bewertung, beschreibt ein Gefühl: Ich sitze allein auf dem Sofa und fühle mich einsam. Einsamkeit ist ein negativ konnotiertes Gefühl. Dazu ein höchst subjektives Gefühl, denn es gibt Menschen, die sind ständig von vielen Menschen umgeben und fühlen sich dennoch einsam. Prominente oder Politiker haben damit häufig zu kämpfen. Und vielleicht kennen Sie auch Menschen, die sich einsam fühlen, obwohl sie in einer Partnerschaft leben und vielleicht sogar Familie haben. Einen oder mehrere Mitbewohner zu haben schützt also nicht unbedingt vor der Einsamkeit.

Andersherum gibt es Menschen, die nur wenige soziale Kontakte haben und sich trotzdem nicht als einsam beschreiben würden. Sie bewerten ihre Situation anders; vielleicht fühlen sie sich autark oder unabhängig. Sie sind sich eher selbst genug. Es ist also eine Frage, durch welche Brille Sie auf Ihre Situation schauen. Im Coaching nennen wir solche Brillen auch „Bewertungsfilter".

Wie Sie Ihren Bewertungsfilter entlarven

Welche Brille Sie aufsetzen bzw. welchen Bewertungsfilter Sie über Ihre Situation legen, hängt von verschiedenen Faktoren ab. Ganz maßgeblich ist dabei die Frage, inwieweit Sie sich selbst über Ihren Partner identifiziert haben oder ob Sie auch in der Partnerschaft schon ein relativ eigenständiges Leben führten. Je eher Sie sich zu Lebzeiten als eigenständige Persönlichkeit wahrgenommen haben, desto leichter werden Ihnen nun die Zeiten des Alleinseins fallen. Haben Sie in der Partnerschaft etwas ohne Ihren Partner unternommen? Sind Sie ab und an allein ein Wochenende weggefahren? Oder gab es Verabredungen mit Freunden ohne Ihren Partner? Wie haben Sie es empfunden, wenn Ihr Partner ein paar Tage auf Geschäftsreise war? Konnten Sie solche Zeiten genießen oder sehnten Sie den Moment herbei, in dem er oder sie wieder zur Haustüre hereinkam? Nehmen Sie sich ruhig ein wenig Zeit, um diesen Fragen nachzuspüren. Ihre Antworten dazu können Ihnen eine Idee vermitteln, warum Ihnen in Ihrer heutigen Situation das Alleinsein schwerfällt. Dieses Bewusstsein macht es natürlich zunächst einmal nicht leichter, aber es ist ein Ansatzpunkt, an dem Sie weiterarbeiten können.

Ein weiterer Faktor betrifft Ihre Wahrnehmung: Generalisieren Sie Ihre Situation, indem Sie sagen „Ich bin nach dem Tod meiner Partnerin sehr einsam"? Oder denken Sie eher so etwas wie „Nach dem Tod meines Partners fühle ich mich *in gewissen Situationen* einsam"? Empfinden Sie also jede Minute Ihres Lebens, jede Situation als Einsamkeit, sobald Sie die Haustüre hinter sich geschlossen haben? Oder – wenn Sie einmal etwas genauer hinschauen – gibt es vielleicht auch Situationen, in denen das Alleinsein o.k. ist oder Sie ihm sogar etwas Positives abgewinnen können? Vielleicht haben Sie früher – wie es in Partnerschaften vorkommt – häufiger Kompromisse gemacht, z. B. bei der Auswahl des Essens oder des Fernsehprogramms. Dann kann es jetzt durchaus eine Erleichterung sein, selbst zu bestimmen, wann Sie was essen und welche Sendung Sie schauen. Sich solche Veränderungen bewusst zu machen kann ein erster wichtiger Schritt sein, um der Einsamkeitsfalle zu entkommen.

Selbstliebe – denn das Gefühl von Einsamkeit beginnt bei Ihnen selbst

Zu guter Letzt hat die Bewertung Ihrer Situation auch sehr viel mit Ihnen selbst, mit Ihrer Selbstliebe und Selbstannahme zu tun. Ich lade Sie zu einem kleinen Experiment ein: Beobachten Sie einen Tag lang, wie Sie mit sich selbst sprechen. Wie hören sich Ihre inneren Dialoge an? Das beginnt morgens beim Blick in den Spiegel: „Oh Gott, wie sehe ich nur wieder aus? Die Haare wirr. Die Augenringe tief. So alt, wie du aussiehst, kannst du nie werden." Und weiter beim Frühstück: „Das lohnt ja alles nicht für mich allein. Ein Kaffee im Stehen muss reichen." Später im Büro: „Schon wieder zu blöd, um mich auf diesen Brief zu konzentrieren. Mir gelingt auch wirklich nichts mehr." Schließlich abends auf der Couch: „Ich kann mich wirklich zu nichts mehr aufraffen. Mein Leben ist ein einziger Scherbenhaufen."

Zur besseren Veranschaulichung ist das Beispiel natürlich überzogen – aber erkennen Sie sich an der einen oder anderen Stelle wieder? Leider sind wir oft so sozialisiert, dass wir streng mit uns selbst ins Gericht gehen. Unsere Leistungsgesellschaft beginnt schon im Kleinen zu Hause, bei uns selbst und unseren eigenen Ansprüchen. Aber die gute Nachricht lautet: Trauerzeiten laden dazu ein, diese Ansprüche zu hinterfragen und milde mit sich selbst zu werden! Gehen wir also den skizzierten Tag noch einmal durch. Beim morgendlichen Blick in den Spiegel könnten Sie sich selbst mit den Worten begrüßen: „Hey, moin! Schön, dass du da bist. Heute machen wir es uns so gut wie möglich. Und deine Augenringe dürfen sein, es ist ja auch verdammt traurig, dass … tot ist." Wie wäre es zum Frühstück mit: „Ein entspannter Start in den Tag ist mir wichtig. Ich gönne mir eine Tasse Kaffee und ein leckeres Müsli mit Obst. Das gibt mir die Energie, die ich für den heutigen Tag brauche." Im Büro könnten Sie sich sagen: „Ich gebe mein Bestes, aber es fällt mir schwer, mich zu konzentrieren, das ist bei allem, was ich gerade durchmache, ganz normal. Also arbeite ich heute in kurzen Zeitabschnitten und gönne mir häufiger eine kleine Pause zum Durchatmen." Und am Abend resümieren Sie auf der Couch: „Wieder einen Tag ohne … geschafft. Ich bin aufgestanden, ich habe etwas gegessen, ich war im Büro. Ich kann stolz auf mich sein, dass ich das hinbekomme. Schritt für Schritt. Morgen ist ein neuer Tag."

Bemerken Sie den Unterschied? Selbstliebe und Selbstannahme haben viel damit zu tun, inwieweit Sie sich selbst Wertschätzung entgegenbringen. Und gerade in Zeiten der Trauer haben Sie sehr viel Wertschätzung verdient! Sie sind es wert, sich selbst Gutes zu tun. Sie sind es wert, liebevoll behandelt zu werden. Das geht eben auch allein, dafür benötigen Sie weder Ihren Partner noch andere Menschen um sich herum. Sie sind die erste Person, die für Sie da ist!

Ein tibetisches Sprichwort lautet sehr passend: „Begegnest du der Einsamkeit – hab keine Angst! Sie ist eine kostbare Hilfe, mit sich selbst Freundschaft zu schließen."

Hinderliche Glaubenssätze – ein Erbe längst vergangener Tage

Vielleicht schleppen Sie in puncto Alleinsein auch hinderliche Glaubenssätze mit sich herum. Das sind Wahrheiten, die Sie sich selbst auferlegt haben oder die Sie schon früh von Ihren Eltern übernommen haben. Sie stammen also meist bereits aus Ihrer Kindheit und Jugend und werden später in der Regel nicht von uns hinterfragt, zumindest nicht ohne äußeren Anlass. Kommt Ihnen einer der folgenden Sätze bekannt vor?

- „Ich brauche einen Partner, um glücklich zu sein."
- „Allein machen die meisten Dinge keinen Spaß."
- „Das Leben ist sinnlos ohne Freunde oder einen Partner."

Wie können Sie nun solche Glaubenssätze entlarven und bestenfalls in eine positive Kraft verwandeln? Schauen wir uns dazu den erstgenannten einmal etwas näher an. Wir verwandeln ihn zunächst einmal in eine Frage: „Brauche ich einen Partner, um glücklich zu sein?" Damit weiten Sie den Gedankenraum. Aus einer Feststellung wird eine Frage, der Glaubenssatz wird sozusagen infrage gestellt. Zugegeben, im Moment ist es noch eine geschlossene Frage, die Sie nur mit ja oder nein beantworten können. Sie könnten Sie verstärken, in dem Sie fragen: „Brauche ich *wirklich* einen Partner, um glücklich zu sein?" Vielleicht spüren Sie jetzt schon den Impuls, einmal darüber nachzudenken: „Bisher dachte ich, ja, ich brauche für mein Glück einen Partner, aber ich überlege einmal neu …" Nun könnten Sie im nächsten Schritt die Frage offen umformulieren: „Wer oder was macht mich glücklich?" Und wenn Sie nun an den vorhergehenden Abschnitt denken, dann müsste die gesündeste Antwort lauten: „Ich selbst mache mich glücklich. Ich bin mir selbst genug. Ich gestalte mein Leben so, wie es mir gefällt."

Die Macht unserer Gedanken

Okay, bevor Sie mir nun ins Gesicht springen, weil Sie dieses ganze „Schöngerede" leid sind und Sie doch eigentlich nur Ihr altes Leben zurückhaben möchten: Es geht bei der Umwandlung hinderlicher Glaubenssätze nicht darum, sich die eigene Welt schönzureden. Wir wissen jedoch aus der aktuellen Hirnforschung, wie wirkmächtig unsere Gedanken sind. Wenn Sie morgens mit dem Gedanken aufstehen, dass erneut ein trauriger Tag auf Sie wartet, wird das ganz sicher auch so eintreten. Was wir denken, beeinflusst maßgeblich unsere Wahrnehmung und unserer Wahrnehmung folgen die dazugehörigen Gefühle. Um im Beispiel zu bleiben: Sie werden also nach dem Aufstehen wahrnehmen, dass Sie mal wieder allein am Frühstückstisch sitzen, und werden sich einsam fühlen. Sie werden wahrnehmen, dass Sie mal wieder allein Ihre Lieblingsserie schauen, und darüber sehr traurig sein. So oder ähnlich können Sie nun Ihren ganzen Tag durchdeklinieren.

Doch diese Kraft der Gedanken können Sie andersherum positiv für sich nutzen, indem Sie zunächst einmal positive Sätze formulieren. Sie müssen diese in dem Moment noch gar nicht glauben. Es reicht, wenn Sie sie aussprechen. Kommen wir also zurück auf den hinderlichen Glaubenssatz, Sie bräuchten einen Partner, um ein glückliches Leben führen zu können. Verwandeln Sie ihn beispielsweise in folgenden Satz: „Ich trage mein Lebensglück in mir und kann aus mir selbst heraus glücklich sein." Wichtig ist, dass Sie Ihre eigene Sprache finden – dies hier ist nur mein Beispiel. Schreiben Sie diesen von Ihnen formulierten Satz auf einen Zettel und heften ihn z. B. an den Spiegel in Ihrem Bad. Jeden Morgen und jeden Abend lesen Sie diesen Satz nun mehrmals laut vor. Keine Sorge, das hat nichts mit Gehirnwäsche zu tun! Ich lade Sie ein, diese Übung mindestens vier Wochen lang auszuprobieren. Auch gegen Widerstand und auch, wenn Sie am liebsten das Gegenteil herausschreien würden. Sprechen Sie trotzdem genau diesen Satz aus. Ich weiß aus eigener Erfahrung: Sie werden eine Veränderung spüren und einen Hauch Ihrer eigenen inneren Stärke entdecken, die tief unter Ihrer Trauer verborgen ist und freigelegt werden möchte. Und einmal freigeschaufelt, wird sie sich ihren Weg bahnen!

Noch eine kleine Übung, mit der Sie Ihre Selbstliebe und Selbstannahme stärken: Nehmen Sie sich einen Stapel bunter Zettel zur Hand, z. B. Post-its (die haben den Vorteil, selbstklebend zu sein). Beantworten Sie nun folgende Fragen:

- Was mag ich an mir besonders?
- Was liebte mein geliebter verstorbener Mensch an mir?
- Was schätzen meine Kolleg:innen / Freund:innen / Sportkamerad:innen / Nachbar:innen an mir?

Je Post-it nur eine Eigenschaft bzw. Stärke oder Fähigkeit. Mindestens 30 Post-ist sollten es werden. Ja, das ist anspruchsvoll, gerade die erste Frage beantworten wir uns nicht gern. Fragen Sie sich innerlich immer wieder: Was noch? Und was noch? Und darüber hinaus, was noch? So lange, bis Sie mindestens 30 Post-its beschriftet haben.

Kleben Sie sich diese Zettel nun an eine möglichst sichtbare Stelle. Zum Beispiel an Ihren Kühlschrank, an eine Zimmertür, an die Kleiderschranktür. Und nun: Genießen Sie dieses bunte Mosaik Ihrer persönlichen Highlights! Lesen Sie sie sich immer wieder laut vor und nehmen Sie diese „warme Dusche" ganz bewusst wahr.

Wenn Sie weitere Impulse zu diesem Thema wünschen, hören Sie auch gern die Podcastepisode 5 „Einsamkeit in der Trauer" unter ↗ https://liebevoll-trauern.podigee.io/.

6.2 Sich verlassen fühlen: wenn Freunde sich zurückziehen

Nun haben Sie sich im ersten Schritt um sich selbst, um Ihre Selbstannahme und Ihr Innenleben gekümmert. Was aber ist mit dem Außen, mit Ihrer Umwelt? Kennen Sie das Gefühl des Verlassenseins?

Ich erlebe bei vielen Trauernden, dass sie sich von ihrem geliebten verstorbenen Menschen allein gelassen fühlen. Allein gelassen mit all den Widrigkeiten des Lebens, mit der Verantwortung für die Kinder oder die Eltern usw. Das mag im ersten Moment widersprüchlich klingen. Ich vermisse meinen geliebten Menschen, aber gleichzeitig fühle ich mich von ihm verlassen? Bin ich vielleicht sogar wütend, dass er oder sie nicht mehr da ist? Auf diese verschiedenen Gefühle, die sich in die Trauer hineinmischen, gehe ich in Kapitel 3 sehr ausführlich ein.

Leider erleben viele Trauernde nach dem Verlust des geliebten Menschen noch weitere Verluste in Form von Freund:innen, die sich mehr und mehr zurückziehen. Vielleicht haben Sie eine solche Erfahrung auch schon machen müssen: Freund:innen, Bekannte oder Kolleg:innen fragen mit der Zeit immer seltener nach, wie es Ihnen geht. Die Frequenz der Anrufe bei Ihnen oder Anfragen für Verabredungen, WhatsApp-Nachrichten oder kleinen Gesten der Zuwendung nehmen ab. Nun scheint es der vermeintlich leichtere Weg zu sein, auf diese Menschen zu schimpfen und sich in die Rolle der verlassenen Witwe oder des einsamen Witwers zu begeben. Ja, das dürfen Sie – auch – tun: ihrem Unmut über solches Verhalten Luft machen. Manchmal braucht es ein solches Ventil. Jedoch ist eins ebenfalls klar: Ändern wird sich dadurch nichts, denn Sie ändern die anderen nicht. Auch hier gilt es wieder, zunächst bei sich selbst anzufangen, und zwar bei Ihrer eigenen Haltung diesen Menschen gegenüber.

Gelassenheit entwickeln

Dazu möchte ich Ihnen eine Geschichte aus meinem eigenen Leben erzählen. Der Gedanke „Der andere ist doof. Der hat dieses oder jenes gemacht und hätte doch eigentlich …“ ist mir nämlich sehr wohl vertraut. Bis heute ertappe ich mich ab und an dabei, in diesen Gedankensog zu geraten. Weil es eben leichter ist, die Schuld beim anderen zu suchen und sich selbst damit freizusprechen. Vor einigen Jahren hatte ich dazu in einer Fortbildung ein echtes Aha-Erlebnis. Der Referent stellte folgende Frage: „Stell dir vor, alle Menschen, also wir alle, auch du, handeln immer genau so gut, wie sie es in diesem Moment können. Wenn sie es besser könnten, würden sie es besser machen.“ Wow! Mich hat dieser Gedanke tief berührt, bringt er doch in unser Miteinander ganz viel Gelassenheit: Ich handele zu jeder Zeit so gut, wie ich kann. Wenn ich es besser könnte, würde ich es besser machen. Du, meine Freundin, mein

Bekannter, mein Kollege, handelst in jedem Moment so gut, wie du kannst. Wenn du es besser könntest, würdest du es besser machen. Was für eine Befreiung!

Mit diesem milderen Blick auf mich selbst und auf andere schaffe ich etwas Abstand zu dem, was mich im ersten Moment ärgert oder traurig macht. Und weil ich diese Milde als innere Haltung auch mir selbst gegenüber aufbringe, fällt es leichter, dem anderen eine Brücke zu bauen. Denn Ihr Umfeld hat ja nicht dieselbe Erfahrung wie Sie gemacht. Niemand, wirklich niemand, kann im Außen zu 100 Prozent nachfühlen, was Sie gerade durchmachen. Ein indianisches Sprichwort lautet: „Urteile niemals über jemanden, ohne mindestens 30 Tage in seinen Mokassins gelaufen zu sein." Ich kann mich nur immer wieder wiederholen: Sie, und nur Sie, sind Experte Ihrer Trauer und können Brücken bauen, indem Sie – vorwurfsfrei – sagen, wie es Ihnen geht, und indem Sie konkrete Wünsche äußern. So könnten Sie beispielsweise sagen: „Ich weiß, ich bin gerade sehr anstrengend für dich, aber meine Welt steht Kopf und ich erkenne mich selbst teilweise nicht wieder. Du brauchst mir keine Ratschläge zu geben. Das Schönste wäre, wenn du einfach bereit bist, meine Tränen auszuhalten und mir dein Ohr und deine Zeit zu schenken." Menschen, die unsicher im Umgang mit Trauernden sind (und das sind die meisten), helfen solche Sätze, um eine Idee zu bekommen, was sie für Sie tun können.

Die eigene Erwartungshaltung hinterfragen

So mancher Frust entsteht auch daraus, dass die eigenen Erwartungen (zu) hoch sind. Ich möchte Sie daher einladen, sich Ihre Erwartungen in Bezug auf Ihr Umfeld einmal genauer anzusehen. Kommen Ihnen solche oder ähnliche Gedanken bekannt vor?

- „Der andere sollte sich melden, auch wenn ich mich nicht melde."
- „Der andere sollte erkennen, wie es mir geht."
- „Der andere sollte immer Lust haben, etwas mit mir zu unternehmen."

Nehmen wir als Beispiel den zweiten Punkt: Woher soll Ihr Gegenüber zu jeder Zeit erkennen, wie es Ihnen geht? Er ist ja, um im oben genannten indianischen Zitat zu bleiben, nicht 30 Tage in Ihren Mokassins gelaufen. Vielleicht hat er oder sie bisher noch nie einen nahestehenden Menschen verloren. Vielleicht hat er oder sie eine eigene Verlusterfahrung ganz anders erlebt, als er es bei Ihnen wahrnimmt. Bei einer solchen hohen Erwartung an Ihr Gegenüber ist daher die Enttäuschung schon vorprogrammiert. Und dann entsteht leicht ein Teufelskreis, denn wenn Freund:innen, Bekannte oder Kolleg:innen merken, dass sie Ihren Erwartungen sowieso nicht gerecht werden können, ziehen sie sich erst recht zurück.

Manchmal überfordert unsere Erwartungshaltung auch deswegen unser Umfeld, weil wir uns von jedem Menschen vollumfängliche Unterstützung in jeder Lebenslage wünschen. Ein und derselbe Mensch möge mir bitte immer ein offenes Ohr schenken, meine Interessen und Hobbys mit mir teilen, mir praktischen Lebensbeistand leisten und was ich sonst noch an Unterstützung benötige. Dabei erweist sich in Krisenzeiten oft, dass Menschen uns ganz nach ihren jeweiligen Talenten beistehen. Vielleicht haben Sie das ja auch schon erlebt: Die eine Freundin ist diejenige, die Sie Tag und Nacht anrufen können, wenn die Trauerwelle über Ihnen zusammenschlägt. Sie hat einfach immer ganz viel Geduld mit Ihnen. Dafür würde sie aber nicht so gern mit Ihnen zum Grab gehen, weil sie Friedhöfe nicht mag. Der andere Freund hilft Ihnen bei praktischen Dingen, wie Reparaturen oder Steuererklärung, ist dafür aber nicht der begnadete Zuhörer. Und die Dritte können Sie jederzeit mit zum Friedhof nehmen, aber sie würde eben nicht auf die Idee kommen, Sie zum Grillen einzuladen. Es lohnt sich also, genauer hinzusehen, welche Menschen in Ihrem Umfeld für welche Aktivität genau die richtigen sind, statt alle pauschal mit einer generalisierten Erwartungshaltung zu konfrontieren. Meine Oma prägte den wundervollen Satz „Jeder ist anders komisch", der mich immer wieder daran erinnert, jeden Einzelnen mit einer Portion Gelassenheit so zu nehmen, wie er nun einmal ist.

Dem Gesetz der Resonanz folgen

Ich habe schon vielfach in meinem Leben erfahren dürfen, dass das, was ich aussende, hundertfach zu mir zurückkommt. Man nennt dies das „Gesetz der Resonanz". Allerdings gilt es für sämtliche Energien, die ich in die Welt gebe, die positiven wie die negativen! Wenn Sie also Ihr Gegenüber, das sich erkennbar unsicher im Umgang mit Ihrer Trauer zeigt, mit einem bösen Blick oder einer ungehaltenen Antwort abstrafen, können Sie davon ausgehen, dass eine entsprechende Reaktion – Angriff oder Rückzug – folgen wird. Bleiben Sie dagegen ruhig und bauen die oben beschriebene Brücke, werden Sie mit ziemlicher Sicherheit Wohlwollen und Zuwendung ernten. Je häufiger es Ihnen gelingt, auf das Gute zu schauen, auf das, was Ihr Umfeld Ihnen Gutes tut, anstatt auf das, was Ihnen fehlt, umso mehr ziehen Sie das Gute in Ihrem Leben an.

Abschließend möchte ich noch einmal den Blick auf die Qualität Ihrer Beziehungen lenken, denn bei der Frage, ob Sie sich einsam fühlen, kommt es nicht auf die Quantität Ihrer Kontakte an. Krisenzeiten sind immer auch Anlass, den eigenen Freundes- und Bekanntenkreis neu zu sortieren. Menschen, die Ihnen jetzt nicht guttun, können und dürfen Sie auf Abstand halten. Diejenigen hingegen, die heute, in der vielleicht größten Krise Ihres Lebens, zu Ihnen halten, sollten Sie in Ihren engsten Kreis ziehen. Gerade jetzt bewähren sich wahre Freundschaften, die mitunter auch neu mit Menschen entstehen, mit denen Sie nicht gerechnet haben. Und auch hier gilt einmal mehr: Fokussieren Sie Ihren Blick weniger auf die, die jetzt wegbrechen, als auf die, die Ihnen beistehen bzw. neu in Ihr Leben treten.

Wie Sie neue Kontakte finden können

In unserer heutigen digitalen Welt fühlen sich viele Menschen zunächst einmal gar nicht einsam, weil sie über die sozialen Medien ständig Kontakt in alle Himmelsrichtungen haben können. Facebook, Instagram & Co. suggerieren ein Gefühl von Gemeinschaft, „Freunde" sind nur einen Klick entfernt. Jedoch können solche Online-Kontakte natürlich den persönlichen Austausch und das Miteinander nicht ersetzen. In ihnen liegt sogar die Gefahr, sich auf das schön gezeichnete Bild der Außendarstellung zu verlassen und dann ein Minderwertigkeitsgefühl zu entwickeln. „Alle anderen haben ihr Leben im Griff, nur ich nicht. Warum kriege ich das nicht hin?" könnte dann so ein resignierender Gedanke sein. Berücksichtigen Sie aber bitte immer, dass Sie in den sozialen Medien nur einen kleinen Ausschnitt des Menschen erleben, und zwar den Ausschnitt seiner Wirklichkeit, den er der Welt zeigen möchte. Das hat im Zweifel nur wenig mit der objektiven Realität gemein.

Die Vorteile sozialer Medien

Nun möchte ich die sozialen Medien nicht generell verteufeln. Ich bin selbst großer Fan von Facebook und Instagram, weil ich neben den oben skizzierten Gefahren auch Folgendes sehe und erlebe: Auf diesen Plattformen treffen sich Menschen, die auf irgendeine Art und Weise Gemeinsamkeiten teilen. Das heißt, Facebook oder Instagram nimmt für uns bereits eine Selektion vor: so, als würde ich mich mit fremden Menschen in einem Sportkurs treffen, in dem wir das Interesse für diesen Sport teilen. Ich habe es immer wieder erlebt, dass sich z. B. über die Gemeinsamkeit in einer Facebookgruppe intensiverer Kontakt zu einzelnen Personen entwickelt, zunächst per Mail oder über die Kommentare. Später sogar als Offline-Kontakt „im echten Leben". Mehrfach schon hatte ich dann das Gefühl, mein Gegenüber schon lange zu kennen; durch gemeinsame Themen war schon ein gewisses Vertrauen gewachsen.

Auf Facebook sowie auf verschiedenen Seiten von Trauerbegleiter:innen bzw. Organisationen finden Sie Gruppen und Foren, in denen Sie Gleichgesinnte treffen können; Menschen, die alle einen Verlust erlitten haben und ihren Weg zurück ins Leben suchen. Auch dort können sich Kontakte ergeben, die Sie – vielleicht sogar ganz in der Nähe – im wahren Leben intensivieren mögen. Nach meiner Erfahrung herrschen in diese Gruppen sehr unterschiedliche Grundhaltungen. Daher schauen Sie bitte genau hin, ob Ihnen der Umgangston gefällt und ob Ihnen die Gruppe wirklich guttut. Im Anhang finden Sie eine Auswahl von Online-Gruppen bzw. -Foren.

Eine gute Möglichkeit, Kontakte mit Gleichgesinnten zu knüpfen, sind natürlich auch lokale Trauergruppen, die vielfach in Hospizen oder Gemeinden angesiedelt sind. Auch hier gilt: Probieren Sie aus und entscheiden dann, ob Ihnen die Gruppe liegt. Übrigens gibt es einen Unterschied zwischen Selbsthilfe- und Trauergruppen. Erstere werden in der Regel von selbst Betroffenen geleitet, die Treffen finden also ohne eine professionelle Trauerbegleitung oder einen Seelsorger statt. Je nach Zusammensetzung der Gruppe kann auch ein regelrechtes „Jammertal" entstehen – wenn dann niemand eingreift und einen positiven Impuls setzt, gehen Sie frustrierter und verzweifelter nach Hause, als Sie gekommen sind.

Eine gute Trauergruppe zeichnet sich durch verschiedene Faktoren aus:

1. Sie wird von einer professionellen Trauerbegleiterin oder einem Trauerbegleiter geleitet.
2. Die Gruppenleitung schafft einen Rahmen, in dem jede/-r Trauernde im eigenen Tempo und auf eigene Art trauern darf.
3. Die Gruppenzusammensetzung ist möglichst homogen. Es macht keinen Sinn, eine Gruppe mit dem 80-jährigen Witwer, der 50-Jährigen, die um ihre Mutter trauert, und der 35-Jährigen, die ihr Baby verloren hat, zu bilden. Die Bedürfnisse und Lebenswelten sind einfach zu unterschiedlich.
4. Idealerweise ist es eine geschlossene Gruppe, die für eine bestimmte Zeit zusammenbleibt. Wenn bei jedem Treffen neue Menschen dabei sind, fangen auch die Erzählungen jedes Mal von Neuem an. Eine geschlossene Gruppe hingegen hat erfahrungsgemäß schneller eine gute Vertrauensbasis, auf der intensiv und sehr persönlich gearbeitet werden kann.

Leider ist das Angebot an solchen Gruppen wirklich rar, aber auch wenn nicht alle diese Kriterien erfüllt sind, kann es sein, dass Sie in Ihrer Nähe ein für Sie passendes Angebot finden. Manchmal ist eine Trauergruppe auch nur für eine gewisse Zeit eine stimmige Lösung, um den Weg durch die eigene Trauer zu finden. Im Anhang finden Sie Links, unter denen Sie Gruppenangebote für Trauernde finden.

Alleinsein ist eine Entscheidung

Diese etwas gewagte These möchte ich Ihnen zum Schluss dieses Kapitels ans Herz legen. Sie können jeden Morgen aufs Neue auf der Bettkante entscheiden, ob Sie ganz allein durch diesen Tag gehen oder aktiv Kontakt zur Außenwelt suchen. Es ist tatsächlich Ihre Entscheidung. Machen Sie sich nicht abhängig von den anderen, die sich vielleicht, vielleicht aber auch nicht bei Ihnen melden. Und wenn Sie heute entscheiden, sich in Ihren vier Wänden zu verkrümeln, ist das genauso okay! Es ist Ihre Entscheidung, mit der Sie Frieden schließen dürfen!

Ich lade Sie ein, die Übung aus Abschnitt 6.1 fortzusetzen:

Wenn Sie also mindestens 30 Post-its mit Ihren Talenten und Begabungen beschriftet haben: Überlegen Sie, wie und wo Sie diese Schätze besonders gut einbringen könnten.

- Wo könnten Sie Menschen mit ähnlichen Interessen treffen?
- Bei welchen Freizeitaktivitäten, Fortbildungen, Kursen u. Ä. sind genau diese Talente gefragt?

Lassen Sie Ihren Gedanken zunächst einmal freien Lauf, ohne sie direkt durch die Überzeugung zu beschränken, dass es so etwas bei Ihnen sowieso nicht gibt. Schreiben Sie alles auf, was Ihnen in den Sinn kommt. Erst im zweiten Schritt gehen Sie auf die Suche – dem weltweiten Netz sei Dank –, ob solche Angebote auch in Ihrer Nähe zu finden sind.

Vielleicht entdecken Sie dadurch Möglichkeiten, sich neue Aktivitäten zu erschließen, die gleichermaßen die Chance in sich tragen, neue Menschen mit ähnlichen Interessen in Ihr Leben zu lassen.

Wenn Sie weitere Impulse zu diesem Thema wünschen, hören Sie auch gern die Podcastepisoden 8 „Na, alles gut bei Dir?“ und 16 „Trauer Bullshit Bingo Teil 1“ unter ↗ https://liebevoll-trauern.podigee.io/.

7. Jahrestage, Gedenktage und andere besondere Zeiten

7.1 Schleusenzeit: unwiederbringliche Tage zwischen Tod und Beisetzung

Die Trauerbegleiterin Ruthmarijke Smeding bezeichnet die Zeit zwischen dem Tod und der Beisetzung als „Schleusenzeit". Vermutlich deshalb, weil sie den Übergang, die Schleuse also, zwischen dem Leben hier auf Erden und dem Danach – wie auch immer es aussehen mag – darstellt. Sie ist eine besonders kostbare Zeit, in der wir heilsame Rituale pflegen können, die auf diese Art und Weise nie wieder nachzuholen sind. All diese Rituale wirken sich positiv auf Ihren Trauerprozess aus, Sie legen in dieser Zeit die Basis für heilsames, liebevolles Trauern. Sie schaffen gute Erinnerungen an eine besonders schwere Zeit.

Je nach Beisetzungsform dauert die Schleusenzeit zwischen vier Tagen und mehreren Wochen. Die gesetzlichen Fristen zur Beisetzung sind in Deutschland auf Länderebene geregelt. Eine Erdbeisetzung muss in der Regel maximal zehn Tage nach der Kenntnis des Todes erfolgen. Die Beisetzung einer Urne sieht deutlich längere Fristen vor, in manchen Bundesländern sind es sogar sechs Monate. Lassen Sie sich bitte nicht hetzen. Es ist Aufgabe des Bestatters, den freien Termin am Friedhof, die Kirche bzw. Trauerhalle und den Geistlichen bzw. Trauerredner:in unter Berücksichtigung Ihrer Bedürfnisse zu koordinieren.

Aus meiner Erfahrung als Bestatterin und Trauerbegleiterin gibt es eine Grundregel für die Schleusenzeit: Belasten Sie sich so wenig wie möglich mit bürokratischem Kram und gestalten Sie so viel wie möglich liebevoll und aktiv selbst mit. So kann es gelingen, aus der Schockstarre in wohltuende Aktivität zu kommen.

Ihr Bestattungsunternehmen kümmert sich um Behördengänge und den Schriftverkehr: Sterbeurkunden besorgen, Versicherungen anschreiben, Rentenanträge oder Rentenabmeldung. Somit bleibt Ihnen Zeit, sich um heilsame Rituale zu kümmern.

Bewusst Abschied nehmen

Was viele nicht wissen: Auch wenn ein Mensch im Krankenhaus oder in einem Pflegeheim bzw. Hospiz verstirbt, können Sie ihn bis zu 36 Stunden nach dem Tod nach Hause holen; die entsprechende Überführung übernimmt das Bestattungsunternehmen (die Frist kann von Bundesland zu Bundesland leicht variieren). Nun haben Sie im privaten Kreis Gelegenheit, sich in aller Ruhe zu verabschieden. Wer gläubig ist, kann den katholischen Geistlichen die letzte Ölung vornehmen lassen bzw. eine Aussegnung durch den evangelischen Geistlichen vereinbaren. In ländlichen Regionen ist die Hausaufbahrung bis heute vielfach üblich, in den Städten hat sie sich leider beinahe vollständig verloren. Als Bestatterin erlebe ich leider fast ausschließlich den Wunsch der Angehörigen, den Verstorbenen so schnell wie möglich abzuholen.

Auch im eher hektischen Krankenhausbetrieb gibt es Möglichkeiten, sich noch in Ruhe vom geliebten Menschen zu verabschieden. Nach intensivmedizinischer Versorgung sollten die Mitarbeitenden zunächst alle Schläuche und Zugänge entfernen und Ihnen dann Gelegenheit und Zeit für den Abschied in Ruhe geben. Viele Krankenhäuser haben zu diesem Zweck eigene Räume mit entspannter Atmosphäre eingerichtet.

Eine Alternative zur Abschiedssituation im Krankenhaus / Pflegeheim und zur Hausaufbahrung ist die Abschiednahme am offenen Sarg im Bestattungshaus oder in der Leichenhalle des Friedhofs. Vielfach höre ich als Gegenargument: „Nein, danke, ich möchte meinen geliebten verstorbenen Menschen so in Erinnerung behalten, wie er / sie im Leben war.“ Aber wie möchten Sie begreifen, dass dieser Mensch wirklich tot ist? Dass er nicht am nächsten Morgen am Frühstückstisch sitzen wird? Noch einmal bzw. gerne auch mehrfach Zeit am offenen Sarg zu verbringen schafft nämlich genau das: im wahrsten Wortsinn zu be-greifen, dass der geliebte Mensch nicht schläft, sondern tot ist. Er fühlt sich kalt an, er atmet nicht. Und: Er sieht friedlich aus. Anders, aber friedlich. Ich habe noch keinen Toten gesehen, der nicht friedlich aussah. Und sollte es aufgrund eines Unfalls oder Suizids tatsächlich starke Verletzungen geben, so kann der Bestatter diese abdecken oder thanatopraktisch wiederherstellen. Selbst wenn Sie nur die Hände sehen bzw. anfassen können, sie zeigen Ihnen: Es ist mein geliebter Mensch, der in diesem Sarg liegt. Ich be-greife, dass er tot ist. Ich halte ihn ein letztes Mal an der Hand.

Ich möchte Sie also ermutigen: Sie brauchen wirklich keine Angst vor dem Anblick eines Toten zu haben. Die Zeit am offenen Sarg ist kostbar. Sie können mit Ihrem geliebten Menschen sprechen, ihm einen Brief in den Sarg legen oder Bilder und Gegenstände, die zu ihm passen. Das Fan-T-Shirt für den Fußballfan, Noten für die Chorsängerin, Muscheln im Gedenken an gemeinsam Urlaube am Meer. Lassen Sie Ihrer Kreativität und Liebe freien Lauf!

Übrigens müssen Sie nicht Kissen und Sargdecke des Bestatters kaufen. Sie können Ihren Verstorbenen auch in seiner eigenen Bettwäsche oder in seiner Lieblingskuscheldecke in den Sarg legen (lassen).

Den Sarg schließen

Auch das ist eine überaus heilsame rituelle Handlung: den Sargdeckel selbst aufzulegen, mit eigener Kraft die Sargschrauben zuzudrehen und ihn somit zu schließen. Das gibt Ihnen das Gefühl, bis zuletzt bei Ihrem geliebten verstorbenen Menschen gewesen zu sein, ihn sicher und behütet eingebettet zu haben, ihn nochmals umsorgt und verabschiedet zu haben. Der Tod wird auf diese Art noch greifbarer für Sie. Das ist unendlich schmerzlich und heilsam zugleich.

Information und Kommunikation

Auf welchem Weg möchten Sie Familie, Freunde, Bekannte, Nachbarn usw. über den Tod informieren? In vielen Fällen werden heute keine Trauerbriefe mehr gedruckt, insbesondere dann, wenn der Kreis der zu Informierenden recht klein ist. Da das Telefon in der ersten Zeit nach dem Tod bei Ihnen vermutlich sowieso nicht stillsteht, sind die Personen, die Bescheid wissen sollten, schnell informiert. Ein persönliches Gespräch oder Telefonat gibt zudem Gelegenheit, über die Erlebnisse rund um den Tod zu sprechen, was ein wichtiges Bedürfnis vieler Trauernder ist. Außerdem ist es eine erste Gelegenheit, Ihre eigenen Bedürfnisse zu adressieren. Formulieren Sie, wenn Sie Hilfe, z. B. bei der Auswahl des Grabes oder bei der Kinderbetreuung, in dieser besonderen Zeit benötigen.

Wenn Sie sich für Trauerbriefe / -karten entscheiden, nehmen Sie sich für deren Gestaltung bewusst Zeit. In Ihrem Bestattungsunternehmen erhalten Sie sicher einige Vorschläge und ein vielfältiges Angebot unterschiedlichster Motive. Bitten Sie um ein wenig Bedenkzeit, denn selbst bei einer Erdbeisetzung müssen nicht alle Entscheidungen innerhalb des ersten Beratungsgesprächs getroffen werden. Im Idealfall erhalten Sie einen Musterordner und einige Textverschläge, mit denen Sie sich in Ruhe auseinandersetzen und Ihre Auswahl treffen können. Welcher Text würde dem Verstorbenen gefallen? Vielleicht haben Sie sogar ein Lieblingszitat oder eine Textpassage aus seinem Lieblingslied? Vielleicht hat er selbst einen Satz hinterlassen, eine typische Aussage? Welche Botschaft möchten Sie mit dem Trauerbrief senden? Trauen Sie sich ruhig, einen sehr persönlichen und individuellen Text zu formulieren, denn es gibt keine Vorschriften, wie eine Trauerkarte auszusehen hat.

Als Alternative oder zusätzlich zur Trauerkarte bietet sich eine Anzeige in der Zeitung an. Auf diese Weise erreichen Sie einen größeren Kreis an Menschen und insbesondere auch diejenigen, von denen Sie keine Anschrift haben (z. B. ehemalige Kolleg:innen oder Vereinskamerad:innen des Verstorbenen).

Trauerfeier als liebevolles Abschiedsfest

Ja, ich sage bewusst: Es kann ein „Fest“ sein, eine würdevolle und lebendige „Feier“, die letzte Feier, die Sie für Ihren geliebten Menschen ausrichten. Ein Abschiedsgeschenk nicht nur für ihn, sondern ganz besonders auch für Sie. Je mehr Sie darauf selbst Einfluss nehmen und sich aktiv einbringen und je besser die Feier zu Ihnen und Ihrem Verstorbenen passt, desto schöner und damit heilsamer wird die Erinnerung an diesen Tag sein.

Entscheiden Sie, ob ein Geistlicher oder ein freier Trauerredner / eine freie Trauerrednerin die Feier leiten soll. Dabei gilt es zu beachten, dass bei einer Beisetzung auf einem kirchlichen Friedhof in der Regel eine geweihte Person anwesend sein muss; dies schließt freie Redner:innen meistens aus.

Wo soll die Trauerfeier stattfinden? In einer Kirche, in der Friedhofskapelle oder an einem anderen Ort? Viele Bestattungsunternehmen verfügen heute über eine eigene, konfessionsungebundene und häufig wirklich schöne Trauerhalle. Darüber hinaus ist jeder andere, frei zugängliche Ort denkbar: der eigene Garten, die Lieblingswiese am Fluss der Heimatstadt oder das Vereinsheim des Sportvereins.

Die Trauerfeier für eine behinderte junge Frau habe ich im Aufenthaltsraum ihrer Behindertenwohnstätte durchgeführt. Gemeinsam mit den Bewohner:innen haben wir gelacht, geweint, gesungen und mit Fingerfarbe Fingerabdrücke auf die Holzurne gemacht, die später im engsten Familienkreis beigesetzt wurde.

*

Die Trauerfeier für einen Familienvater, der sein Leben sehr unkonventionell gelebt hat, haben wir bei ihm zu Hause stattfinden lassen. Und zwar an einem ganz besonderen Tag: an seinem Geburtstag! Es kamen sehr viele Menschen; Freunde haben daher im Hof ein Zelt aufgebaut. Auch einen Bierwagen organisierten sie, denn das hätte sich der Verstorbene wohl gewünscht: den Geburtstag auf andere Art mit ihm zu feiern. Am nächsten Tag fuhr sein Sohn die Urne mit seinem Motorrad zum Friedhof. Die Beisetzung konnte im kleinen Kreis in dem guten Gefühl stattfinden, dass sich niemand für traditionelle und mitunter angestaubte Riten verbiegen lassen hatte.

Welche Musik soll gespielt werden? Egal, ob live musiziert oder Musik vom Band gespielt wird: Suchen Sie die Lieder selbst aus. Lieblingslieder des Verstorbenen, Lieder, die gemeinsame Erinnerungen wecken, oder Lieder, die Ihnen einfach guttun und Hoffnung geben.

Wer möchte neben dem Geistlichen oder Redner das Wort ergreifen? Wie wohltuend ist es, wenn Familienangehörige oder gute Freunde eine persönliche Geschichte erzählen oder ein paar Dankesworte an den Verstorbenen richten. Wenn Sie selbst als nächste:r Angehörige:r etwas sagen möchten, aber Angst haben, von Tränen überwältigt zu werden, bitten Sie einen Freund, Ihre Worte vorzulesen.

Soll es ein Ritual in der Trauerfeier geben? Dafür sind Ihrer Kreativität ebenfalls keine Grenzen gesetzt. Hier einige Ideen als Inspiration:

- Lassen Sie jeden Gast ein Teelicht entzünden und vorne am Sarg oder an der Urne abstellen, vielleicht in Form eines Herzes oder einer Sonne.
- Lassen Sie jeden Gast eine einzelne Blume nach vorne bringen. Am Ende werden alle zu einem großen Strauß gebunden; dieser kann als Tischschmuck beim Nachkaffee dienen und später in Ihrer Wohnung an die Erinnerungsecke mit Bild und Kerze gestellt werden.
- Lassen Sie die Gäste kleine Zettel mit einem letzten Wunsch beschriften und ins Grab geben.
- Je nach Teilnehmer:innenzahl können Sie die traditionelle Sitzordnung aufbrechen und die Stühle im Kreis um den Sarg oder die Urne herum stellen.

Solche und ähnliche Rituale tragen zu einer sehr individuellen Trauerfeier bei, in die die Gäste mit ihrer eigenen Trauer involviert sind. Allerdings ist es wichtig, dass sie nicht um des Rituals willen geschehen oder weil die Beerdigung Eventcharakter haben soll, sondern weil diese rituellen Handlungen tatsächlich gut zu Ihnen und zu Ihrem verstorbenen Menschen passen. Eine sehr schlichte Trauerfeier ohne großes „Brimborium", aber mit sehr persönlichen Worten, kann genauso stimmig sein.

Beileidsbekundungen am Grab

Nach meinem Empfinden viel zu häufig ist in Trauerkarten oder -anzeigen der Zusatz zu lesen: „Von Beileidsbekundungen am Grab bitten wir abzusehen." Niemand würde jedoch auf die Idee kommen, in eine Hochzeits- oder Geburtsanzeige zu schreiben „Von Glückwunschumarmungen bitten wir abzusehen"! Dieser schöne und verlernte Brauch der Kondolenz am Grab macht für alle Beteiligten Sinn: Die Trauergäste können ihrem Mitgefühl Ausdruck verleihen und die Hinterbliebenen erfahren Zuspruch und Halt in der Gemeinschaft. Dabei sind gar nicht viele Worte nötig. Ein Händedruck, ein Streichler an der Schulter oder eine Umarmung, vielleicht mit den schlichten Worten „Ich fühle mit dir / Ihnen", geben wertvollen Trost.

Ich warte auf die erste Anzeige, in der steht: „Über Beileidsbekundungen am Grab freuen wir uns." – Was spricht eigentlich dagegen?

Trauerfeier für (Sternen-)Kinder

Trauen Sie sich ruhig, die Trauerfeier oder den Abschiedsgottesdienst für Ihr (Sternen-)Kind wirklich kindgerecht zu gestalten. Niemand schreibt Ihnen vor, bestimmte Lieder zu wählen. Sie können Kinderlieder spielen oder singen, dazu klatschen oder im Kreis um die Urne gehen. Je mehr Sie die anderen Kinder einbinden, desto eher können auch sie begreifen, dass der Tod zum Leben dazugehört und ihr kleiner Freund oder ihre kleine Freundin nicht einfach „weg" ist.

Anstelle des oft üblichen großen Fotos können Sie eine Pinwand mit ganz vielen Fotos Ihres Kindes aufstellen. Auf ausgeschnittene Sterne oder Sonnenstrahlen (aus gelbem Tonpapier) können die Klassenkamerad:innen Wünsche für das verstorbene Kind schreiben, die mit ins Grab gelegt werden. Einige Kinder oder auch Erwachsene können den Satz vervollständigen und laut aussprechen „Du fehlst mir, weil …".

Der Leichenschmaus – notwendig oder überflüssig?

Soll es einen Beerdigungskaffee geben? Dieser umgangssprachliche „Leichenschmaus", oder auch Raue genannt, ist eine gute Gelegenheit, in lockerer Atmosphäre beisammen zu sein. Nach der Anspannung in der unter Umständen tränenreichen Trauerfeier und dem sehr emotionalen Moment am Grab, als der Sarg oder die Urne heruntergelassen wurde, tut die Gemeinschaft gut. Mit dem gemeinsamen Essen wenden Sie sich wieder dem Leben zu. Erzählen Sie sich möglichst viele Geschichten von Ihren unterschiedlichen Erlebnissen mit dem Verstorbenen. Wie haben Sie sich kennengelernt? Wie haben andere den Verstorbenen erlebt? Was waren ihre Highlights? Aus England hörte ich den Brauch, dass jeder Gast das Glas erhebt, eine Anekdote über den Verstorbenen erzählt und dann gemeinsam angestoßen wird!

Sie können auch ein Erinnerungsbuch herumgehen lassen, in das die Gäste ihre persönlichen Erinnerungen schreiben. So entsteht ein Schatz, den Sie später jederzeit nachlesen können!

Kinder in der Schleusenzeit beteiligen

Viele Angehörige sind verunsichert, in welchem Umfang und in welcher Form eine Beteiligung von Kindern ratsam ist. Ich sage: Von der Abschiednahme bis zur Trauerfeier sollten sie in jedem Fall involviert werden. Und zwar völlig unabhängig von ihrem Alter! Kinder bekommen dadurch die Chance zu begreifen, dass der Tod ein natürlicher Teil des Lebens ist. Wir Erwachsene meinen, sie vor etwas schützen zu müssen. Wir denken, ihnen etwas Schlimmes zuzu*muten,* dabei geht es darum, ihnen etwas zuzu*trauen.*

Wichtig ist, dass Kindern in altersgerechter Sprache erklärt wird, was passiert. Zum Beispiel: „Wir gehen jetzt noch einmal den Opa besuchen, um ihm Tschüss zu sagen. Er sieht aus, als würde er schlafen, weil seine Augen geschlossen sind, aber er ist tot. Er fühlt sich kalt an, das ist so, wenn man tot ist." Oder vor der Trauerfeier: „Es werden viele Menschen da sein, die vermutlich überwiegend schwarz gekleidet sein werden. Das ist in unserem Kulturkreis die Farbe, die für Traurigkeit steht. Wahrscheinlich weinen viele, weil sie traurig sind, dass der Opa, der ihr Freund oder Nachbar war, nun tot ist."

Entscheiden Sie im Familienkreis, wie sich Ihren Bedürfnissen entsprechend jedes Familienmitglied in die Gestaltung der Schleusenzeit einbringen kann und möchte. Dies hier ist eine exemplarische Aufzählung – trauen Sie Ihrem Bauchgefühl, was für Sie möglich und stimmig ist:

- Gemeinsam den Sarg oder die Urne bemalen. Das geht auch mit sehr kleinen Kindern. Fingerfarben eignen sich gut.
- Ein Bild für die Oma malen oder einen Brief an den Opa schreiben und in den Sarg legen. Auch in einer Urne ist zwischen der Aschekapsel und der Zier-Überurne Platz für Fotos, ein gemaltes Bild oder einen Brief.
- Gemeinsam den Blumenschmuck aussuchen: Lieblingsblumen der Oma, Blumen in der Lieblingsfarbe des Opas, Blumen aus dem eigenen Garten, Rosen als Zeichen der Liebe usw. Anstelle eines opulenten Blumengestecks wirkt eine einzelne Rose, die auf den Sarg oder an die Urne gelegt wird, edel und schlicht. Auch das kann sehr stimmig sein.
- Kranzschleifen aus dem Blumenladen können Sie selbst bemalen oder beschriften: ein letzter Gruß an die große Schwester, ein Herz für den Opa etc. Auch große grüne Blätter, z.B. Efeu oder von der Schusterpalme (Aspidistra), eignen sich, um sie mit einem Gold- oder Silberstift zu beschriften und an den Blumenschmuck zu stecken.

Binden Sie Kinder in alle Möglichkeiten der Beteiligung ein, aber zwingen Sie sie nicht. Wenn ihr Kind am Eingang des Raumes für die Abschiednahme nicht weitergehen möchte, ist das völlig in Ordnung. In der Praxis erlebe ich häufig, dass sie einfach ein wenig mehr Zeit brauchen und sich einige Minuten später dann doch trauen. Insbesondere dann, wenn sie gut begleitet werden. Kleine Kinder bis zum Alter von etwa fünf Jahren nehmen übrigens oft nur kurz Blickkontakt aus der Ferne auf und widmen sich dann dem mitgebrachten Spielzeug. Kinder haben die natürliche Gabe, sich nur bis zu dem Maß einer Situation zu stellen, wie sie sie verkraften können.

Wenn Sie selbst unsicher sind, wie Sie sich verhalten sollen oder was Sie wie erklären können, dann lassen Sie sich von Profis unterstützen. Ein guter Bestatter u.a. zeichnet sich dadurch aus, dass er bzw. sie Sie und auch Ihre Kinder bei der Abschiednahme begleitet und für Fragen zur Verfügung steht.

Im Literaturverzeichnis finden Sie das *Hausbuch* von Mechthild Schroeter-Rupieper, in dem viele weitere wertvolle Anregungen für den Umgang mit Tod und Trauer in der Familie nachzulesen sind.

Was tun, wenn die Schleusenzeit längst vorbei ist?

Vielleicht lesen Sie dieses Kapitel erst nach dem Tod Ihres geliebten Menschen, d. h., die Schleusenzeit ist längst Vergangenheit. Vielleicht beschleicht Sie nun ein schlechtes Gewissen, weil Sie damals nicht so aktiv Einfluss auf die Gestaltung der Trauerfeier genommen haben. Weil Sie sich vielleicht ohne das Wissen aus diesem Buch eine Abschiednahme nicht zugetraut haben. Oder weil Sie, wie es bei vielen Menschen der Fall ist, einfach den Vorschlägen des Bestattungsunternehmens gefolgt sind. Das muss ja auch nicht zwingend schlecht sein. Wenn Sie mit einem guten Gefühl auf die Schleusenzeit zurückschauen können, sollten Sie nun nicht grübeln, was Sie anderes hätten tun können.

Fällt Ihre Rückschau nicht so versöhnlich aus, möchte ich Ihnen Mut machen, dass es für einige rituelle Handlungen nicht zu spät ist. Viele der genannten Rituale sind in leicht abgewandelter Form auch jetzt noch machbar und tragen jederzeit zu einem heilsamen Trauerweg bei. So können Sie auch heute einen Brief an Ihren geliebten Menschen schreiben und ihn am Grab vergraben oder, wenn die Grabart dies nicht zulässt, ihn verbrennen und so „nach oben abgeben“. Das Gleiche ist mit Bildern möglich, die die Kinder gemalt haben. Oder Sie bepflanzen eine Schale mit den Lieblingsblumen Ihres geliebten Menschen, die Sie am Grab abstellen.

Es gibt unendlich viele Möglichkeiten, wie Sie Ihren Weg durch die Trauer ganz individuell gestalten können. Lesen Sie dazu gerne die weiteren Abschnitte dieses Kapitels.

Wenn Sie mehr Impulse zu diesem Thema wünschen, hören Sie gerne auch die Podcastepisode 7 „Schleusenzeit zwischen Tod und Beisetzung“ unter ↗ https://liebevoll-trauern.podigee.io/.

7.2 Das erste Trauerjahr

Das erste Jahr nach dem Verlust eines geliebten Menschen ist eine sehr besondere, intensive Zeit. Entgegen der landläufigen Meinung ist es aber nicht DAS Trauerjahr, nach dessen Ende die Trauer „abgearbeitet" ist. Trauer dauert deutlich länger, als das Umfeld es erwartet und Sie selbst es sich vielleicht wünschen. In den ersten zwölf Monaten findet alles zum ersten Mal ohne den geliebten Menschen statt: sein Geburtstag und auch der eigene bzw. der von weiteren Familienmitgliedern, der Hochzeitstag, Muttertag, Feste wie Ostern oder Weihnachten und zum Abschluss der erste Todestag.

Ihre vielleicht größte Lernaufgabe in diesem Jahr ist es, geduldig und einfühlsam zu sein, nicht nur mit sich selbst, sondern auch mit Ihrem mitunter ebenso überforderten Umfeld. Vielleicht ist Ihr Leben bisher sehr geradlinig verlaufen, Sie waren von der Sonnenseite des Lebens geküsst und Stolpersteine konnten Sie mit einer gewissen Leichtigkeit aus dem Weg räumen. Doch nun trifft Sie der Tod eines Menschen, vielleicht sogar Ihres liebsten Menschen, mit voller Wucht. Vielleicht haben Sie in den letzten Jahren mehrere Todesfälle im engsten und weiteren Umfeld erleben müssen. Und vielleicht haben Sie jetzt, in diesen ersten zwölf Monaten nach dem letzten Todesfall, das Gefühl, dass bisherige Bewältigungsmuster nicht greifen.

Ein unüberwindbarer Berg?

„Trauern ist wie ein großer Felsbrocken. Wegrollen kann man ihn nicht. Zuerst versucht man, nicht darunter zu ersticken, dann hackt man ihn klein, Stück für Stück. Den letzten Brocken steckt man in die Hosentasche und trägt ihn ein Leben lang mit sich herum." Dieser Satz stammt aus dem Buch *… und das Leben bekommt mich zurück. Ein Lesebuch (nicht nur) für Verwitwete* von Gerd Laudert-Ruhm und Susanne Oberndörfer (2005). Im ersten Trauerjahr stehen Sie vor diesem riesigen Berg, der schier unüberwindbar scheint. Vielleicht spüren Sie den Impuls, sich um 180° zu drehen und davonzulaufen, oder einfach rechts oder links herum an ihm vorbeizulaufen. Bis Sie schließlich erkennen, dass Sie ihn nicht erklimmen müssen, sondern ihn Stück für Stück abtragen.

Vielleicht setzt Ihnen eine starke Verzweiflung zu, weil Sie meinen, auf der Stelle zu treten. Vielleicht sind Sie auch entmutigt, weil es Ihnen eher schlechter statt besser geht. Bitte vergegenwärtigen Sie sich immer wieder, dass dies ganz normal ist. Lesen Sie auch gern in Abschnitt 1.4 nach, was ich dort über die Geschwindigkeit des Trauerns geschrieben habe. Im ersten Trauerjahr steht ganz häufig ausschließlich das Überleben im Vordergrund. Denken Sie Schritt für Schritt, Stunde für Stunde und Tag für Tag. In größeren Zeitabschnitten zu planen kann Sie in dieser Phase schnell überfordern.

Die Liebe verbindet

Versuchen Sie sich immer wieder bewusst zu machen, dass die Liebe Sie auch heute noch mit Ihrem geliebten Menschen verbindet. Sie sind nicht nur über die Trauer miteinander verbunden, sondern gerade auch durch die Liebe. Sie ist das heilsame verbindende Band, auch wenn es schmerzt, diese Liebe nicht mehr unmittelbar geben und empfangen zu können. Vielen Trauernden hilft es, etwas für den geliebten Menschen zu tun:

- Pflegen Sie liebevoll das Grab oder die Unfallstelle oder einen Gedenkplatz, den Sie eingerichtet haben. Vielleicht entwickeln Sie Freude dabei, saisonal den Blumenschmuck zu verändern und immer wieder neu zu dekorieren.
- Halten Sie die Erinnerung an Ihren geliebten Menschen bei sich und auch bei anderen wach. Sprechen Sie seinen Namen aus, erinnern Sie an gemeinsame Erlebnisse. Sprechen Sie aus, wenn Ihnen im Zusammensein mit Freund:innen gerade ein Gedanke an Ihren Verstorbenen durch den Kopf geht.
- Führen Sie etwas im Sinne Ihres geliebten Menschen fort. Vielleicht hatte er ein bestimmtes Anliegen, das er nicht zu Ende bringen konnte.

Auch die Erfahrung von Nähe kann tröstend für Sie sein: durch Gerüche (Parfum oder Rasierwasser, Kleidungsstücke oder Bettwäsche), durch Musik, die Sie im Leben verbunden hat oder die Ihr geliebter Mensch besonders gern gehört hat, oder auch durch Gegenstände, die Sie an ihn erinnern. Auch hier gilt: Es ist schmerzlich *und* tröstlich zugleich.

Egal, was für Sie und Ihre Lebenssituation das Passende ist: Alles, was Sie im liebenden Gedenken an Ihren Verstorbenen tun, stärkt die neue Verbindung zu ihm. In Abschnitt 5.5 können Sie nachlesen, warum es genau um diese Verbindung geht und nicht darum, loszulassen.

Alles zum ersten Mal

Jeder besondere Tag findet in diesem ersten Trauerjahr erstmals ohne Ihren geliebten Menschen statt. Es ist nur zu verständlich, wenn all diese Tage Sie ängstigen. Vielleicht würden Sie am liebsten die Decke über den Kopf ziehen und warten, bis der Spuk vorbei ist. Ich möchte Sie gern ermutigen, genau das Gegenteil zu tun: Gestalten Sie diese Jahrestage ganz bewusst. In Abschnitt 7.3 finden Sie viele Ideen dazu. Die Erfahrung zeigt, dass sich Jahrestage oft im Vorfeld sehr bedrohlich darstellen, mithilfe einer guten und vor allem stimmigen Planung aber tatsächlich weit weniger dramatisch ausfallen. Spüren Sie jeweils in der Vorbereitung genau nach, was Sie brauchen, und folgen Sie genau dieser Intuition. Ganz egal, was andere dazu sagen. Dabei hilft Ihnen auch die „Sowohl-als-auch-Einstellung" aus Abschnitt 4.4, um sich immer wieder bewusst zu machen, dass diese Tage sowohl schmerzhaft als auch schön sein dürfen.

Der erste Todestag

Eine Sonderstellung nimmt der erste Todestag ein. Viele Trauernde erleben in den Tagen und Wochen zuvor eine emotional besonders aufwühlende Zeit, weil sie die letzte Lebensphase ihres geliebten Menschen noch einmal wie in Liveschaltung durchleben. Sie durchfühlen alles, was kurz vor dem Tod passiert ist, als wäre es erst gestern gewesen. Auch das ist ganz normal! Lassen Sie sich in diese starken Gefühle ganz hineinfallen; sie sind sowieso da, es macht keinen Sinn, sich dagegen aufzulehnen. (Dazu finden Sie in Abschnitt 5.2 einige ausführlichere Gedanken.)

Lassen Sie sich von niemandem vorschreiben, wie Sie den ersten Todestag verbringen sollten. Sind mehrere Familienmitglieder unmittelbar betroffen, sollten Sie gemeinsam Ideen entwickeln und darüber sprechen, was Ihnen guttun könnte. Das mag sehr unterschiedlich sein. Dann gilt es Wege zu finden, die für alle gangbar sind.

> *Familie M. begann einige Wochen vor dem ersten Todestag der jüngsten Tochter darüber zu diskutieren, wie sie diesen Tag am besten gestalten könnten. Den Eltern war es ein Bedürfnis, die Ereignisse des Todestags noch einmal nachzuempfinden. Daher besuchten sie am Vormittag die Unfallstelle und legten dort Blumen ab. Für den Nachmittag luden sie Freunde ihrer verstorbenen Tochter ein, aßen gemeinsam Kuchen und ließen Luftballons mit Botschaften, die sie mit Karten festbanden, in den Himmel steigen. Am Abend ging die Familie schließlich im Lieblingsrestaurant der Tochter bzw. Schwester essen.*

Wie auch immer Sie den ersten Todestag verbringen, nicht immer und nicht automatisch wird danach alles leichter. Manche Trauernde empfinden gerade das zweite Jahr besonders schwierig. Vielleicht liegt es an der Erwartungshaltung, dass es nun besser werden müsse, wenn alles bereits ein erstes Mal erlebt wurde. Doch das zweite Jahr führt noch einmal besonders schmerzlich die Unumkehrbarkeit der Ereignisse vor Augen.

Nehmen Sie sich Ihren Kalender vor und markieren Sie die „besonderen Tage“, die Ihrer gezielten Aufmerksamkeit bedürfen. Dies können sein:

- Ihr eigener Geburtstag
- Der Geburtstag Ihres geliebten Menschen
- Weitere Geburtstage im Familienkreis, die Sie gemeinsam gefeiert hätten
- Hochzeits- oder Jahrestag
- Ostern, Weihnachten, Silvester
- Der Tag der schweren Diagnose, des Umzugs ins Hospiz oder der Verlegung ins Krankenhaus

Notieren Sie sich im Kalender erste Ideen, was Sie an diesem Tag machen könnten und mit wem Sie ihn verbringen möchten.

Notieren Sie sich ca. einen Monat vor dem jeweiligen Tag eine Erinnerung im Kalender, damit Sie dann rechtzeitig mit der konkreten Planung des Tages beginnen.

So können Sie die besonders sensiblen Jahrestage ganz bewusst planen.

7.3 Vom Umgang mit Gedenktagen

Unser Leben ist nicht nur geprägt durch die Regelmäßigkeit unseres Alltags, in dem oft relativ feste, wiederkehrende Abläufe für Struktur und Halt sorgen. Auch die besonderen Tage machen unser Leben aus, sie stechen aus dem Alltag hervor wie kleine Leuchttürme. In Ihrem „alten Leben“ vor dem Tod Ihres geliebten Menschen haben Sie solche Tage vermutlich häufig mit Vorfreude erwartet und den Tag selbst aus ganzem Herzen genossen. Am Geburtstag feierten Sie ein großes Fest oder gestalteten eine gemütliche Zeit im kleinen Kreis. Anlässlich des Hochzeitstages gingen Sie gemeinsam essen oder luden die Familie zum Brunch ein.

Und heute, in diesem unfassbar veränderten Leben nach dem Tod des geliebten Menschen, sieht die Welt ganz anders aus. Die besonderen Tage bereiten noch mehr Unbehagen als der Alltag. Zumindest in der Anfangszeit können Sie nicht auf Erfahrungen zurückgreifen, was Sie vielleicht zusätzlich verunsichert. Wie mache ich es richtig? Auf welche Weise überstehe ich den Tag am besten? Was erwartet die Familie? Vielleicht sind dies Fragen, die Sie gerade sehr beschäftigen. Ich möchte Sie einladen, sich von dem, was „man“ so macht, möglichst zu lösen. Was zählt, ist einzig und allein das, was Ihnen und Ihrer Familie Halt gibt. Mir fällt immer wieder auf, dass wir hier in Deutschland eine recht engstirnige, beinahe verkrampfte Trauer- und Gedenkkultur haben. Ich würde mir wünschen, dass wir mehr und mehr den Mut haben, alte Konventionen aufzubrechen, um der Trauer mehr Individualität und Lebendigkeit zu verleihen.

Dazu zwei Beispiele aus anderen Kulturen:

In Mexico findet jährlich zwischen dem 31. Oktober, dem Tag vor Allerheiligen, und dem 2. November der sogenannte Día de los Muertos statt. Es ist ein farbenprächtiges Volksfest zu Ehren der Verstorbenen. Der Volksglaube geht davon aus, dass die Seelen der Toten in dieser Zeit noch einmal zu ihren Familien zurückkehren. Die Straßen werden von den Häusern bis zu den Friedhöfen mit bunten Blumen geschmückt, damit die Toten den Weg zum Familienfest finden. Überall herrscht ein buntes Treiben, Wohnungen und Straßen werden mit Todessymbolen, wie Skeletten und Totenköpfen, versehen. Auch die Ankunft der verstorbenen Kinder (Angelitos – Engel) wird erwartet. Am Abend findet das Fest auf den Friedhöfen mit mitgebrachten Speisen und Getränken tanzend und musizierend seinen Abschluss. Es endet um Mitternacht, denn dann ist es für die Seelen der Toten Zeit, in ihr Reich zurückzugehen, bis sie im nächsten Jahr wiederkehren.

*

Im Kaukasus besuchen die Lebenden an allen Gedenktagen mit der ganzen Familie ihre Verstorbenen auf den Friedhöfen. Sie bringen Picknick mit – Speisen und Getränke, wobei der Wodka nicht fehlen darf! Auf den Friedhöfen gibt es überdachte Sitzgelegenheiten (die Sonne scheint im Sommer unbarmherzig vom Himmel), wo die Familien eine reiche Tafel decken. Es werden Erinnerungen an die gemeinsame Zeit geteilt. Es wird viel und laut geweint und geklagt, aber auch gemeinsam gelacht.

Stimmige Rituale entwickeln

Was heißt das nun für Sie und Ihre persönliche Situation? Die Bedürfnisse angesichts der Jahrestage sind von Mensch zu Mensch unterschiedlich und verändern sich ebenso im Verlauf der Jahre. Daher sind Rituale, also wiederkehrende, feststehende Abläufe, zwar eine gute Orientierung, sie dürfen jedoch auch immer wieder auf Stimmigkeit überprüft und hinterfragt werden. Vielleicht ist es für Sie am besten, Jahrestage genauso zu verbringen, wie Sie es schon zu Lebzeiten mit Ihrem geliebten Menschen immer getan haben. Sie schaffen damit bei allem Schmerz des Vermissens auch eine besonders innige Verbindung zum Verstorbenen. Vielleicht ist aber auch genau das Gegenteil für Sie vonnöten: ganz neue Wege auszuprobieren, die sich mit der Zeit als neue, heilsame und liebevolle Rituale etablieren können. Berücksichtigen Sie bei allem bitte auch mögliche unterschiedliche Bedürfnisse innerhalb der Familie. Was Ihnen persönlich guttut, mag für den anderen nicht passen – das ist auch okay, sofern Sie darüber offen sprechen und versuchen, gegenseitig Verständnis aufzubringen.

Verstehen Sie die folgende Auflistung möglicher Rituale als Anregung. Ich möchte damit Ihren Blick weiten für die Vielfalt an Möglichkeiten. Möge diese Liste eine Basis für Sie sein, um gemeinsam mit Familienangehörigen oder Freunden einen stimmigen Weg für Ihre Gedenktage zu finden.

- Am Geburtstag des Verstorbenen (oder auch an Ihrem Geburtstag): Was würde Ihrem geliebten Menschen besondere Freude bereiten? Backen Sie den Lieblingsgeburtstagskuchen, laden Sie Freunde und Familie ein, teilen Sie gemeinsam Erinnerungen; treffen Sie sich am Grab, lesen Sie eine kleine Geschichte vor, stoßen Sie mit einem Glas Sekt oder dem Lieblingsgetränk Ihres geliebten Menschen an; treffen Sie sich in Ihrem Stammlokal und bestellen Sie sein Lieblingsgericht.
- Am Todestag: Verzieren Sie Grablichter (Anleitungen gibt es zahlreich auf YouTube) und bringen diese zum Grab oder dekorieren sie an Ihrem Gedenkplatz; schreiben Sie mit der Familie oder mit Freunden Grüße an den Verstorbenen auf Zettel, die Sie in ein dekoratives Glas legen und am Grab abstellen oder alternativ verbrennen und damit „an oben“ abgeben; füllen Sie ein Erinnerungstagebuch mit Fotos und Geschichten – auch das können Sie gut gemeinsam mit der Familie bzw. mit Freunden machen.
- Zu allen möglichen Gedenktagen:
  - Gestalten Sie gemeinsam mit der Familie eine Schatzkiste mit Erinnerungsstücken. Nehmen Sie dazu eine große Schachtel oder einen Schuhkarton, den Sie hübsch bekleben und verzieren. Legen Sie Gegenstände hinein, die Sie mit dem geliebten Menschen verbinden. Muscheln für gemeinsame Urlaube am Meer, Nudeln für den Pastaliebhaber, Steine für die schwere Zeit der Krankheit, ein Buch für den Bücherwurm usw. Erzählen Sie sich gegenseitig, was genau Sie mit dem Gegenstand verbinden.
  - Säen Sie Samen aus, beispielsweise Kresse, Sonnenblumen oder Vergissmeinnicht. Lassen Sie ihnen viel Liebe und Pflege zuteilwerden und beobachten Sie, wie aus der Erde neues Leben erwächst. Ein schönes Symbol für Ihre Trauer.
  - Bemalen Sie Steine, die Sie am Grab oder an einer Gedenkstelle ablegen.

Wenn Sie noch weitere Impulse zu diesem Thema wünschen, hören Sie auch gerne die Podcastepisoden 18 „Valentinstag – der Horror in der Trauer?“ und 19 „Erinnerungskultur“ unter ↗ https://liebevoll-trauern.podigee.io/.

7.4 Adventszeit – stürmische See oder sicherer Hafen?

Es gibt Zeiten, die sind für Trauernde besonders emotional, und dazu gehören ganz sicher die Wochen vor Weihnachten und die Feiertage selbst. Nicht nur, dass da nun ein geliebter Mensch fehlt, die Adventszeit ist für viele Menschen auch geprägt von Ritualen, oft in der Familie über Generationen tradiert, die liebevoll Jahr für Jahr gepflegt werden. Sie gehören einfach dazu und gefühlt ist nur dann „richtig Weihnachten", wenn diese Rituale auch tatsächlich umgesetzt werden.

Vielleicht kennen auch Sie solche Weihnachtsrituale (etwa das gemeinsame Schmücken des Baumes, der Gang über einen bestimmten Weihnachtsmarkt, der Besuch in der Christmette). Ohne den geliebten Menschen, mit dem Sie dies gemeinsam genossen haben, fühlen sich manche Rituale nun aber gegebenenfalls fremd an oder sogar schmerzhaft.

Denken Sie an die Traueraufgaben (sechs Notwendigkeiten der Trauer) nach Alan D. Wolfelt aus Kapitel 1: Die Weihnachtszeit ist eine Zeit, in der Sie „volle Breitseite" mit allen sechs Traueraufgaben gleichzeitig konfrontiert sind. Da gilt es auf ein Neues, die Realität des Todes vollumfänglich zu begreifen und sich ganz dem Schmerz hinzugeben. Viele Erinnerungen an gemeinsam verbrachte Weihnachtsfeste kommen hoch. Identität und Sinn wollen gerade jetzt neu entdeckt werden. Und diese Zeit lädt Sie auch ein, Familie und gute Freunde um Unterstützung zu bitten.

Definieren Sie Ihre Traueraufgaben

Vielleicht hilft es Ihnen, Ihr inneres Gefühlschaos in diese sechs Traueraufgaben einzusortieren. Nehmen Sie sich ein Blatt Papier zur Hand, teilen Sie es in sechs Felder ein, die Sie mit den sechs Traueraufgaben aus Abschnitt 1.2 überschreiben. Notieren Sie nun all Ihre Gedanken, Befürchtungen, Ängste, Gefühle in puncto Weihnachtszeit in dem jeweils am ehesten passenden Feld (manchmal passen mehrere Felder). So erkennen Sie, dass all das, dem Sie sich jetzt stellen müssen, eine Aufgabe zur Trauerbewältigung ist.

Das Einordnen hilft Ihnen, Ihre Gefühle zu sortieren. Dadurch fühlen Sie sich innerlich klarer und ruhiger.

Als Trauernde/-r dürfen Sie all Ihre Gewohnheiten infrage stellen und für sich genau prüfen, welches Ritual jetzt noch zu Ihnen und Ihrer neuen Lebenssituation passt und welches Sie streichen bzw. durch ein neues Ritual ersetzen möchten. Ich möchte Sie gern ermutigen, gerade in dieser Zeit Ihren ganz eigenen Weg zu gehen. Den Weg, der Ihrem Gefühl entspricht und der für Sie jetzt gangbar ist. Im nächsten Jahr sieht es vielleicht schon ganz anders aus. Dann entscheiden Sie neu.

Erwartungen von außen

Sind Sie konfrontiert mit Erwartungen aus Ihrem Umfeld? Nach dem Motto „Du kannst doch jetzt nicht Weihnachten ausfallen lassen!“, wenn Sie beispielsweise darüber nachdenken, diesmal keinen Baum zu schmücken. Oder: „Den Kindern zuliebe musst du alles so machen wie immer“, wenn Ihnen gar nicht nach Weihnachtsmarkt und Glühwein zumute ist. Geben Sie sich selbst die Erlaubnis, dass nur Sie die Expertin / der Experte Ihrer Trauer sind und daher auch nur Sie selbst, ggf. gemeinsam mit Ihrer Familie, entscheiden können, wie Sie Ihre Adventszeit und Ihr Weihnachtsfest in diesem Jahr gestalten möchten.

Dabei gibt es kein Richtig und kein Falsch! Manchen Menschen gibt es Sicherheit, alles genauso wie immer zu machen. In schmerzlicher, aber eben auch liebender Verbindung zum Verstorbenen. Rituale dienen dann als Anker auf stürmischer See.

Andere halten diesen Schmerz nicht aus und auch das ist erst einmal in Ordnung (solange Sie nicht dauerhaft vor dem Schmerz weglaufen, siehe Abschnitt 1.2). Betrachten Sie die Neusortierung Ihrer Rituale als eine Chance, sich selbst ein Stückchen näherzukommen. Vielleicht entdecken Sie dadurch ganz neue Möglichkeiten, eine für Sie stimmige Advents- und Weihnachtszeit zu gestalten. Das „Abschneiden alter Zöpfe“ tut Ihnen dann gut und Sie finden einen anderen, sicheren Hafen.

Freud und Leid nah beieinander

Die Advents- und Weihnachtszeit zeigt auf besonders intensive Art, dass Freud und Leid im Leben zusammengehören. Dass Sie Ihre Trauer im Lebensrucksack tragen, in dem aber auch Ihre Lebensfreude steckt. Beides darf sein und beides wird sein, wenn Sie sich dafür öffnen.

Mögliche Rituale, die diese Grundhaltung unterstützen, können sein:

- Das Bonhoeffer-Ritual: Schneiden Sie von Ihrem geschmückten Weihnachtsbaum einen Zweig ab und legen Sie ihn auf das Grab Ihres Verstorbenen.
- Gestalten Sie Grablichter selbst (dafür gibt es viele schöne Anleitungen im Internet) und bringen Sie sie an den Adventssonntagen zum Grab.
- Backen Sie Plätzchen: vielleicht ein traditionelles Rezept, z. B. die Lieblingssorte Ihres Verstorbenen, und einige neue Rezepte. Laden Sie dazu Freunde ein, backen Sie gemeinsam und sprechen Sie dabei – auch – über den Verstorbenen.

Ganz bestimmt ist diese emotional aufwühlende Zeit anstrengend für Sie. Daher ist es besonders wichtig, dass Sie gut für sich sorgen. Schaffen Sie sich in dieser ohnehin oft hektischen Zeit Oasen, in denen Sie Ihren Akku aufladen. Und schauen Sie auch da gut hin, was genau Ihnen guttun könnte. Das kann der Besuch in der Sauna ebenso sein wie ein Bad in der Wanne oder die Verabredung mit einer guten Freundin. Setzen Sie sich dafür idealerweise feste Termine in Ihren Kalender!

Und für zwischendurch sind diese kleinen Mini-Entspannungsübungen geeignet:
- Ausgiebig gähnen, räkeln und strecken
- One-Minute-Meditation (nach Martin Boroson, siehe folgende Übung)

One-Minute-Meditation

Suchen Sie sich einen ruhigen Platz, an dem Sie aufrecht sitzen können; beide Füße stehen parallel, die Hände liegen locker auf den Oberschenkeln. Stellen Sie sich die Eieruhr oder den Timer Ihres Handys auf eine Minute, in der Sie sich nur auf Ihren Atem konzentrieren. Sollten Ihre Gedanken woanders hinwandern, lassen Sie sie weiterziehen und kehren Sie wieder zu Ihrem Atem zurück.

Die Adventszeit gibt Ihnen auch die Möglichkeit, Ihrem Verstorbenen besonders nah zu sein. Entweder indem Sie Ihre bisherigen Rituale weiterhin pflegen oder indem Sie neue Rituale schaffen, die eine Verbindung zum Verstorbenen herstellen. Das ist schmerzlich und zugleich schön. Achten Sie dabei gut auf sich, auf Ihre Bedürfnisse und das, was Ihnen entspricht und guttut.
- Welche Ihrer Advents- und Weihnachtsrituale möchten Sie fortführen und welche nicht?
- Was möchten Sie gern neu ausprobieren?

Weitere Impulse und Ideen für die Adventszeit finden Sie im Podcast „Liebevoll trauern“ in den Folgen 10 bis 13 unter ↗ https://liebevoll-trauern.podigee.io/.

7.5 Jahreswechsel – schon wieder zwölf neue Monate

Noch beängstigender als die Weihnachtszeit ist für viele Trauernde der Jahreswechsel. Nicht nur, dass sie das alte Jahr loslassen müssen, in dem vielleicht ihr geliebter Mensch verstarb und damit letztmalig auch einige Zeit dieses Jahres lebte. Auch Trauernde, deren geliebter Mensch schon länger tot ist, fürchten sich vor dem Jahreswechsel. Sie stehen vor der großen Ungewissheit, was auf sie zukommen wird. Zwölf Monate ohne den geliebten Menschen? 52 Wochen voller Trauer? Wie wird ein Weiterleben möglich sein? Vielleicht sind das Fragen, die auch Sie gerade beschäftigen.

Ich muss mich zunächst wiederholen: Versuchen Sie möglichst nicht, gegen die Trauer anzukämpfen. Laden Sie Ihre Trauer vielmehr ein, selbstverständlicher Teil Ihres Lebens zu sein. In Abschnitt 5.2 beschreibe ich diese annehmende Haltung ausführlicher. Rufen Sie sich immer wieder in Erinnerung, dass Trauer die Lösung, nicht das Problem ist. Was Sie im alten Jahr zurücklassen, sind negative Erfahrungen, düstere Tage und kreisende Gedanken – mitnehmen werden Sie in erster Linie Ihren geliebten Menschen im Herzen und damit verbunden auch die Trauer über den Verlust. Vielleicht hilft Ihnen folgender Satz, den Sie sich gern auch auf einen Zettel schreiben und gut sichtbar aufhängen können: „In meinem neuen Jahr bekommt die Trauer den Raum, den sie braucht. Sie darf – auch – da sein."

Eine neue Perspektive auf den 31. Dezember

Dass Silvester kommt und vergeht, können Sie nicht ändern. Die Frage, die sich für Sie stellt: Was können Sie tun, um liebevoll und heilsam den Jahreswechsel zu begehen? „Begehen" ist schon ein angenehmeres Wort, als Silvester zu „feiern". Denn nach Feiern steht Ihnen vielleicht überhaupt nicht der Sinn. Manchmal ist an diesen sensiblen Tagen rund um Weihnachten und den Jahreswechsel schon allein die passende Wortwahl tröstend. Und überhaupt: Wer sagt, dass ausgerechnet am 31. Dezember gefeiert werden muss? Zunächst einmal ist es ein Tag wie jeder andere auch; vielleicht ist es verregneter als im Juli oder wärmer als im Januar, es ist halt einer von 365 Tagen. Nur weil es Silvester ist, müssen Sie noch lange nicht feiern. Es ist genauso in Ordnung, sich gemütlich auf der Couch einzumummeln und mit einer Kanne Tee und den Lieblingskeksen dazu einen schönen Film zu schauen. Versuchen Sie sich also davon zu lösen, etwas zu „müssen", nur weil „man" das so macht oder von Ihnen erwartet!

Altes abschließen, bevor Neues beginnt

Bestimmt tut es Ihnen dennoch gut, nicht einfach so ins neue Jahr hinüberzustolpern, sondern den Übergang ganz bewusst zu gestalten. Ich habe gute Erfahrungen damit gemacht, das alte Jahr würdigend in Dankbarkeit für alles, was war, abzuschließen.

Nehmen Sie sich Zeit, in der Sie für andere nicht erreichbar sind. Am besten ziehen Sie sich an einen gemütlichen Platz in Ihrer Wohnung zurück, zünden Kerzen an, stellen sich ein leckeres Getränk zurecht und machen, wenn Sie mögen, ruhige Musik an. Beantworten Sie nun folgende Fragen:

- Was ist Ihnen in diesem Jahr gelungen?
- Was ist Ihnen an Gutem widerfahren?
- Was haben Sie Neues gelernt oder ausprobiert?
- In welchen Situationen konnten Sie Hilfe annehmen?

Schreiben Sie Ihre Antworten auf einzelne kleine Zettel. Denken Sie auch an die kleinen Dinge, nicht nur an die „Big Points". Es kann helfen, einen Blick in Ihren Kalender zu werfen oder Ihre Fotos auf dem Handy durchzuschauen, um sich an immer mehr Erlebnisse dieses Jahres zu erinnern. Ich bin mir sicher, dass Sie am Ende eine eindrucksvolle Sammlung an Zetteln haben! Lauter Dinge, auf die Sie stolz und für die Sie dankbar sein können. Lassen Sie sich ganz bewusst in diese positiven Gefühle hineinfallen, als ob Sie in ihnen baden würden.

Der Sinn dieser Übung ist, das Gute in Ihrem Leben, das es neben allem Schmerz auch gibt, zu würdigen. Vielfach fokussiert sich unsere Wahrnehmung auf das, was in unserem Leben nicht oder nur schlecht funktioniert, was uns nicht gelingt, was uns fehlt und schmerzhaft ist. Heben Sie die Zettel auf, denn dann können Sie sie im nächsten Jahr in einem dunklen Moment zur Hand nehmen und sich erinnern, dass es schon hellere Zeiten gab und auch wieder geben wird.

Vorspulen auf das neue Jahr

Vielleicht gehört es ohnehin zu Ihren Ritualen, am Ende des Jahres den neuen Kalender fortzuschreiben. Die Geburtstage zu übertragen (wenn es nicht digital automatisch passiert) und erste Termine einzutragen. Ich lade Sie ein, es ganz bewusst zu tun! Spulen Sie gedanklich schon einmal vor und schauen, welche schönen Ereignisse heute schon feststehen. Vielleicht steht ein runder Geburtstag im Familien- oder Freundeskreis an, eine Hochzeit oder der Schulabschluss Ihres Kindes. Ja, all diese Ereignisse würden Sie lieber gemeinsam mit Ihrem geliebten Menschen verbringen, daher rufen sie auch Ihre Traurigkeit hervor. Aber sie sind eben nicht nur traurig, sondern traurig *und* schön zugleich. Erinnern Sie sich an Abschnitt 4.4? Darin beschreibe ich die heilsame Sowohl-als-auch-Haltung – wenn Sie mögen, lesen Sie dort noch einmal nach.

Nachdem Sie nun grob über das gesamte Jahr geschaut haben, empfehle ich Ihnen, sich den Januar ganz konkret vorzunehmen. Welche Termine stehen bereits fest? Bei welchen dieser Termine benötigen Sie Unterstützung und wen können Sie dazu ansprechen? Welche schönen Verabredungen können Sie treffen?

Wenn die Wochenenden außerhalb des Alltagstrotts besonders schwierig für Sie sind: Verabreden Sie sich mit einem Freund oder einer Freundin. Gehen Sie Brunchen oder ins Kino, besuchen Sie gemeinsam eine Ausstellung oder tun Sie, was auch immer Ihnen Freude bereitet und Sie auf andere Gedanken bringt. Hilfreich ist, dass Sie rechtzeitig diese Verabredungen treffen – dann können Sie zum einen die Vorfreude genießen und es ist zum anderen sichergestellt, dass wirklich jemand Zeit für Sie hat.

Etwas größer denken: die Löffelliste

Der Jahreswechsel lädt immer auch dazu ein, sich grundsätzlich über das eigene Leben Gedanken zu machen. Als Trauernde haben Sie bereits mindestens einmal sehr konkret die Erfahrung gemacht, wie endlich unser Leben ist. Es macht einfach keinen Sinn, immer nur „auf später“ zu verschieben, was wir uns eigentlich heute wünschen oder wonach wir uns sehnen. Daher könnte doch genau jetzt der richtige Zeitpunkt sein, um Ihre sogenannte Löffelliste zu erstellen. Die Liste mit Dingen, die Sie auf jeden Fall noch machen oder erleben möchten, bevor Sie selbst „den Löffel abgeben“. Also, auf geht's!

Nehmen Sie sich ein DIN-A4-Blatt zur Hand und schreiben Sie untereinander die Zahlen 1 bis 30. Jetzt sammeln Sie munter drauflos – und denken Sie dabei ruhig groß:

- Was möchten Sie auf jeden Fall noch erleben? Vielleicht mit Delfinen schwimmen oder mit dem Heißluftballon fahren …?
- Was möchten Sie von dieser Welt noch sehen? Vielleicht die Golden Gate Bridge in San Francisco oder die Aussicht von der Zugspitze …? Denken Sie auch an Naturschauspiele oder die kleinen Ziele vor Ihrer Haustür.
- Was möchten Sie noch Neues lernen? Vielleicht wollten Sie immer schon mit dem Klavierspielen beginnen oder eine Fremdsprache lernen?
- Was möchten Sie der Welt hinterlassen? Vielleicht ein Buch, einen selbst gebauten Kaufladen für Ihre Enkelkinder oder ein Video auf YouTube?
- Was möchten Sie tun, das Sie auf Ihrem Sterbebett bereuen werden, wenn Sie es nicht getan haben? Vielleicht einem Freund ausdrücklich Dankeschön sagen, Kontakt zu jemandem suchen, den Sie lange nicht gesprochen haben, oder einem Ehrenamt Zeit widmen …?

Alles darf auf Ihre Löffelliste, von den ganz kleinen bis zu den ganz großen Themen, solange Sie sie selbst beeinflussen können. Der Abiball Ihrer Tochter oder die Hochzeit Ihres Patenkindes gehört aus diesen Gründen nicht darauf. Vielleicht fallen Ihnen nicht auf Anhieb 30 Punkte ein; Ihre Liste wird in den nächsten Tagen wachsen, weil Ihnen nach und nach bestimmt noch weitere Wünsche einfallen.

Schließlich nehmen Sie sich für das vor Ihnen liegende Jahr eine einzige Sache vor, die Sie konkret planen. Zum Beispiel, indem Sie sich den passenden Sprachkurs suchen und anmelden oder die Telefonnummer Ihrer Freundin zurechtlegen, die Sie seit zwei Jahren nicht mehr gesprochen haben.

Hängen Sie sich Ihre Löffelliste gut sichtbar auf und schauen Sie in regelmäßigen Abständen darauf, um ein Vorhaben anzugehen oder einen neuen Wunsch zu ergänzen.

Also was nun – feiern oder nicht feiern?

Nun noch einmal zurück zum Ausgangspunkt, zu der Frage, wie Sie den Jahreswechsel begehen können. Ich würde sagen: Es gibt unendlich viele Möglichkeiten! Idealerweise folgen Sie Ihrer Intuition und Ihrem Herzen, dann kann eigentlich nichts schiefgehen.

> *Frau R. sagte mir vor dem zweiten Silvester nach dem Tod ihres Mannes: „Ich verbringe den Abend lieber allein als mit Menschen, bei denen ich mich verstellen muss.“ Und so war es auch, sie blieb zu Hause, schwamm in einem Meer von Tränen, kochte sich eine Kleinigkeit zu essen, drehte die Lieblings-DVD ihres Mannes mit Heavy Metal Musik à la Rammstein voll auf und ging früh schlafen. Die Notfallnummer für alle Fälle – meine Handynummer! – nahm sie nicht in Anspruch. So schmerzhaft es auch war: Sie spürte, dass dies ihr Weg und damit genau der passende war.*

Wenn die Vorstellung, den Abend allein verbringen zu müssen, für Sie der blanke Horror ist, würde ich Ihnen empfehlen, sich rechtzeitig aktiv um eine Alternative zu bemühen. Nicht immer ist der Freundeskreis so aufmerksam und lädt Sie ein. Und Karten für ein Musical oder Theaterstück sind oft Wochen im Voraus bereits für Silvester ausverkauft. Es wird Ihnen guttun, die Fäden für Ihren Silvesterabend selbst in der Hand zu halten. Andernfalls kommen Sie vielleicht in die Bredouille, eine Einladung, die Ihnen nicht so recht passt, ausschlagen zu wollen, aber das Nein nicht über die Lippen zu bekommen.

Vielleicht haben Sie aber auch richtig Lust auf eine große Party! Wie schön, wenn es so ist! Wer möchte Ihnen verbieten zu feiern und zu tanzen? Sie dürfen Ihr Leben genießen, Ihrer Trauer und auch skeptischen Blicken Ihres Umfelds zum Trotz. Zumindest können Sie es ausprobieren. Wenn Sie dann feststellen, dass Sie sich übernommen haben, können Sie immer noch einen ruhigen restlichen Abend daheim verbringen. Wie wäre es mit der Idee „Alles darf, nichts muss“?

Abschließend möchte ich Ihnen folgenden Gedanken mitgeben: Nächstes Jahr ist ein neues Jahr! Dann sieht die Welt für Sie vielleicht schon ganz anders aus und es fühlt sich etwas anderes zum Jahreswechsel für Sie stimmig an. Nur weil Sie dieses Jahr einen bestimmten Weg gehen, ist dieser nicht für die nächsten 20 Jahre einzementiert!

Wenn Sie weitere Impulse zu diesem Thema wünschen, hören Sie gerne auch die Podcastepisoden 14 „Hilfe, der Jahreswechsel naht" und 15 „Trauernd ins neue Jahr" unter ↗ https://liebevoll-trauern.podigee.io/.

7.6 Reif für die Insel – als Trauernde:r Urlaub machen

Frau G. wollte nach dem Tod ihres Sohnes Niklas zunächst gar nicht mehr Urlaub machen. Sie erzählt mir: „Allerdings brauchten wir alle – mein Mann, unser jüngerer Sohn und ich – die Auszeit dringend. Ich wollte mich „bestrafen", es sollte mir nicht zu gut gehen. Wie konnte ich nur sechs Monate nach Niklas' Tod fröhlich in den Urlaub fahren? Ich bin der Ostseeurlauber durch und durch … Was ich wirklich hasse, ist Wandern in jeder Form. Was lag da nahe … ein Wanderurlaub. Wir fuhren nach Spindlermühle im tschechischen Riesengebirge. Als ich da ankommen durfte, habe ich erst einmal geheult. Es war wunderschön, die Landschaft, das Hotel, die Ruhe. Ich bin jeden Tag gelaufen. Bis zur Elbquelle habe ich mich geschunden. Jetzt ist es mein Kraftort."

Für viele Trauernde ist das Thema Urlaub eine große Herausforderung. Nicht wenige fahren jahrelang nach dem Tod eines geliebten Menschen gar nicht in Urlaub. Zu groß ist die Angst, von den Erinnerungen schmerzhaft überrollt zu werden und aus dem Tränensee gar nicht mehr herauszukommen. Nach dem Tod des Partners / der Partnerin trauen viele sich nicht zu, die Packerei, die An- und Abreise und die Urlaubsorganisation vor Ort aus eigener Kraft stemmen zu können. Sind noch Kinder zu versorgen, lastet die Verantwortung auf zwei statt vier Schultern besonders groß. Und ohne Kinder ist die Vorstellung, allein im Restaurant zu sitzen oder einsam die Langlaufrunden zu ziehen, der blanke Horror. Vor Ort mit glücklichen und „vollständigen" Paaren oder Familien konfrontiert zu sein schmerzt zusätzlich. All diese Sorgen und Ängste wachsen von Monat zu Monat, denn je länger es bis zum ersten Urlaub ohne den geliebten Menschen dauert, desto größer wird oft die Hemmschwelle. Gleichzeitig wächst von Tag zu Tag die Erschöpfung, denn Trauern kostet sehr viel Kraft. Eine Auszeit, die bewusst gewählt ist und die Bedürfnisse der Reisenden berücksichtigt, könnte hingegen ungesunde Teufelskreise des Alltags unterbrechen und den Akku wieder ein Stück weit aufladen.

Wenn innere Blockaden den Urlaub verhindern

Schon häufiger ging es in diesem Buch um Glaubenssätze, die uns von einem nächsten Schritt auf das Leben zu abhalten. So ist es auch beim Thema Urlaub:

„Mein Kind (mein Mann, meine Schwester …) ist tot – es darf mir nicht gut gehen."

Mit dieser inneren Regel hatte Frau G. es zu tun. Ihre Selbstbestrafung, eine Urlaubsform zu wählen (Wanderurlaub), die sie bis dahin zutiefst abgelehnt hatte, war in diesem Denkmuster nur konsequent. Dass daraus schließlich etwas ganz anderes wurde, nämlich die Entdeckung eines neuen Kraftortes, ist ein zauberhaftes Beispiel dafür, dass der Weg beim Gehen entsteht und manches Gespenst nur in unserer Vorstellung existiert.

„Durch die tägliche Grabpflege bin ich mit meinem geliebten Menschen verbunden" oder „(Nur) mit der Grabpflege kann ich täglich etwas für meinen geliebten Menschen tun". – Manche Trauernde kümmern sich täglich liebevoll um das Grab ihres geliebten verstorbenen Menschen. Sie plagt ein schlechtes Gewissen, denn in Urlaub zu fahren fühlt sich an, als würden sie nicht nur das Grab, sondern auch den Verstorbenen allein lassen. Dahinter verbirgt sich das Bedürfnis, auch nach dem Tod noch für den geliebten Menschen da sein zu können. Ein erster heilsamer Schritt wäre es also, dieses Bedürfnis zu erkennen und wertzuschätzen. In die Grabpflege fließt schließlich alle Liebe, die nun kein körperliches Ziel mehr hat. Wenn Ihnen diese Gedanken bekannt vorkommen: Wie wäre es mit einem kleinen Gedankenexperiment? Nur mal angenommen, Sie könnten auch am Urlaubsort etwas für Ihren geliebten Menschen tun? Also beispielsweise Muscheln am Meer sammeln, wo er so gerne war, und diese nach Ihrer Rückkehr ans Grab legen? Oder aus der gemeinsamen Lieblingsstadt ein Andenken mitbringen, das einen Platz am Grab oder in Ihrer Erinnerungsecke findet? Vielleicht kommen Ihnen solche Gedanken noch sehr fremd vor, lassen Sie sie einfach ein wenig sacken.

„Urlaub allein ist kein Urlaub"

Gerade Trauernde, die nach dem Tod des Partners bzw. der Partnerin allein zurückbleiben, treibt dieser Glaubenssatz um. Es scheint einfach unvorstellbar, ganz allein Urlaub zu machen: nicht nur die Fahrt allein zu meistern, sondern auch vor Ort allein etwas zu unternehmen, allein essen zu gehen, allein im Hotel am Frühstückstisch zu sitzen, alle Eindrücke allein zu verarbeiten und niemanden zum Erzählen zu haben. Wenn Sie mögen, lesen Sie gern in Abschnitt 6.1 nach, was ich dort zum Thema Einsamkeit ausführlich beschrieben habe. Wenn Sie von dieser Situation betroffen sind, könnte ein Wochenendtrip ein erstes Experiment sein, um auszuprobieren, wie es Ihnen tatsächlich damit geht. Denken Sie an Frau G., deren Urlaub sich als etwas ganz anderes entpuppt hat, als ursprünglich erwartet!

Reiseangebote für Trauernde

Vielleicht hilft es Ihnen auch, zunächst eine Gruppenreise zu buchen. Es gibt einige Reiseveranstalter, die sich auf Trauerreisen spezialisiert haben. Vom Urlaub auf der Alm, über Wandern auf dem Jacobsweg, Segeltörn oder Familienfreizeiten für verwaiste Eltern bis hin zu Entspannungs- und Wellnesswochenenden ist das Angebot sehr breit gefächert. Im Anhang finden Sie einige Adressen.

Solche Reisen haben den großen Vorteil (gerade gegenüber Gruppenreisen, die nicht auf Trauernde zugeschnitten sind), dass Sie sich nicht für Ihre Gefühle und Gedanken erklären oder gar rechtfertigen müssen. Von Anfang an entsteht ein Gemeinschaftsgefühl von „wir sitzen alle im gleichen Boot". Ich kenne einige Menschen, die auf diesem Weg neue Freunde fürs Leben gefunden haben.

Grundfrage: Wonach sehne ich mich?

Die geeignete Urlaubsform zu finden, die tatsächlich den gewünschten, nachhaltigen Erholungseffekt erzielt, ist nicht immer einfach. Das liegt daran, dass wir sehr häufig, gerade für die „schönsten Wochen des Jahres", unsere eigenen Bedürfnisse hintanstellen. Daher lade ich Sie ein, sich vor den ersten Planungen zu möglichen konkreten Reisezielen und -konstellationen die Frage zu stellen: Wonach sehne ich mich? Mag sein, dass Sie das gar nicht sofort beantworten können – dann nehmen Sie sich Zeit und bewegen die Frage ein paar Tage in Ihrem Herzen.

Ist es besonders Ruhe, die Sie benötigen? Sehnen Sie sich nach Wärme und langen Sonnentagen? Suchen Sie Weite und Ausblick? Möchten Sie sich am liebsten viel bewegen, vielleicht so richtig auspowern? Würden Sie gern neue Leute kennenlernen? Sehnen Sie sich danach, so richtig verwöhnt zu werden?

Wenn Sie gemeinsam mit weiteren Familienmitgliedern Urlaub machen, gilt es natürlich, bezüglich dieser Fragen gemeinsam ins Gespräch zu kommen. Es kann ein spannender Prozess sein, sich über die unterschiedlichen Wünsche und Sehnsüchte auszutauschen. Lassen Sie sich nicht davon abschrecken, wenn auf den ersten Blick gegensätzliche Vorstellungen aufeinanderprallen. So mancher Urlaubsort kann ganz unterschiedliche Bedürfnisse befriedigen. Liebt der eine Teil der Familie das Meer und der andere die Berge, so könnten Sie sich beispielsweise eine gebirgige Insel suchen, in der sowohl die Strandliebhaber als auch die Wanderbegeisterten auf ihre Kosten kommen.

Praktische Umsetzung: eine Frage guter Planung

Nachdem Sie herausgefunden haben, wonach Sie sich sehnen, können Sie vermutlich, auch vor dem Hintergrund Ihres finanziellen Budgets, viele Reiseziele und -arten ausschließen und dafür andere, die Ihre Bedürfnisse erfüllen, auf eine Liste setzen. Nun geht es an die Reiseplanung: Wie ist das Ziel zu erreichen? Vielleicht haben Sie in Ihrer Trauersituation Angst, längere Strecken allein mit dem Auto zurückzulegen. Dann stellt sich die Frage, ob das Ziel auch mit dem Zug oder dem Flugzeug erreichbar ist und welche Auswirkungen das auf Ihre Mobilität am Urlaubsort hat. Es hilft Ihnen nicht besonders, die Anreise mit dem Auto zu meiden und dann vor Ort in Ermangelung eines guten öffentlichen Verkehrsnetzes Ihren idyllischen, aber etwas abgelegenen Urlaubsort nicht so einfach verlassen zu können.

Möchten Sie alleine reisen oder sich mit einem Freund oder einer Freundin oder einer anderen Familie zusammentun? Auch ohne organisierte Gruppenreise sind viele Konstellationen denkbar, die Sie mit den Ihnen nahestehenden Menschen besprechen können.

Mutig über den eigenen Schatten springen

Insbesondere die erste Urlaubsreise nach dem Tod eines geliebten Menschen kommt oft einem kleinen Abenteuer gleich. Wenn das Vertrauen ins Leben ohnehin erschüttert ist, braucht es eine Extraportion Mut, sich auf die Unwägbarkeiten einzulassen. Der Alltag daheim, so schwer er auch ist, hat sich eingependelt und gibt Struktur und Sicherheit. Wie mag es nun am Urlaubsort ohne diese gewohnten Abläufe gehen? Bricht mein mühsam erarbeitetes Kartenhaus vielleicht zusammen? Wenn Sie unsicher sind und sich selbst nicht überfordern möchten, könnte ein Kurztrip für ein paar Tage und nicht so weit entfernt ein guter erster Versuchsballon sein. Meistens erlebe ich jedoch, dass Menschen sich im Vorfeld viel zu viele Sorgen gemacht haben. Mit einer guten Planung, wie oben beschrieben, und in dem Bewusstsein, dass Tränen und Traurigkeit auch im Urlaub sein dürfen, kehren sie doch erfüllt, erleichtert und vor allem gestärkt zurück.

Die Abreise naht – wenn der Mut Sie verlässt

Frau R. hatte ein Dreivierteljahr nach dem Tod ihres Mannes eine Sport-Erholungswoche für Trauernde gebucht. Bei aller Unsicherheit, was sie wohl erwarten würde, freute sie sich auch ein wenig darauf, die geliebten Berge wiederzusehen. Ihr größtes Problem war von Beginn an die Frage der Anreise. Die lange Autofahrt kam für sie allein nicht infrage, die Anreise mit dem Flugzeug war zu umständlich. Es blieb also nur die Zugfahrt (die Verbindung war ziemlich gut), vor der sie ebenfalls großen Respekt hatte. Zwei Tage vor der Abreise rief sie mich völlig verzweifelt an. Sie schaffe es nicht, den Koffer zu packen, weil sie die Wanderkleidung zuletzt nach einem wunderschönen gemeinsamen Urlaub mit ihrem Mann in der Hand gehabt hatte. Außerdem verursache der bloße Gedanke an die Bahnfahrt schlimmes Herzrasen. „Ich kann auf gar keinen Fall diesen Urlaub antreten", fasste sie ihre Verzweiflung zusammen.

Wir telefonierten eine Weile, sprachen darüber, was schlimmstenfalls passieren könne. Frau R. beruhigte sich und schaffte es dann allein, den Koffer zu packen und in den Zug zu steigen. Im Zweifel hätte ich sie auch dabei begleitet.

Die Urlaubswoche tat ihr so gut, sie machte Riesenschritte auf ihrem Trauerweg – es wäre wirklich jammerschade gewesen, wenn sie sich diese Möglichkeit verwehrt hätte.

Was ich mit diesem Beispiel deutlich machen möchte: Schaffen Sie sich ein Backup für die letzten Tage vor Ihrer Abreise. Wenn die Nerven blank liegen und Sie 1000 Gründe finden, warum es nun doch nicht möglich ist, diesen Urlaub anzutreten, sollten Sie wissen, wen Sie anrufen und um Unterstützung bitten können. Vielleicht kann Ihnen Ihre beste Freundin oder ein enger Freund seelischen Beistand leisten. Vielleicht gibt es in der Nachbarschaft eine Person, die Ihnen beim Beladen des Autos behilflich ist. Oder vielleicht haben Sie wie Frau R. auch eine Trauerbegleitung, die Sie in einer solchen Notsituation anfunken können.

Kann ich da jemals wieder hin?

Wie sieht es eigentlich mit den Orten aus, an denen Sie gemeinsam mit Ihrem geliebten Menschen Urlaub gemacht haben? Sind die tabu oder gerade deshalb ein besonders heilsames Reiseziel?

Viele Trauernde scheuen diese Orte voller Erinnerungen. Zu schmerzhaft ist die Vorstellung, an jeder Ecke an vergangene, glückliche Zeiten denken zu müssen. Doch ich möchte Sie ermutigen, sich diesen schönen Erinnerungen zu stellen und solche Orte immer wieder ganz bewusst aufzusuchen. Dort sind Sie Ihrem geliebten Menschen besonders nah – und was gibt es Schöneres, als noch einmal vertraute Wege abzulaufen und in Erinnerungen zu schwelgen. Eben schön und schmerzhaft zugleich!

Wenn Sie sich das im Moment noch nicht vorstellen können, ist vermutlich die Zeit noch nicht reif. Vertrauen Sie darauf, dass sich auch diese Gefühle noch verändern und dann andere Entscheidungen möglich werden.

Nicht zu unterschätzen: die Rückkehr in den Alltag

Am Ende des Urlaubs, der Ihnen hoffentlich die gewünschte Regeneration gebracht hat, steht die Rückkehr in den Alltag. Damit diese nicht zu einer unsanften Landung wird, die jeden Erholungseffekt in wenigen Augenblicken zunichtemacht, sollten Sie sich bereits im Vorfeld dazu ein paar Gedanken machen. Ich habe einige Fragen zusammengestellt, die Ihnen die Planung Ihrer Rückkehr erleichtern können:

- Was brauchen Sie, damit Sie in Ihrem Zuhause nicht sofort von allem Schmerz eingeholt werden? Vielleicht hilft Ihnen eine Verabredung, die Sie bereits im Vorfeld treffen, um von Ihren Urlaubserlebnissen erzählen zu können? Oder Sie organisieren, dass jemand bei Ihrer Ankunft zu Hause ist, damit Sie nicht in eine leere Wohnung kommen.
- Wer kann Ihnen ganz praktisch zur Hand gehen beim Entladen des Autos oder Auspacken des Koffers?
- Wie viel Puffer bleibt Ihnen vor dem ersten Arbeitstag oder Schulbeginn der Kinder, um zunächst einmal in Ruhe anzukommen, Wäsche zu waschen etc.? Erst sonntags und ggf. mit Verspätung spät am Abend heimzukommen, wenn am nächsten Tag der Alltag bzw. die Schule beginnt, könnte Ihre Erholung schnell zunichtemachen.
- Was können Sie konkret und möglichst im Vorfeld planen, um nicht direkt wieder ins Hamsterrad des Alltags einzusteigen? Diese Gedanken können Sie sich auch gut am Urlaubsort machen, denn dort haben Sie genügend Abstand, um so manches Rädchen des Hamsterrads einer kritischen Überprüfung zu unterziehen! Überlegen Sie sich, wie es gelingen kann, kleine Pausen in den Alltag einzubauen.

Eine Idee aus meiner Trauergruppe: Nehmen Sie Ihren geliebten Menschen mit in den Urlaub – sein Foto oder einen 3D-Schriftzug des Namens oder auch den Anfangsbuchstaben. Bauen Sie diese Symbole in Ihre neuen Urlaubsfotos ein, indem Sie sie beispielsweise in die Landschaft stellen oder bei einem Familienfoto das Foto oder den Schriftzug der fehlenden Person in Händen halten. So ist der Verstorbene auch im Urlaub immer bei Ihnen.

*

Gestalten Sie eine Landkarte mit Ihren Sehnsuchtsorten! Auch wenn Sie sich im Moment noch gar nicht vorstellen können, jemals wieder mit Freude in den Urlaub zu fahren, gibt es bestimmt Orte, die Sie gerne einmal besuchen möchten. Entweder solche, wo Sie schon einmal schöne Zeiten verbracht haben, oder Orte Ihrer Kindheit oder Orte, die Sie schon immer einmal aufsuchen wollten, es aber bisher nicht getan haben.

Drucken Sie sich die passende Landkarte des Landes oder Erdteils aus (im Internet finden Sie jede Menge Vorlagen) und markieren Sie sich darauf alle Regionen oder Städte, die Sie reizvoll finden. Hängen Sie diese Karte an einer für Sie gut sichtbaren Stelle auf und locken Sie damit Ihre Reiselust hervor!

Und übrigens: Sie brauchen kein schlechtes Gewissen zu haben, wenn Sie genau einen einzigen Ort haben, an dem Sie Urlaub machen möchten, weil es Ihr Kraft- oder Seelenort ist. Auch das kann in der Trauer heilsam sein, einen Ort zu haben, der sich wie ein zweites Zuhause anfühlt. Vielleicht entdecken Sie ja auch – wie Frau G. – durch eine Reise einen solchen Kraftort.

8. | Glaube, Spiritualität & Co.

Wer bin ich eigentlich, woher komme ich und wohin gehe ich? Wo ist mein geliebter verstorbener Mensch jetzt und wie geht es ihm dort? Über diese und ähnliche Fragen stolpern viele Trauernde an irgendeiner Stelle ihres Trauerweges, auch und gerade dann, wenn sie in ihrem bisherigen Leben wenig oder nichts mit Glauben oder gar Kirche zu tun hatten.

Nun ist das Thema Spiritualität viel zu groß, um es vollumfänglich in einem kleinen Kapitel abzuhandeln. Andere schreiben darüber dicke Bücher! Mir geht es an dieser Stelle auch nicht um eine wissenschaftliche Abhandlung oder einen theoretischen Zugang. Ich möchte Ihnen vielmehr eine Tür öffnen zu einer Welt, die nicht mit dem Verstand fassbar und mit Händen greifbar ist. In diesem Kapitel finden Sie verschiedene Schlüssel zu neuen Denk- und Fühlräumen. Es ist das wohl persönlichste Kapitel meines Buchs. Ich möchte Sie teilhaben lassen an den Erfahrungen, die ich selbst oder meine Klient:innen gemacht haben. Es mag sein, dass diese Beispiele Sie zunächst irritieren oder verstören – wie gesagt, Spiritualität oder Glaube sind nicht mit dem Verstand zu erschließen! Ich lade Sie daher ein, dieses Kapitel mit dem Herzen zu lesen und sich berühren zu lassen von dem, was zwischen Erde und Himmel über das Denken und Verstehen hinaus möglich ist. Und da man Spiritualität meines Erachtens nicht „trainieren" kann, gibt es in diesem Kapitel auch keine Übungen.

8.1 Was kommt eigentlich nach dem Tod?

Die vierjährige Milena, deren Großmutter kürzlich verstorben ist, sagt zu ihrer Mama, als es abends dunkel wird: „Mama, wir müssen eine Kerze ins Fenster stellen, damit Omi weiß, wo sie uns findet."

*

Der sechsjährige Paul, der seinen handwerklich so begabten Großvater vermisst, sagte zu mir: „Bestimmt repariert er da oben die Fahrräder der Kinder, die auch schon da sind. Opa war der weltbeste Reifenflicker!"

*

Die 15-jährige Laura fragt mich bei der Abschiednahme am Sarg ihrer Oma: „Meinen Sie wirklich, dass es ihr jetzt gut geht? Ich möchte ja glauben, dass es so ist, und sie sieht ja so friedlich aus. Aber vielleicht ist jetzt auch einfach nichts mehr? Einfach nur Stille und ein schwarzes Loch?"

Wenn wir Kindern die Frage nach dem „Danach“ stellen, bekommen wir oft zauberhafte Antworten. Ihre Fantasie ist noch nicht begrenzt vom kritischen Denken, noch nicht zerredet von theoretischen Konstrukten oder infrage gestellt vom inneren Zweifler. Ihre kindliche Intuition funktioniert noch, während wir Erwachsene oft von unserem Bauchgefühl abgeschnitten sind und versuchen, uns die Welt im Kopf zu erklären, anstatt sie im Herzen zu erfühlen. Im Laufe unserer Sozialisation dominiert der Verstand unsere Intuition – aber sie ist noch da, wir dürfen und können sie jederzeit neu entdecken.

Spiritualität – eine Annäherung

Mein Versuch, eine Definition für den Begriff Spiritualität zu finden, ist kläglich gescheitert – eigentlich logisch, wenn wir über etwas reden, das mit dem Verstand nicht zu erfassen ist, oder? Spiritualität ist ein riesengroßes Wort. Wenn ich zehn Menschen dazu befrage, bekomme ich vermutlich zwölf Antworten! Also wage ich meine eigene, ganz persönliche Annäherung an dieses große Thema.

Für mich ist Spiritualität die Verbindung zu etwas Größerem, das ich mit meinen irdischen Möglichkeiten nicht vollumfänglich erfassen kann. Vom Lateinischen *spiritus* = „Geist“ abgeleitet, geht es um das Einbeziehen des Geistes bzw. in meinem Wortschatz eher der Seele. In meiner Vorstellung geht es nicht nur um die Verbindung mit meiner Seele, sondern auch – eben grenzenlos gedacht – mit der Seele anderer Menschen und – noch grenzenloser gedacht – mit der Seele unserer lieben Verstorbenen. Spiritualität ist damit für mich unfassbar, unsäglich und vor allem geheimnisvoll – und genau deshalb besonders anziehend. Und sie ist für mich bis heute von einer Art kindlichem Vertrauen geprägt, dass es da „jemanden“ gibt, der seine schützende Hand über mich hält. Jemand, der immer an meiner Seite ist, auch und gerade in den schwersten Phasen meines Lebens. Für mich ist es Gott, für andere ist es Buddha, ein Schöpfergeist, Engel oder wer auch immer diese schützende Hand personifizieren mag.

Ich kann heute gar nicht mehr genau sagen, ob es einen konkreten Auslöser für diesen meinen Glauben gab. In meinem „gemischt-konfessionellen“ Elternhaus, meine Mutter evangelisch, mein Vater katholisch, wurde Glaube nicht dogmatisch, sondern sehr pragmatisch gelebt. Mein Vater sprach immer vom „Feldgottesdienst“, seinem sonntäglichen Spaziergang mit dem Hund anstelle eines Kirchenbesuchs. Auch das katholische Mädchengymnasium konnte mir meinen Glauben nicht nehmen, wenngleich ich damals wie heute der Institution Kirche mehr als kritisch gegenüberstand und -stehe. Irgendwie war mein Leben schon zu Kindheits- und Jugendtagen eingebettet in ein großes Vertrauen in diese höhere Kraft, die mich durch mein Leben trägt. Ich empfand sie immer als eine liebevolle Kraft, nichts Bedrohliches oder Mahnendes. Sätze wie „Du musst brav, fleißig, lieb etc. sein, damit du in den Himmel und nicht in die Hölle kommst" gab es bei uns nicht. Solche Drohgebärden, wie sie in manchen Glaubensrichtungen existieren, befremden mich bis heute sehr. Denn mein Glaube, meine Spiritualität lassen mich wachsen, sie halten mich nicht klein.

So ist Spiritualität heute für mich eine Grundhaltung meinem Leben gegenüber. Eine vertrauende, liebende, öffnende Haltung, die mir hilft, mein Leben zu deuten. Sie ist ein Suchen und Fragen nach dem, was mich hält, was meinem Leben Sinn gibt und wofür ich hier auf Erden bin. Ich vertraue, dass ich nicht alles verstehen muss, dass aber doch alles irgendwie Sinn ergibt, auch wenn sich dieser manchmal erst spät bzw. im Rückblick erschließt. Und ich vertraue darauf, auf eine unsichtbare Art mit Menschen verbunden zu sein. Wie sonst kann es sein, dass die beste Freundin just in dem Moment anruft, als ich an sie denke? Wie sonst ist es möglich, dass ich manchmal schon eine Ahnung oder ein Bauchgefühl habe, lange bevor das Leben mir die passende Gewissheit gibt?

Neue Türen für Ihre Trauer

Frau T. hat vor Kurzem ihren Mann verloren und schreibt mir auf Instagram: „Ich würde so gern wissen, ob es meinem Mann gut dort geht, wo er nun ist. Ob er ohne Schmerzen ist." Meine Antwort: „Vielleicht magst du ausprobieren, das Wort ‚wissen' durch ‚vertrauen' zu ersetzen. Du darfst vertrauen, dass es ihm gut dort geht, wo er jetzt ist."

Selbst Menschen, die in ihrem bisherigen Leben jede Form von Gläubigkeit abgelehnt haben, kommen in ihrer Trauerkrise oftmals an diese Tür, die aufgestoßen werden möchte: die Tür zu neuen Denkräumen. Was mit den Instrumenten des Wissens und Verstehens nicht lösbar ist, kann durch Fragen eine ganz neue Perspektive „outside the box" erhalten: Nur mal angenommen … Was wäre, wenn … – und schon verbinden sich neue Synapsen im Gehirn, die ganz andere Antworten ermöglichen.

Was die Wissenschaft dazu sagt

Wenn Ihnen das noch sehr blumig vorkommt, nehmen wir nun einen weiteren Weg, der Ihr Bedürfnis nach möglichen Beweisen stillen kann. Die Schweizer Ärztin Dr. Elisabeth Kübler-Ross gilt als eine der renommiertesten Expertinnen auf dem Gebiet der Sterbeforschung. Sie erforschte nicht nur, was im Prozess des Sterbens passiert, sondern ging vor allem auch der Frage nach, was nach dem Tod mit uns passiert. Dazu interviewte sie unzählige Menschen, die eine sogenannte Nahtoderfahrung gemacht hatten. Die also schon mit einem Bein auf der anderen Seite standen und dann, beispielsweise durch eine Wiederbelebung, noch einmal ins Leben zurückgekehrt sind.

Kübler-Ross beschreibt das Sterben folgendermaßen (2012, S. 46):

> „Der Tod ist ein Hinübergehen in einen neuen Bewusstseinszustand, in dem man fortfährt zu fühlen, zu sehen, zu hören, zu verstehen, zu lachen. Das Einzige, was wir bei dieser Umwandlung verlieren, ist das, was wir nicht mehr brauchen – nämlich unseren physischen Körper. Es ist also, als ob wir unseren alten Wintermantel beim Herannahen des Frühlings weghängten, da wir wissen, dass er schon zu sehr abgetragen ist und wir ihn sowieso nicht mehr anziehen müssen. Um nichts anderes handelt es sich eigentlich beim Tod."

Zu dieser Definition passt die Beobachtung vieler Angehöriger, dass sie bereits kurz nach Eintreten des Todes das Gefühl haben, dort liege nur noch die körperliche Hülle. Die Seele scheint den Körper bereits verlassen zu haben.

Die für mich tröstlichste Erfahrung, von denen Menschen mit einem Nahtoderlebnis berichten, fasst Kübler-Ross so zusammen (2012, S. 84):

> „Ebenfalls werden wir jeweils von denen empfangen, die uns im Tod vorausgegangen sind und die wir einst geliebt haben. Unter den uns Empfangenden können sich zum Beispiel unsere Kinder befinden, die wir früh verloren haben, oder die Großeltern, Vater, Mutter oder andere Personen, die uns im Erdenleben nahestanden."

Alle Erfahrungsberichte hatten einen gemeinsamen Nenner: Im Moment unseres Todes verlassen wir unseren physischen Körper und begreifen uns als eine neue Einheit. Diese neue Form ist nicht begrenzt, die Beschränkungen des irdischen Lebens existieren nicht mehr. Wer beispielsweise aufgrund einer Multiplen Sklerose an den Rollstuhl gefesselt war, kann wieder laufen, wer durch einen Schlaganfall stotterte, spricht wieder flüssig, wer im Leben beinamputiert war, verfügt in dieser neuen Einheit wieder über beide Beine.

Was für eine berührende Erkenntnis! Ich fühle mich unglaublich getröstet in dem Wissen (und Vertrauen!), dass mein Vater nun wieder Berge besteigen kann, wie vor seiner Parkinson-Erkrankung, und dies vermutlich gemeinsam mit meiner Schwester Elisabeth genießt. Zudem weiß ich, dass die beiden mich mit ausgebreiteten Armen empfangen werden, wenn meine Zeit gekommen ist – was für ein Trost.

Statt einer Übung lade ich Sie am Ende dieses Abschnitts ein, die folgenden Fragen in Ihrem Herzen zu bewegen:

- Wie wäre es, wenn Sie glauben könnten, was Elisabeth Kübler-Ross über den Tod, der ihrer Ansicht gar kein Tod ist, sagt?
- Welche Türen öffnen sich für Sie angesichts dieser Vorstellung von dem, was nach dem Tod kommen mag?

- Wie wäre es, vertrauen zu können, dass unsere Lieben gar nicht so weit von uns entfernt sind, dass sie nicht im „Nichts“ verschwinden, sondern vielleicht nur auf der anderen Seite einer unsichtbaren Grenze sind?

Wenn Sie weitere Impulse zu diesem Thema wünschen, hören Sie auch gern die Podcastepisode 27 „Trauer zu Ostern“ unter ↗ https://liebevoll-trauern.podigee.io/.

8.2 Von Regenbögen, Rotkehlchen und anderen Begegnungen

Dem französischen Schriftsteller Victor Hugo wird der Satz zugeschrieben: „Du bist nicht mehr da, wo du warst, aber du bist überall dort, wo wir sind.“ Zu schön, um wahr zu sein, oder? Ist es vielleicht möglich, einen Nachweis dafür zu bekommen, dass unsere Lieben jederzeit bei uns sind? In meinen Trauergruppen wird diese Frage sehr häufig diskutiert. Viele berichten von Erlebnissen, die einem irgendwie zu verrückt vorkommen, um wahr zu sein. Und doch scheinen es keine Zufälle zu sein. Auch ich selbst habe schon so manche Situation staunend wahrgenommen, in der ich sicher war, dass meine Lieben von der anderen Seite sich bemerkbar machten.

Mit nur einer Woche Abstand haben mein Vater und ich im August Geburtstag, zudem liegt in unmittelbarer zeitlicher Nähe sein Todestag. Wie so oft verbrachte ich diese Zeit auch im ersten Jahr nach dem Tod meines Vaters auf Föhr. An meinem Geburtstag war das Wetter trübe, den ganzen Tag lang hatte eine dicke Wolkendecke die Sonne versteckt. Abends ging ich noch einmal mit meinem Hund zum Strand und spürte eine große Sehnsucht nach meinem Vater. In dem Moment, als ich über den Deich zum Watt kam, zeigte sich ein großes, rosafarben umrandetes Loch in der Wolkendecke. Ich war sicher, dass mir Papa sagen wollte: „Sieh mal, ich bin doch da!“

*

Christina Bohnert beschreibt in ihrem Buch Ohne dich und doch mit dir *(2016) viele verschiedene Zeichen, die sie von ihrem Sohn Kay bekommt, seit er bei einem Motorradunfall tödlich verunglückt ist. Zum Beispiel ging sie einmal an einem Feld entlang spazieren, nirgendwo waren Menschen zu sehen, und plötzlich war sie umhüllt von einer Parfümwolke. Es handelte sich um den Duft, den Kay immer verwendete. Nach ca. einer Minute war der Duft verflogen und auch auf dem Rückweg war er nicht mehr wahrzunehmen.*

*

Als Bestatterin oder Trauerrednerin empfinde ich den Weg von der Kapelle zum Grab, den ich vorneweg vor dem Sarg oder der Urne und den Angehörigen gehe, immer als einen sehr besonderen Moment. Ganz bewusst gehe ich besonders langsam und fast immer habe ich das Gefühl, dass jemand unsichtbar hinter mir geht. Heute bin ich sicher, dass es meine tot geborene Schwester Elisabeth ist, die mich begleitet. Sie bestärkt mich darin, nun auf dem richtigen, nämlich meinem Weg zu sein. Wann immer ich sie in diesen Situationen spüre, sehe ich kurz darauf ein Rotkehlchen. Es schaut mich mit schrägem Köpfchen an und in dem Moment, in dem ich es wahrnehme, fliegt es davon. Ob es da einen Zusammenhang gibt?

Wer mir vor fünf Jahren gesagt hätte, dass ich einmal solche Wahrnehmungen haben werde, den hätte ich vermutlich für verrückt erklärt! Damals war das für mich „esoterischer Kram" – und auch heute schiebt sich noch manchmal der Verstand dazwischen und sagt, dass das alles nicht sein kann. Und dann höre ich wieder eine dieser Geschichten, die eigentlich nicht sein können, oder erlebe sie selbst!

Heaven online

Für mich ist es so: In dem Moment, in dem unsere „Antennen auf Empfang stehen" und auch bei unseren lieben Verstorbenen „das WLAN" funktioniert, erleben wir solche unwirklichen Phänomene. Ich bin sicher, dass es ihre Art zu kommunizieren ist! Genau das ist diese spirituelle Verbindung zu etwas Größerem, die wir nicht durch die Brille des Verstandes erkennen können. Wir brauchen dafür eine andere Brille, die uns weiter schauen lässt, mit der wir quasi hinter die Realität blicken können. Wie eine Art Blick hinter die Kulissen des Lebens.

Dabei ist die Vielfalt der möglichen Zeichen wirklich sehr bunt. Das können Federn sein, die plötzlich vor einem zu Boden segeln, Steine in Herzform, die am nächsten Tag nicht mehr da sind, ein Regenbogen über der Lieblingsbank, Gerüche, die plötzlich da und ebenso schnell wieder verschwunden sind, Wildtiere, die sich phasenweise regelmäßig zeigen und dann auch wieder gar nicht, flackernde Lampen in der Wohnung oder auch ein Luftzug, obwohl alle Fenster geschlossen sind.

Sollten Sie sich nun wundern und vielleicht ein wenig traurig sein, dass Sie solche Nachrichten bisher noch nicht erhalten haben: Setzen Sie sich nicht unter Druck. Wir können Zeichen nicht erzwingen, sie sind immer dann plötzlich da, wenn wir gar nicht damit rechnen. Aber vielleicht trägt dieses Kapitel ja dazu bei, dass Ihre Antenne künftig einen besseren Empfang hat!

8.3 Was, wenn ich das alles nicht glauben kann?

Wenn Sie dieses Kapitel bis hierhin gelesen und ständig innerlich mit dem Kopf geschüttelt haben, dann würde ich, säßen Sie mir gerade gegenüber, sagen: Alles ist gut, niemand muss an ein Weiterleben nach dem Tod glauben, niemand muss die Anwesenheit der geliebten Verstorbenen in einer anderen Form spüren können. Sehr viele meiner Klient:innen haben zunächst überhaupt keinen Zugang zu diesen „übersinnlichen" Themen. Der geliebte Mensch fehlt und ist auch nicht durch ein Zeichen oder die Hoffnung auf ein Wiedersehen zu ersetzen. Punkt.

Glaube und Spiritualität sind nicht trainierbar und schon gar nicht auf Knopfdruck einzuschalten wie ein Radioprogramm. Auch die Vorstellung, dass mit dem Tod alles vorbei ist und damit Schmerz und Leid des verstorbenen Menschen ein Ende haben, kann tröstlich sein. Ganz unabhängig von irgendeinem Glauben können Sie Ihrem geliebten Menschen einen sicheren Ort in Ihrem Herzen geben und die Beziehung zu ihm anders liebevoll gestalten. Wenn Sie mögen, lesen Sie dazu in Abschnitt 5.5 die Beschreibung des sogenannten beziehungsorientierten Ansatzes nach Roland Kachler nach.

Frau Z., angehende Gynäkologin, verliert kurz vor ihrem Staatsexamen durch einen tragischen Unfall ihre engste, seelenverwandte Freundin, die ebenfalls Ärztin, und zwar mit der Fachrichtung Onkologie (Krebsheilkunde), werden wollte. Frau Z. beschließt, ihre Doktorarbeit ihrer verstorbenen Freundin zu widmen. Zudem spürt sie, dass sie durch diese Todeserfahrung neue Facetten in ihre Arbeit als Ärztin einbringen wird. Sie möchte das, was ihrer Freundin in Bezug auf die Krebsforschung wichtig war, in ihre eigene Arbeit als Gynäkologin einfließen lassen.

Pater Anselm Grün beschrieb in einem Vortrag einmal genau diese Motivation, die Frau Z. antreibt: Es geht in der Trauerverarbeitung darum, die „Spur des Verstorbenen aufzunehmen". Grün sagt, wir kommen dann in die Heilung, wenn wir die Botschaft des Verstorbenen entschlüsseln. Dabei können Ihnen die folgenden Fragen behilflich sein:

- Was können Sie in seinem Sinne fortführen?
- Welche Werte hat Ihr geliebter Mensch gelebt, die Sie nun weitertragen können?
- Was gilt es zu Ende zu bringen?

Und vielleicht, nur mal angenommen, Sie würden Antworten auf diese Fragen finden: Vielleicht sind Sie dann Ihrem geliebten Menschen plötzlich doch viel näher, als Sie heute glauben können und wollen!

9. | Einen Sterbenden begleiten

Vielleicht fragen Sie sich, was das Thema Sterben in einem Buch für Trauernde zu suchen hat, denn die Trauer beginnt doch erst mit dem Tod. Nein, sie beginnt schon früher, nämlich dann, wenn wir realisieren, dass der Tod eines nahestehenden Menschen bevorsteht. Der Fachbegriff dafür ist „vorweggenommene Trauer": Sie beginnt beispielsweise, wenn die Diagnose einer lebensverkürzenden Erkrankung gestellt wird oder wenn klar ist, dass ein alter Mensch in den nächsten Wochen oder Monaten sterben wird, oder tatsächlich am Sterbebett im Angesicht des unmittelbar bevorstehenden Todes. Sobald wir gewahr werden, dass die gemeinsame Zeit hier auf Erden begrenzt ist, und zwar absehbar begrenzt, beginnt der Abschied und können wir bereits in unseren Trauerprozess einsteigen. Als Bestatterin erlebe ich sehr häufig, dass Angehörige bis zuletzt gehofft haben, der Tod schleiche sich doch noch einmal davon, obwohl er bereits mit auf der Bettkante saß. Bis zum Schluss wurde das Sterben verleugnet und damit leider auch eine Chance vertan, diese letzte, so wertvolle Zeit bewusst und ehrlich miteinander zu teilen.

Da Sterben und Tod zum Leben gehören und die Gestaltung der letzten Lebensphase einen großen Einfluss auf den Trauerprozess hat, ist es mir ein Herzensanliegen, auch auf diese letzte Phase einzugehen. Sowohl als Bestatterin als auch als Trauerbegleiterin wünsche ich mir, dass Sie auf den allerletzten Weg mit Ihrem geliebten Menschen als auch für Ihren Weg durch die Trauer gut vorbereitet sind. Ich schreibe dieses Kapitel nicht nur für die engsten Angehörigen sterbender Menschen, sondern auch für Freund:innen, Kolleg:innen und andere im weiteren Umfeld, die sich mehr Sicherheit in der Begegnung mit Sterbenden wünschen. Dabei geht es mir nicht um die pflegerische oder palliative Thematik, sondern um den menschlichen Beistand.

Dieses Kapitel macht natürlich auch noch einmal deutlich, warum die Trauer nach einem unvorhergesehenen Tod, der wie ein Blitz ins Leben einschlägt, so schwer wiegt. Wenn Sie davon betroffen sind, empfehle ich Ihnen Abschnitt 2.3 zum Thema „plötzlicher Tod".

9.1 Wie begegne ich einem Sterbenden?

Einen geliebten Menschen in seiner letzten Lebensphase zu begleiten ist eine der herausforderndsten und zugleich dankbarsten Aufgaben, die wir für ihn übernehmen können. Während es früher völlig normal war, alte bzw. kranke Menschen zu Hause bis in den Tod zu pflegen, und damit in vielen Familien ein Grundwissen zu pflegerischen Notwendigkeiten und eine gewisse Selbstverständlichkeit im Umgang mit sterbenskranken Menschen vorhanden waren, haben wir heute kaum Erfahrungswerte, auf die wir zurückgreifen können. Je weiter der Tod aus dem Leben ausgeklammert wird, desto größer ist die Hemmschwelle, ihm im geliebten Menschen zu begegnen. So erlebe ich viele Menschen, denen der Besuch am Krankenbett im Pflegeheim, Krankenhaus oder Hospiz sehr schwerfällt. Was sage ich bloß? Wie begegne ich jemandem, der nicht mehr sprechen kann? Wenn ich weinen muss, mache ich dann nicht alles nur noch schlimmer? Vielleicht kommen Ihnen diese und ähnliche Gedanken bekannt vor.

Dem eigenen Tod in die Augen blicken

Der Anblick eines sterbenskranken Menschen wirkt wie ein Blick in den Spiegel: Wir sind mit unserer eigenen Sterblichkeit konfrontiert, ahnen vielleicht erstmals konkret, dass auch unser Leben endlich ist. Viktor Frankl nennt den Tod den „Motor des Lebens". Darin steckt für mich die Chance, das eigene Leben bewusster zu leben und herauszufinden, was einem wirklich wichtig ist und wofür wir Zeit und Energie aufwenden. Es scheint in der Natur des Menschen angelegt zu sein, dass wir erst in Krisenzeiten begreifen, wie wertvoll unser Leben ist, und dass es wenig Sinn macht, für „irgendwann später" zu leben. So manches, was uns sonst wichtig erscheint (beispielsweise ein aufgeräumter Schreibtisch oder die Sichtbarkeit in den sozialen Medien), rückt in solchen Zeiten in den Hintergrund. Die Prioritäten werden neu sortiert.

Zu erleben, wie jemand körperlich bzw. geistig abbaut, unter Schmerzen leidet, verzweifelt oder ängstlich ist, macht uns selbst oft feinfühliger für die wertvollen Zwischentöne. Ohne pathetisch klingen zu wollen: Ich fühle dann eine Art Demut vor dem Leben, die mich genauer hinschauen und hinspüren lässt und durch die ich ganz besonders nah beim anderen sein kann. So können zauberhafte Momente inniger Verbindung entstehen, die zuvor in der Beziehung zum sterbenden Menschen nicht so intensiv möglich waren.

Eine Frage der Haltung

Cicely Saunders, die Begründerin der modernen Hospizbewegung, bringt es wunderbar auf den Punkt: „Es geht nicht darum, dem Leben mehr Tage zu geben, sondern den Tagen mehr Leben." Sterben ist Leben! Versuchen Sie also, so viel Leben wie möglich in diese Phase zu integrieren. Was können Sie tun, damit Ihr Gegenüber Lebendigkeit spürt? Vielleicht ist es der Aufenthalt im Garten, wo die Vögel zwitschern, ein Besuch am Meer, wo Sie sich den Wind um die Nase wehen lassen, ein Glas Rotwein oder auch eine Zigarre. Und warum nicht noch ein schönes Sommerkleid kaufen, auch wenn Sie wissen, dass es Ihr letzter Sommer sein wird. Die Freude beim Tragen eines solchen Lieblingsstücks ist es allemal wert.

Die sogenannte hospizliche Haltung bedeutet: Das Drehbuch der letzten Lebensphase schreibt der sterbende Mensch selbst. Seine Wünsche und Bedürfnisse, seine Sehnsucht stehen im Mittelpunkt, und sie gilt es wertzuschätzen sowie, wenn möglich, zu erfüllen. Statt von dem auszugehen, was Sie selbst jetzt gern tun würden, fragen Sie lieber, was der andere braucht und wie Sie ihn dabei unterstützen können.

Im Anhang finden Sie den Link zum Projekt „Der Wünschewagen – letzte Wünsche wagen“ des Arbeiter-Samariter-Bunds, das es mittlerweile in allen Bundesländern ziemlich flächendeckend gibt. Unter dem Motto „Ein letztes Mal …“ sind mit einem notfallmedizinisch ausgestatteten Transporter und unter ärztlicher und pflegerisch versierter Begleitung Ausflüge möglich, die Sie sich aufgrund des Gesundheitszustands privat nicht mehr zutrauen. Ein letztes Mal ans Meer, ein letztes Mal die ebenfalls schwer kranke Schwester besuchen, ein letztes Mal an der Kommunion des Enkelkindes teilnehmen … Es ist ein echtes Geschenk, wenn auf diese Weise letzte Herzenswünsche erfüllt werden können.

Zwischen Normalität und Ausnahmezustand

Ich erinnere mich an den Besuch im Hospiz bei einer engen Freundin meiner Eltern, zu der ich von Kindheitsbeinen an eine gute Beziehung hatte. In den letzten Jahren hatten wir uns etwas aus den Augen verloren, aber es war mir ein Bedürfnis, sie noch einmal zu treffen. Sie hatte Krebs im Endstadium. Wir unterhielten uns etwa eine halbe Stunde lang über Gott und die Welt, über ihre Vorstellungen zu einem möglichen Leben nach ihrem Tod, über die Chancen, die sie im Leben genutzt oder vertan hatte. Wir konnten gemeinsam lachen und auch weinen. Ich zögerte die Verabschiedung einen Moment hinaus, weil mir plötzlich klar wurde, dass „bis bald“ nicht passen würde. Als ich mich wieder gesammelt hatte, bedankte ich mich bei ihr für das wundervolle Gespräch und wünschte ihr eine gute Reise, wohin auch immer diese führen möge. Wenige Wochen später verstarb sie.

Einen Menschen am Lebensende zu begleiten bedeutet nicht, nur noch mit todernstem Gesicht durchs Leben zu gehen. Ich erlebe selten so viel aufrichtige Fröhlichkeit und Lockerheit wie in einem Hospiz! Begegnen Sie dem todkranken Menschen so normal und natürlich wie möglich, auch wenn die Situation alles andere als normal für Sie ist. Versuchen Sie gar nicht erst, in eine Rolle zu schlüpfen. Wenn Sie unsicher sind, sprechen Sie am besten genau das aus. Ein ehrliches „Ich weiß gar nicht, was ich sagen soll" ist allemal besser als eine dahingesagte Floskel wie „Das wird schon wieder!". Auch Sätze wie „Heute siehst du schon viel besser aus" sollten Sie wirklich nur dann sagen, wenn dies der Wahrheit entspricht. Sterbende haben ein sehr feines Gespür dafür, ob jemand aufrichtig ist oder nicht.

Häufig ist in der letzten Lebensphase eine erstaunliche Offenheit möglich. Auch wenn Sie einen inneren Widerstand spüren, möchte ich Sie gern ermutigen, Themen, die Ihnen auf dem Herzen liegen, anzusprechen.

Wann, wenn nicht jetzt, ist die Zeit, um gemeinsam Bilanz zu ziehen?

Wann, wenn nicht jetzt, ist die Zeit reif, Unausgesprochenes in Worte zu fassen?

Wann, wenn nicht jetzt, können Sie versuchen, alte Konflikte beiseitezulegen und Frieden zu schließen?

Im Angesicht des Todes ist plötzlich eine nie oder lange nicht gekannte Nähe möglich. Es entstehen innige, unwiederbringliche Momente am Sterbebett. Versuchen Sie, diese Augenblicke in sich aufzusaugen und in Ihrem Herzen zu verankern, denn sie sind ein wichtiges Fundament für Ihre Trauerbewältigung.

Hilfreich ist es auch, falls noch nicht geschehen, spätestens jetzt über ganz praktische Themen zu sprechen, wie die Beisetzung. Ist der Tod erst einmal eingetreten, befinden Sie sich wie in einem Tunnel. Gut, wenn Sie sich dann nicht noch zusätzlich mit ungeklärten Fragen, z. B. Feuer- oder Erdbestattung, belasten müssen. Und es gibt nichts Tröstlicheres, als bei der Beerdigung genau zu wissen, dass alles ganz im Sinne des Verstorbenen stattfindet.

Wenn Worte fehlen

In einem Stadium, in dem Kommunikation durch Worte nicht mehr möglich ist, wird oft erst klar, wie präzise nonverbale Verständigung sein kann. Lassen Sie sich ein auf die Art und Weise, wie Ihr geliebter Mensch nun zu Ihnen „spricht": mit einem Händedruck, Kopfbewegungen oder mit den Augen. Gemeinsam zu schweigen kann ein sehr intimes Gespräch sein!

Sollte der sterbende Mensch unruhig sein, so können Sie ihn dadurch beruhigen, dass Sie sich auf seine Atmung einschwingen und dann gemeinsam immer entspannter atmen. Auch Singen oder Summen beruhigt ungemein – übrigens beide Seiten.

Loslassen und halten

In der finalen Sterbephase stoßen häufig sich widersprechende Bedürfnisse aufeinander: Der todkranke Mensch möchte gehen dürfen, die Angehörigen möchten ihn jedoch gern im Leben halten. Der Sterbende möchte seine Lieben nicht allein zurücklassen, diese wiederum wollen den Sterbenden in der Stunde seines Todes nicht allein lassen. So kann mitunter eine Situation des gegenseitigen Festhaltens und Aneinanderklammerns entstehen. Vielleicht sterben deshalb so viele Menschen just in dem Moment, in dem die Angehörigen, die eigentlich Tag und Nacht Wache halten, für wenige Minuten das Zimmer verlassen.

Im Kurs für die ehrenamtliche Sterbebegleitung haben wir genau für diese Situation einen sehr wertvollen Tipp bekommen: Wenn Sie die Hand Ihres geliebten Menschen halten, greifen Sie nicht mit Ihrer Hand von oben auf seine Hand, denn das ist ein Symbol des Festhaltens: Ich halte dich fest und lasse nicht los. Legen Sie stattdessen Ihre geöffnete Hand unter die Hand des Sterbenden. Das ist ein Symbol des Tragens: Ich stehe dir bei und trage dich.

So schwer es auch sein mag: Es hilft auszusprechen, dass der geliebte Mensch sterben darf. Dass es o.k. ist, wenn er vorausgeht, und dass Sie zurechtkommen werden. Bestärken Sie Ihren geliebten Menschen darin, auf die Reise gehen zu dürfen – auch das ist eine Art, Ihre Liebe zu bekunden.

Wenn Sie weitere Impulse zu diesem Thema wünschen, hören Sie auch gern die Podcastepisode 6 „Umgang mit Sterbenden und ihren Familien“ unter ↗ https://liebevoll-trauern.podigee.io/.

9.2 Wie bleibe ich selbst bei Kräften?

Einen sterbenskranken Menschen in der letzten Phase seines Lebens zu begleiten bringt uns nicht nur seelisch, sondern oft auch körperlich an unsere Grenzen: permanenter Schlafmangel, die körperliche Belastung der Pflege, die eigenen Ängste, Pendeln zwischen Wohn- und Pflegeort, und dies alles vielleicht noch neben dem beruflichen und sonstigen Alltag. Das fordert uns in einem Maß heraus, wie wir es bisher vielleicht noch nie erlebt haben. Gleichzeitig spüren viele Angehörige eine große Dankbarkeit und genießen die Nähe und das Gefühl, für den anderen da sein zu können. Diese beiden Waagschalen in Balance zu halten ist fast nicht möglich. Daher besteht ein erster entlastender Schritt darin, zu akzeptieren, dass die Zeit gerade so ist, wie sie ist. Viele der äußeren Rahmenbedingungen sind zunächst einmal nicht zu ändern. Umso wichtiger ist es, sich auf das zu konzentrieren, was Sie selbst in der Hand haben.

Gebot Nummer 1: Hilfe annehmen

Sie müssen nicht alles selbst machen! Wenn die Belastung durch die Pflege oder die häufigen Anwesenheiten im Krankenhaus oder Hospiz on top kommen, ist es doch nur zu logisch, am anderen Ende etwas abzugeben. Überlegen Sie in einem ersten Schritt, welche Aufgaben und Termine Sie komplett streichen können. Was das genau ist, hat etwas mit Ihrer ganz persönlichen Prioritätensetzung zu tun. Für den einen ist jetzt ein Friseurbesuch völlig überflüssig, der andere nutzt die Dreiviertelstunde, um sich verwöhnen zu lassen, und empfindet sie als willkommene Auszeit für sich. Ganz bestimmt finden Sie auf Ihrer To-do-Liste Dinge, die Sie nun in dieser besonderen Ausnahmesituation getrost streichen können.

Identifizieren Sie im zweiten Schritt Aufgaben, die Ihnen jemand abnehmen kann. Sollten beispielsweise Ihre Kinder bisher noch nicht allzu beteiligt im Haushalt sein, ist es jetzt an der Zeit, sie z. B. beim Wäschewaschen, Spülmaschineausräumen oder Rasenmähen einzubeziehen. So entsteht oft auch ein neues Gemeinschaftsgefühl, in schweren Zeiten als Familie zusammenstehen zu können. Auch dürfen Sie nun lernen, aktiv um Hilfe zu bitten. Fragen Sie Freunde, ob sie z. B. für Sie einkaufen oder Fahrdienste für Kinder übernehmen. Vielleicht kann die Nachbarin mit dem Hund Gassi gehen oder an heißen Sommertagen die Blumen gießen.

Falls Sie im Berufsleben stehen: Sprechen Sie mit Ihrem Arbeitgeber über die Freistellungsmöglichkeiten, die das „Gesetz zur besseren Vereinbarkeit von Familie, Pflege und Beruf" bietet.

Klare Absprachen zwischen allen Beteiligten

Viele pflegende bzw. begleitende Angehörige befinden sich wie in einer eigenen Welt ohne Verbindung zur Außenwelt um sie herum. Sie krempeln die Ärmel hoch, ohne infrage zu stellen, was gerade passiert. Doch Pflege ist meist kein Sprint, sondern ein Marathon. Wenn Sie auf diesem langen Weg nicht ausbrennen wollen, sollten Sie sich darüber klar werden, was Sie leisten können und wollen und was nicht. Zudem ist es wichtig, dass mit allen Personen und ggf. auch Organisationen, die an der Begleitung bzw. Pflege beteiligt sind, klare Absprachen getroffen werden. Besprechen Sie bei häuslicher Pflege mit dem Pflege- bzw. Palliativdienst, wer was genau an Pflege- und Unterstützungsleistungen übernimmt.

Schließlich gibt es ambulante Hospizdienste, die Sie um Entlastung bitten können. So könnte ein ehrenamtlicher Hospizhelfer sich um Ihren Angehörigen kümmern (Vorlesen, Gespräch, ein Besuch im Park mit dem Rollstuhl oder einfach „nur" Sitzwache), während Sie einmal wöchentlich zum Sport gehen oder sich eine Auszeit im Café nehmen.

Das A & O: Denken Sie auch an sich

Ja, ich weiß, das ist besonders schwierig, wenn gerade ein geliebter Mensch im Sterben liegt. Da meldet sich sofort das schlechte Gewissen, egoistisch zu sein, wenn Sie die wenigen Momente, die überhaupt möglich sind, für sich nutzen. Doch sehen Sie es einmal so: Sie können nur etwas geben, wenn Sie auch etwas zu geben haben. Niemandem ist geholfen, wenn Sie auch noch krank werden. Streichen Sie also bitte nicht kopflos alle Termine aus Ihrem Kalender, die Ihnen guttun. Einmal pro Woche zur Chorprobe, zum Sport oder Yoga sollte weiterhin möglich sein. Im Zweifel mit Unterstützung der Familie, von Freunden oder eines ambulanten Hospizdienstes.

Am besten überlegen Sie jeden Morgen auf der Bettkante, wann Sie sich an diesem Tag ein paar Minuten Zeit für sich selbst nehmen können. Das kann die kurze Pause bei einer Tasse Tee zwischen Büro und Krankenhaus sein oder auch nur die drei Minuten, die Sie vor der Tür zum Zimmer Ihres geliebten Menschen innehalten, durchatmen und die Gedanken sortieren, bevor Sie wieder ganz für ihn da sind.

Versuchen Sie, auch wenn es Ihnen noch so schwerfällt, sich von Ihrem Angehörigen zu lösen, auch in der akuten finalen Phase noch an etwas Schlaf zu kommen. Vielleicht können Sie sich in der Familie oder mit engen Freunden am Sterbebett abwechseln. Häufig ist es im Krankenhaus, Hospiz oder Pflegeheim möglich, sich auf einem dazugestellten Bett ein wenig auszuruhen.

Denken Sie immer nur für den Augenblick und fragen Sie sich, was Sie hier und jetzt tun können, um die nächsten Stunden zu bestehen. Morgen ist ein neuer Tag, an dem sich zeigen wird, was dann dran ist.

Weitere Impulse zu diesem Thema finden Sie im Video „Selbstmitgefühl – Ihre stärkste Kraft" unter ↗ https://www.junfermann.de/titel/mit-der-trauer-leben-lernen/1337.

9.3 Abschied nehmen (mit Kindern)

Wenn der Tod eingetreten ist, kehrt meist eine große Ruhe, nicht nur im wörtlichen Sinne, ein. Vielleicht konnten Sie bis zum letzten Atemzug persönlich dabei sein, vielleicht wurden Sie telefonisch über den Tod informiert. Ganz egal, wo Ihr geliebter Mensch verstorben ist, nehmen Sie sich nun Zeit, an seinem Bett zu sitzen, seine Hand zu streicheln und auch ein paar Worte zu sprechen, wenn Ihnen danach ist. Zünden Sie eine Kerze an und lassen Sie diesen friedlichen Moment auf sich wirken. Ich persönlich mag den Brauch, das Fenster zu öffnen, damit die Seele sich auf die Reise machen kann, denn was zurückbleibt, ist lediglich die körperliche

Hülle. Lassen Sie sich nicht von der Betriebsamkeit im Krankenhaus beirren. Diese Momente gehören nur Ihnen und Ihrem geliebten Menschen. Sollte er noch an medizinische Geräte angeschlossen sein, bitten Sie darum, diese zu entfernen, damit ein Abschied ohne den Anblick von Schläuchen, Masken oder Ähnlichem möglich ist.

In Abschnitt 7.1 finden Sie weitere detaillierte Ausführungen für die Zeit bis zur Beisetzung.

Kinder und Sterben

Gern würden wir Kinder vor den Widrigkeiten des Lebens schützen, indem wir sie beispielsweise vom Tod fernhalten. Doch dann verweigern wir ihnen die Möglichkeit zu wachsen. Kinder, egal welchen Alters, die vom Sterben und letztendlich vom Tod des Angehörigen ausgeschlossen werden, erhalten das klare Signal, dass der Tod zu groß ist, um einen Platz im Leben zu haben. Beziehen Sie jedoch Kinder altersgerecht in die Sterbephase mit ein, so nehmen Sie dem Tod den Nimbus des Übermächtigen. Da Kinder sehr feine Antennen haben, spüren sie ohnehin, was los ist. Je mehr Sie versuchen, die Wahrheit, z. B. über eine neue Diagnose, zu verheimlichen, desto mehr fühlen sie sich verunsichert. Kinder gleichen das Verhalten der Erwachsenen mit dem ab, was sie intuitiv wahrnehmen. Kongruentes, also stimmiges Verhalten gibt Kindern Sicherheit und Vertrauen.

Meine Empfehlung lautet daher: Sprechen Sie mit Kindern über den möglichen Tod. Reden Sie Diagnosen nicht schön. Benennen Sie Ihre Gefühle, auch widersprüchliche, und bieten Sie Gesprächsbereitschaft an. Nur weil ein Kind nicht fragt, heißt das nicht, dass es keine Fragen hat. Manchmal fehlt vielleicht eine Information, um überhaupt Fragen zu entwickeln.

Auch zum Umgang mit Kindern in der nun beginnenden Schleusenzeit finden Sie weitere Informationen in Abschnitt 7.1.

Weitere Impulse zu diesem Thema finden Sie im Video „Wie viel Tod kann ich Kindern zumuten?“ unter ↗ https://www.junfermann.de/titel/mit-der-trauer-leben-lernen/1337.

9.4 Checkliste für den Todesfall

Hier nun eine Auflistung der ersten anstehenden Aufgaben, von denen Sie die eine oder andere auch schon in den Tagen und Wochen vor dem Tod vorbereiten können:

- Als Erstes muss die Todesbescheinigung durch einen Arzt ausgestellt werden. Ist Ihr geliebter Mensch zu Hause verstorben, rufen Sie dazu bitte Ihren Hausarzt oder den hausärztlichen Notdienst an.
- Erst danach brauchen Sie das Bestattungshaus Ihres Vertrauens zu informieren. Besprechen Sie am besten, wann Ihr geliebter Mensch abgeholt werden soll. In vielen Bundesländern ist es möglich, den Verstorbenen noch bis zu 36 Stunden zu Hause zu behalten oder nach Hause zu holen. Das gibt Ihnen ausreichend Zeit, sich zu verabschieden (weitere Infos über die Schleusenzeit finden Sie in Abschnitt 7.1).
- Für die Beantragung der Sterbeurkunde beim Standesamt (das übernimmt in der Regel das Bestattungsunternehmen für Sie) benötigen Sie neben dem Personalausweis des Verstorbenen und der Todesbescheinigung des Arztes einen Nachweis über den aktuellen Familienstand, d. h.
  - für Unverheiratete die Geburts- oder Abstammungsurkunde,
  - für Verheiratete das Familien- oder Stammbuch oder die Heiratsurkunde,
  - für Verwitwete die Heiratsurkunde und die Sterbeurkunde des Partners / der Partnerin,
  - für Geschiedene die Heiratsurkunde und das Scheidungsurteil bzw. der Scheidungsvermerk im Familienbuch.
- Legen Sie Versicherungs- und Renten- oder Gehaltsunterlagen zurecht und geben Sie sie Ihrem Bestattungsunternehmen, falls von dort die Ab- und Ummeldungen erfolgen sollen.
- Suchen Sie die Kleidung aus, die der Verstorbene im Sarg tragen soll (alternativ zieht der Bestatter ihm ein sogenanntes Totenhemd an). Das ist eins der Themen, über die Sie sich in der Sterbephase mit Ihrem geliebten Menschen unterhalten können. Möchte er seinen besten Anzug oder sie ihr schönes Sommerkleid tragen? Oder vielleicht doch lieber die bequeme Jogginghose oder den geliebten Schlafanzug?
- In ländlichen Gegenden ist es üblich, den Küster der Kirche zu informieren, damit die Totenglocken geläutet werden.

Weitere Informationen zu diesem Thema finden Sie im Video „Wie Sie das passende Bestattungsunternehmen finden" unter ↗ https://www.junfermann.de/titel/mit-der-trauer-leben-lernen/1337.

ANHANG

Weiterführende Links und Informationen

Bundesverband Trauerbegleitung:

- ↗ https://bv-trauerbegleitung.de/

Online-Plattform für Dienstleistungen rund um Bestattung, Trauer und Vorbereitung:

- ↗ http://www.bohana.de
  Die beiden Macherinnen von Bohana, Anne Kriesel und Claudia Fricke, haben eine wundervolle zentrale Anlaufstelle geschaffen, auf der Sie sich über Projekte, Partner:innen und Produkte informieren können, die Sie in einer schweren Lebensphase unterstützen und begleiten.

Online-Angebote für trauernde Kinder und Jugendliche:

- ↗ https://www.leuchtturm4kids.de/index.html
- Speziell für Kinder, Jugendliche und junge Erwachsene, die einen Angehörigen nach Suizid verloren haben: ↗ https://www.leuchtturm-on.de/
- ↗ https://trauerbegleitung-online-sh.de/
- ↗ https://www.da-sein.de/die-online-beratung
- ↗ https://www.nicolaidis-youngwings.de/

Hilfen für trauernde Eltern:

- Verwaiste Eltern und trauernde Geschwister in Deutschland VEID e. V. (↗ http://www.veid.de)
- Verein Leben ohne dich (↗ http://www.leben-ohne-dich.de)

Hilfen für Eltern von Sternenkindern:

- Hope's Angel Foundation e. V. (↗ http://www.hopesangel.com)
- Initiative Regenbogen Glücklose Schwangerschaft (↗ http://www.initiative-regenbogen.de)

Hilfen für Angehörige nach Suizid:

- ↗ http://www.agus-selbsthilfe.de
- Trees of Memory e. V. (↗ http://www.treesofmemory-ev.com)
- Freunde fürs Leben (↗ http://www.frnd.de)
- Chris Paul (2018): *Warum hast Du uns das angetan?* Gütersloher Verlagshaus.

Suche nach einer Trauergruppe:

- ↗ https://www.trauergruppe.de/
  Hier sind ganz sicher nicht alle Gruppenangebote in Deutschland aufgeführt. Fragen Sie daher sicherheitshalber bei Ihrem lokalen Hospizdienst oder in örtlichen Kirchengemeinden nach.

Lesenswertes und Hilfen zum Thema Achtsamkeit:

- Bays, Jan Chozen (2012): *Achtsam durch den Tag. 53 federleichte Übungen zur Schulung der Achtsamkeit.* Windpferd.
- Neff, Kristin (2012): *Selbstmitgefühl. Wie wir uns mit unseren Schwächen versöhnen und uns selbst der beste Freund werden.* Kailash.
- Schneider, Maren (2018): *Seelenstärke. Der achtsame Weg zu unserer inneren Kraftquelle.* Goldmann.
- Einen achtwöchigen MBSR-Kurs in Ihrer Nähe finden Sie hier:
  ↗ https://www.mbsr-verband.de/

Lesenswertes für Menschen, die ihre Eltern pflegen:

- Wieschalla, Petra B. (2020): *Überlebenstipps für Elternkümmerer. Eltern begleiten, Fallen vermeiden.* Ernst Reinhardt.

Reha- und Kur-Kliniken:

Anmerkung: Sehr viele Reha-Kliniken benennen Trauer als eines ihrer Behandlungsfelder. Die hier aufgeführten Kliniken sind die, von denen ich aus sicherer Quelle von guten Erfahrungen berichten kann.

- Deutsche Kinderkrebsstiftung Waldpiraten-Camp:
  ↗ https://www.waldpiraten.de/
- Reha für verwaiste Familien:
  ↗ https://www.tannheim.de/rehaangebote/verwaisten-reha/
- Mutter- bzw. Vater-Kind-Kuren: ↗ https://www.klinik-sellin.de/

- Akutklinik Badsaulgau:
↗ https://www.akutklinik-badsaulgau.de/behandlung/trauer.html
- Vincera Klinik Bad Waldsee:
↗ https://www.akutklinik.de/indikationen/trauer-trauerbewaeltigung/
- Segeberger Kliniken, Bad Segeberg: ↗ https://www.segebergerkliniken.de/fuer-patienten/kliniken-zentren/klinik-fuer-psychsomatische-medizin-und-psychotherapie/rehabilitation/trauernde-menschen.html

Reiseveranstalter von Trauerreisen:

- ↗ http://www.trauerreise.de
- ↗ http://www.seelensport.at

Therapeuten mit EMDR-Fortbildung:

- ↗ http://www.emdria.de

Trauer am Arbeitsplatz:

- Petra Sutor (2020): *Trauer am Arbeitsplatz.* Patmos.
- Thomas Achenbach (2020): *Mitarbeiter in Ausnahmesituationen – Trauer, Pflege, Krise.* Campus.

Unterstützung bei familienbiografischen Themen bzw. Kriegsenkelthematik:

- Familienbiografisches Coaching:
↗ http://www.loesbar-batzke.de (Autorin des Buchs *Aus Liebe ver-rückt* – siehe Literaturverzeichnis)
↗ http://www.christinekempkes.de
- Kriegsenkelthematik:
↗ http://www.kriegsenkel.de (hier finden Sie auch erfahrene Coaches, nach Postleitzahlen sortiert)

Verwendung von Kleidung des Verstorbenen:

- ↗ http://www.mapapu.de
- ↗ http://www.roccofant.de
- ↗ http://www.hemds-up.de
- ↗ http://www.gloriaundapollo.de

Lesenswerte Blogs rund um Trauer und Tod:

- In lauter Trauer – Silke Szymura (↗ https://in-lauter-trauer.de/)
- Ein Stück untröstlich – Anja Pawlowski (↗ https://untroestlich.blog/)
- Trauer ist Leben – Thomas Achenbach (↗ https://trauer-ist-leben.blogspot.com/)
- Das erste Trauerjahr – Eva Terhorst (↗ https://das-erste-trauerjahr.de/)
- Seelensport – Kathi Bieber (↗ https://www.seelensport.at/)
- Lieben – sterben – leben – Sabine Storm (↗ https://lieben-sterben-leben.de/)

Literatur

BATZKE, MECHTHILD (2017): *Aus Liebe ver-rückt.* Stephanie Feyerabend.

BOHNERT, CHRISTINA (2016): *Ohne dich und doch mit dir.* Selbstverlag.

BUNDESVERBAND TRAUERBEGLEITUNG e. V. (o. J.): Stellungnahme des Bundesverbandes Trauerbegleitung zur Verwendung des Begriffs „Selbstmord" in den Medien (Hörfunk/Fernsehen/Print Medien). Einzusehen unter: ↗ https://bv-trauerbegleitung.de/wp-content/uploads/2015/02/Stellungnahme-des-BVT-zur-Verwendung-des-Begriffs-%E2%80%9ESelbstmord%E2%80%9C-in-den-Medien-5-2017.pdf (letzter Aufruf am 3.5.2020).

CROOS-MÜLLER, CLAUDIA (2014): *Schlaf gut. Das kleine Überlebensbuch. Soforthilfe bei Schlechtschlafen, Albträumen und anderen Nachtqualen.* Kösel.

CROOS-MÜLLER, CLAUDIA (2015): *Kopf hoch. Das kleine Überlebensbuch. Soforthilfe bei Stress, Ärger und anderen Durchhängern.* Kösel.

CROOS-MÜLLER, CLAUDIA (2017): *Alles Gut. Das kleine Überlebensbuch. Soforthilfe bei Belastung, Trauma & Co.* Kösel.

DAMASIO, ANTONIO R. (2004): *Ich fühle, also bin ich.* Ullstein.

Eilert, Dirk W. (2020): *Körpersprache entschlüsseln und verstehen. Die Mimikresonanz-Profibox.* Junfermann.

FREUD, SIEGMUND (1969): *Trauer und Melancholie.* Gesammelte Werke, Bd. 10, Fischer.

FROMME, CLAUDIA (2014): *So fern und doch ganz nah. Über das Leben, den Tod und das ewige Band der Liebe.* Masou.

KABAT-ZINN, JOHN (1990): *Gesund durch Meditation.* O. W. Barth.

KACHLER, ROLAND (2014): *Hypnosystemische Trauerbegleitung – Ein Leitfaden für die Praxis.* Carl-Auer.

KÜBLER-ROSS, ELISABETH (2012): *Über den Tod und das Leben danach.* Silberschnur.

PAUL, CHRIS (2018): *Warum hast du uns das angetan? Ein Begleitbuch für Trauernde nach einem Suizid.* Gütersloher Verlagshaus.

PAUL, CHRIS (2010): *Schuld, Macht, Sinn. Arbeitsbuch für die Begleitung von Schuldfragen im Trauerprozess.* Gütersloher Verlagshaus.

RILKE, RAINER MARIA: *An Franz Xaver Kappus.* Brief vom 23.04.1903. Einzusehen unter: ↗ http://www.rilke.de/briefe/230403.htm (letzter Aufruf am 18.05.2020).

SCHATZLMAYR, PATRICIA (2017): *Bowl Power.* maudrich.

SCHROETER-RUPIEPER, MECHTHILD (2018): *Für immer anders. Ein Hausbuch für Familien in Zeiten der Trauer und des Abschieds.* Patmos.

SUTOR, PETRA (2020): *Trauer am Arbeitsplatz: Sprachlosigkeit überwinden – Fürsorgepflicht wahrnehmen – Trauerkultur entwickeln.* Patmos.

WORTMANN, KONSTANZE (2015): *Wege in den erholsamen Schlaf.* Junfermann.

ZITATE.DE (o. J.): Zitat von Hand Krailsheimer. Einzusehen unter: ↗ https://www.zitate.de/autor/Krailsheimer%2C+Hans (letzter Aufruf am 3.5.2020).

Index

Notizen

Hier ist nun Platz für Ihre eigenen Notizen:

Welche Facetten in diesem Buch haben Sie besonders angesprochen?

Welchen Themen möchten Sie noch weiter nachgehen?

Welches sind die wichtigsten Erkenntnisse für Sie?

Vielleicht möchten Sie auch ein Bild einkleben oder ein Symbol, das in Ihrer ganz persönlichen Trauersituation von Bedeutung ist.

Ich lade Sie ein, noch ein wenig in Ihren Gedanken zu verweilen und diesen hier einen Platz zu geben.

Notizen

Notizen

Notizen

Notizen

Notizen

Über die Autorin

Christine Kempkes, Jahrgang 1969, hat als gelernte Bankkauffrau viele Jahre in der Personalentwicklung großer Bankkonzerne sowie als selbständige Führungskräftetrainerin und Coach gearbeitet. Menschen zu begleiten, die in einer Lebenskrise stecken, war dabei immer schon ein Schwerpunkt ihrer Arbeit. Durch eigene Verlusterfahrungen mit dem Thema Trauer in Berührung gekommen, entschied sie, sich beruflich noch einmal ganz neu aufzustellen.

Heute arbeitet sie als Bestatterin, freie Trauerrednerin und Trauerbegleiterin (BVT). Sie plädiert für einen leichteren, lebensbejahenden Umgang mit den tabuisierten Themen Sterben, Tod und Trauer. Als zertifizierte Coach lässt sie insbesondere systemische und familienbiografische Interventionen in ihre Art der Trauerbegleitung einfließen. Sie unterstützt mit einem bunten Methodenkoffer Menschen darin, ihre Trauer auf heilsame Art in ihr Leben zu integrieren. „Liebevoll trauern" ist ihre Devise.

Ihre Trauer-Expertise in Kombination mit ihrer langjährigen Erfahrung in der Wirtschaft kommt auch Unternehmen zugute, die eine wertschätzende Trauerkultur etablieren möchten. Die Autorin gibt Workshops für Führungskräfte, Personaler und Betriebsräte, hält Vorträge, z. B. auf Führungskräftekonferenzen, und begleitet Teams, in denen ein Kollege oder eine Kollegin verstorben ist.

Ehrenamtlich engagiert sich die Autorin als Sterbebegleiterin am Ambulanten Hospiz Oberhausen.

Christine Kempkes lebt mit ihrer Familie im nördlichen Ruhrgebiet. Kraft tankt sie am liebsten auf ihren täglichen Runden durch die Natur mit ihrer Hündin Nelly, beim Chorsingen und Nähen oder Stricken. Ihre zweite Heimat ist die nordfriesische Insel Föhr, wo auch ein Großteil dieses Buches entstanden ist. Mit einer frischen Brise um die Nase kommen ihr die besten Ideen.

Ihr gesammeltes Wissen und ihre Erfahrung rund um die Themen Sterben, Tod und Trauer stellt sie in ihrem Podcast „Liebevoll trauern" zur Verfügung, der auf allen gängigen Plattformen zu finden ist.

Sie können sich mit ihr auf Facebook (↗ http://www.facebook.com/LebenundTrauer), LinkedIn oder Instagram (liebevoll_trauern) verbinden. Weitere Informationen finden Sie unter ↗ http://www.christinekempkes.de.